シリーズ 超高齢社会のデザイン

高齢者法
長寿社会の法の基礎

樋口範雄
関ふ佐子 ［編］

東京大学出版会

Elder Law:
Legal Basics for a Super-aged Society
(Designing the Super-aged Society)
Norio HIGUCHI and Fusako SEKI, editors
University of Tokyo press, 2019
ISBN 978-4-13-034311-4

シリーズ刊行にあたって

　日本は，2030年には人口の3分の1が65歳以上の高齢者，5分の1が75歳以上の後期高齢者となることが予想されています．また，韓国やシンガポールも2040年には高齢者人口が3分の1を超え，中国も2060年には高齢者人口が3分の1に達することが予測されています．

　「超高齢社会」というと何か暗いイメージを持つ方が多いかもしれません．寝たきり老人，認知症による徘徊，介護で疲れ切った家族，低賃金の介護労働者，福祉の負担にあえぐ若年層……．いま何もせず，漠然と時を過ごせば，私たちの未来はおそらくそうなってしまう可能性があるでしょう．

　しかし，こうした未来は，私たちの力で変えることができるものです．住みなれた地域社会の中で，いつまでも仲間といっしょに楽しめる．心身が少々弱ってきても家族や隣人や公共の助けを最小限に借り，使える能力を最大限に活かせる．そして尊厳をもち，かつ快活に長寿の人生を全うできる——．様々な分野の力を結集し，連携的・戦略的に活動を展開すれば，私たちはこのような社会をかならず実現することができるはずです．

　また，世界一の高齢化の最先進国・日本には，世界を先導する社会のモデルを創り出す責務があると言えます．新しい社会の仕組みと，それを支える物的・社会的・経済的インフラを研究開発する過程では，様々なイノベーションとビジネスの芽が生まれ，それらを担う新しいリーダーが育ち，日本の国際競争力にもつながっていくことでしょう．

　そのような観点から，東京大学では，高齢社会総合研究機構（IOG）を中核に，さまざまな研究科・専攻の力を結集し，修士博士一貫の大学院教育プログラム「活力ある超高齢社会を共創するグローバル・リーダー養成プログラム（GLAFS）」を2013年度より開始しました．そこでは医学，看護学，工学，法学，社会学，教育学，農学，情報学，環境学などの幅広い領域が包含

シリーズ刊行にあたって

されています．本シリーズは，この教育プログラムのカリキュラムの基礎となるエッセンスでもあり，プログラムの展開によって生まれた知的成果のエッセンスでもあります．

　未来は予測するものではなく創るものです．もちろん，それは簡単なことではないでしょう．望ましい未来は，衆知を集めて企図し，目標を定め，それに向かって多くの人々の行動を調整して初めて実現するものでしょう．本シリーズは，望ましい未来としての「活力ある超高齢社会」の構想と，それを実現するための方法，および，その道程において解くべき課題群を示そうとするものです．

　各巻の執筆にあたっては，専門分野外の読者であっても，当該分野の最新の知見が理解できるよう平易に書くよう心がけました．本シリーズによって，「活力ある超高齢社会」を構想し実現するための知が，さまざまな分野の専門家や市民の間で共有されることを願っています．

東京大学高齢社会総合研究機構 前機構長・特任教授
東京大学大学院・博士課程教育リーディングプログラム「活力ある超高齢社会を
共創するグローバル・リーダー養成プログラム」 前プログラム・コーディネーター

大方潤一郎

はじめに

　本書は，高齢者法という新たな分野の教科書である．私は，60歳を過ぎて，高齢者法という授業をしてみようと考えた．おそらくわが国の大学の法学部その他の学部で，「高齢者法」という講義を提供しているのは，もう1人の編者である関教授と私くらいではあるまいか．私がそのような珍しい授業をしようと考えるに至った一因は，超高齢社会であるわが国において，その課題に正面から立ち向かう講義が大学にないのはおかしいと思ったからであるが，直接的には，東大の高齢社会総合研究機構という新たな組織に参加したことが大きな契機となった．この組織は，高齢社会という日本の状況を対象として学部横断的な共同研究を志すものであり，私にとってはこれまで同じ大学にいてもお目にかかる機会のなかった他学部の先生や学生と出会う場となった[1]．

　それが面白かった．同時に，法がどのような貢献ができるかを問われることにもなった．そこで，私自身の学びの場として，法学部で「高齢者法」という授業を始めてみた．そして予想されたことではあるが，これが難題だった．

　「高齢者法」と銘打つ本はすでにあるものの[2]，わが国の高齢化の進展は速く，かつ法制度もそれを追いかけるべく改正されるために（近くは，相続法の改正など），すでにある書物は必然的に陳腐化する．そこで，高齢者に関わるさまざまな法的課題について，現状において最新のデータを提示する教科書がほしいと考えた．何人もの協力でできあがったのがこの書物である．

1）　この機構の成果物の一例として，東京大学高齢社会総合研究機構編『東大がつくった高齢社会の教科書――長寿時代の人生設計と社会創造』（東京大学出版会，2017年）．
2）　たとえば，山口浩一郎＝小島晴洋『高齢者法』（有斐閣，2002年），岩村正彦編『高齢化社会と法』（有斐閣，2008年）など．

はじめに

　目次を見ればわかるように，医療・介護・福祉，住まい，経済的基盤，財産管理，家族・相続，虐待・犯罪，裁判制度など，高齢者が直面する課題は多様である．これらに対するに，伝統的な法的観点は，高齢者に関する紛争が起きて裁判で争われるような事象に限定されやすい．従来の法的観点自体を再検討する必要がある．そしてもっと広い視野で，高齢社会が提示する課題に真正面から立ち向かわねばならない．

　そういう意味で本書をまず読んでいただきたいのは，法律分野の研究者，実務家，学生などである．だが，高齢社会の問題は法律家だけで解決できないものであるから，法律以外でも，ジェロントロジー（広い意味での老年学）研究や高齢者問題に関わるさまざまな人たちにこの書物を手にとってもらいたいと願っている．

　私自身は，英米法を専攻し，とりわけアメリカ法の諸問題を40年以上追いかけてきたが，ここでもアメリカ高齢者法の存在が助けとなった．
　アメリカの法律家の知人にミズーリ大学のイングリッシュ教授がいる．彼に，「今度，高齢者法という科目を始めてみようと思う」というと，「自分は25年も前から教えている」と返答されてびっくりした．高齢化率（人口全体に占める65歳以上の人の割合）は，現在，日本は28％だが，アメリカは15％にすぎない．高齢社会の入り口に立ったばかりである．それにもかかわらず，彼の国では，1965年にOlder Americans Act，その名も「アメリカ人高齢者法」という連邦法が制定された．1978年には，アメリカ弁護士会に高齢者法の専門委員会が作られた．要するに，法と法律家が重要な役割を果たしているアメリカならではのことであるが，アメリカでは想像以上に早くから高齢者法の重要性に注目していた．
　そして，アメリカで高齢者法の専門家といわれるためには，関連する法律についての知識や経験も必要だが，それ以上に，高齢者に関わるさまざまな専門家のネットワークを築く役割を果たさねばならない．
　さらに，高齢者法の要点は，多様な高齢者のそれぞれが抱える問題に対処するための法的なプランニングであり，それは当然に個別化されたプランニ

はじめに

ングとなり，しかもそれぞれの個人にとって高齢期をよりよく生きるための支援だということである．

　100歳時代といわれる今日の日本において，このような発想と必要性はアメリカ以上にあるのではないか．

　その一歩としては，まず現在の高齢者に関わる法的課題を並べ上げて，それに関する基本的な知識を理解する必要がある．本書でそれらをすべて網羅したわけではないが，それでも主要な論点はカバーしていると考える．

　高齢者の問題は，実は高齢者だけの問題ではない．高齢者の住みやすい社会とは，誰にとっても住みやすい社会と同義のはずである．もちろんその構築は，法律家だけでできることではない．しかし，他の職種の人たちと連携してそのような社会の構築を目指す中で，法と法律家も意義のある役割を果たすことが必要である．

樋口範雄

目　次

シリーズ刊行にあたって（ⅰ）
はじめに（ⅲ）

第 1 章　高齢者法の意義 ································· 関ふ佐子　1

第 1 節　高齢者法とは ·····················1

1　本書の目的（1）　　2　「高齢者法」とは何か（2）
3　日本における高齢者法の展開（4）

第 2 節　高齢者法の意義 ·····················5

1　実務における高齢者法の意義（5）
2　高齢者法の法理念の確立（5）
3　高齢者特有の法的課題（6）
4　各法分野の検討に資する視角の提供（7）
5　横断的・体系的な視角（8）
6　学際的な視角──研究と実務・法学と他分野の連携（9）

第 3 節　高齢者の人間像 ·····················11

1　多様な高齢者像（11）
2　人生 100 年時代における高齢者像（12）
3　高齢者像の変化を正確に捉える必要性（13）
4　高齢者への保障の根拠（14）

第 4 節　高齢者法の法理念 ·····················16

1　高齢者法の法理念（16）
2　事後的・個別化・エンパワーメント（16）
3　基軸となりうる法理念（17）

第 5 節　高齢者特有の横断的な法的課題 ·····················22

1　高齢者の意思決定支援と自己決定（22）
　　2　高齢者と家族等との関係（24）

第2章　高齢者の医療・介護・福祉
……………………………………………………小野太一　樋口範雄　川久保寛　27

　第1節　それぞれの制度の基本的仕組み……………………27
　　1　社会保障制度の中での高齢者医療・介護・福祉（27）
　　2　高齢者の医療・介護・福祉制度の仕組みに関わる法（28）
　第2節　高齢者医療と法的課題……………………41
　　1　高齢者の医療──インフォームド・コンセントと代諾（42）
　　2　高齢者の終末期医療と法（51）
　第3節　介護・福祉に関する法的課題……………………57
　　1　介護をめぐる法的課題（57）　　2　高齢者をめぐる法的紛争（63）
　　3　介護サービスの質の保証（65）　4　福祉をめぐる法的課題（71）

第3章　高齢者の住まい……………………松井孝太　原田啓一郎　75

　第1節　様々な選択肢……………………75
　　1　自宅に「住み続ける」という選択肢（76）
　　2　高齢者向け住まいに「住み替える」場合の選択肢（77）
　第2節　高齢者と住まいに関する法的問題……………………87
　　1　高齢者が直面する住まいの問題の「入口」（87）
　　2　「住み続ける」選択をめぐる問題（88）
　　3　「住み替える」選択をめぐる問題（91）

第4章　高齢者と経済的基盤
……………………………………………………中嶋邦夫　中田裕子　関ふ佐子　99

　第1節　高齢者の経済的基盤──主要なもの……………………99
　　1　経済的基盤の概要（99）　　2　公的年金（100）
　　3　企業年金・退職一時金（104）　4　個人年金（106）

目　次

　　5　金融資産（107）

第2節　リバース・モーゲージ………………108

　　1　リバース・モーゲージ（reverse mortgage）の意義（108）

　　2　リバース・モーゲージの設定方法（110）

　　3　リバース・モーゲージの種類（110）

　　4　リバース・モーゲージの利用資格等（111）

　　5　リバース・モーゲージの課題（112）

第3節　経済的基盤をめぐる法的課題………………115

　　1　高齢者法の視角（115）

　　2　高齢者の雇用と社会参加（119）

　　3　高齢者の所得保障制度（122）

　　4　人生100年時代の経済的基盤（125）

第5章　高齢者の財産管理………………西森利樹　中田裕子　127

第1節　高齢者と財産管理——本人保護と自己決定の尊重
　　　　　　　　　　　　　　　　　………………127

第2節　成年後見制度………………129

　　1　成年後見制度の概要（129）　2　法定後見制度（131）

　　3　任意後見制度（142）　4　制度の利用促進に向けて（146）

第3節　信託による財産管理………………149

　　1　信託について（150）　2　家族信託の設定とその実例（150）

　　3　家族信託に関する問題点（152）

第6章　高齢者と家族・相続………………牛嶋　勉　宮本誠子　155

第1節　高齢者と家族に関する法律問題………………155

第2節　相　続………………156

　　1　法定相続と遺言の関係（156）　2　相続人と相続分（157）

第3節　遺　言………………158

1　遺言とは（158）　2　遺言事項（158）　3　遺言の方式（160）
　　4　3つの普通方式の遺言の特徴（161）　5　遺言の撤回・変更（163）
　　6　遺言書の保管（164）　7　遺言書の検認・開封（165）
　　8　遺言の執行（166）

第4節　遺留分……………………167
　　1　遺留分の範囲（167）　2　遺留分侵害額の請求（169）

第5節　遺産分割……………………170
　　1　遺産分割協議（170）　2　遺産分割の方法（171）
　　3　遺産分割の効力（173）　4　調停による遺産分割（174）
　　5　審判による遺産分割（175）

第6節　贈　与……………………178
　　1　贈与契約（178）　2　贈与の効力（180）

第7節　民法（相続関係）等の改正の成立……………………181
　　1　改正法の公布・施行（181）
　　2　配偶者居住権（改正民法1028条）（181）
　　3　配偶者短期居住権（改正民法1037条）（181）
　　4　配偶者保護のための方策（持戻し免除の意思表示の推定規定）（182）

第8節　高齢者の税に関する問題……………………182
　　1　高齢者と税に関する主な問題（182）　2　相続税の概要（183）
　　3　贈与税の概要（191）

第9節　相続法が抱える課題……………………194
　　1　法制度上の問題（195）　2　運用上の課題（197）

第10節　高齢者の離婚・再婚と法的問題……………………199
　　1　高齢者の離婚に伴う法的問題（199）
　　2　高齢者の再婚に伴う法的問題（201）

第7章　高齢者と虐待・犯罪……………………髙橋脩一　203

目　次

第 1 節　高齢者虐待に対する法的取り組みとその問題点 ……………203

　　1　高齢者虐待の現状（203）　　2　高齢者虐待防止法の概要（205）

　　3　現行法の問題と今後の課題（213）

第 2 節　高齢者と犯罪……………………223

　　1　高齢者の犯罪被害（223）　　2　高齢者犯罪（229）

第 8 章　超高齢社会・高齢者と裁判……………………西上 治　237

第 1 節　裁判制度の機能……………………237

第 2 節　超高齢社会における政策形成……………………238

　　1　検討の視角（238）

　　2　身体的・精神的能力の低下・喪失に起因する問題（239）

　　3　既存の法制度の前提との不一致に起因する問題（245）

第 3 節　高齢者と裁判における配慮……………………247

　　1　限られた時間（247）　　2　弁護士実務における対応（248）

おわりに（253）

事項索引（255）

判例索引（257）

編著者紹介（259）

第 1 章
高齢者法の意義

関ふ佐子

第 1 節　高齢者法とは

1　本書の目的

　日本は世界のなかでも高齢化が進んでおり，高齢者をめぐる法的課題が山積みとなっている．とはいえ，学問として，高齢者をめぐる法的課題が体系的に整理され，これについて研究する基盤が確立しているとは言い難い．樋口範雄は，①高齢者の問題は法律問題でもある．②それにもかかわらず，法も法律家もそれに対処できていない．③そして，最も重要な点として，超高齢社会を乗り切るためにも，法改革と法律家の自己変革が必要である，と分析する[1]．こうしたなか，「高齢者法 (Elder Law)」という法分野では，多くの人がよりよい人生の終盤を過ごせるよう，高齢者をめぐる法的課題を整理・検討し，それに法や法律家が対処しうるよう試みている．

　「高齢者法」という言葉を耳にする人は少しずつ増えていよう．しかし，高齢者法という法分野は日本においては確立途上の法分野であり，その内容についての理解は進んでいない．本章では，こうした状況において，高齢者法の内容を整理・説明し，その法理念を検討し，高齢者法の存在意義を示し

---

[1]　樋口範雄『超高齢社会の法律，何が問題なのか』（朝日新聞出版，2015 年）9-10 頁．

たい．具体的には，本節で「高齢者法」とは何か，その定義や法の展開状況を説明し，第 2 節以下で，高齢者法の意義，高齢者の人間像，高齢者法の法理念，高齢者特有の横断的な法的課題について私見を展開する．そして，本書の各章では高齢者をめぐる具体的な法制度を説明するとともに，高齢者をとりまく個別の法的課題を明らかにしていく．これにより，本書の全体を通して高齢者法の全体像を示したい．さらに，超高齢社会が直面する高齢者をめぐる法的課題に，実務家や研究者が対処しやすい土台を築いていきたい．

2 「高齢者法」とは何か

「高齢者法」は，高齢社会の到来，専門分野をもちたい弁護士の増加等に起因して，1980 年代後半から，主にアメリカを中心に発展しつつある法分野である[2]．日本では未だ確立途上の新しい法分野であり[3]，その必要性が広く合意されているとは言い難い．そこで，本章は，アメリカの高齢者法をめぐる議論を参照しつつ，こうした法分野の内容や意義を問うところから始めていく[4]．

まず，「高齢者法」とは，そうした名称の法律を指す言葉ではなく，1 つの法分野を指す言葉である．日本で行政法や社会保障法という名称の法律はなく，これらが法分野を指す言葉であるのと同じである．「高齢者法」の定義は，日本のみならず世界的にも定まっているとは言い難い．「高齢者法」

---

[2] アメリカにおける高齢者法の範囲，高齢者法が法分野として発展してきた経緯等について，詳しくは，Lawrence A. Frolik, *The Developing Field of Elder Law: Historical Perspective*, 1 ELDER L. J. 1 (1993), 関ふ佐子「アメリカ高齢者法の沿革」横浜国際経済法学 16 巻 2 号（2008 年）33-53 頁参照．

[3] 日本では，「高齢者法」や「高齢者と法」という名前の講義を開講している大学も未だ少ない．筆者が 2003 年から，樋口範雄が 2013 年から開講しているほか，弁護士による「実務高齢者・障害者問題」といった講義が 2004 年以降いくつかのロースクールで開講されている．この他，各種弁護士会の取り組みも含めて，関・前掲（注 2）34, 35 頁，注 1, 3, 4，高齢者法 JAPAN <http://elderlawjapan.ynu.ac.jp/>（2018 年 11 月 1 日アクセス）参照．

[4] 本章における検討はアメリカで構築されてきた高齢者法をめぐる議論を土台にしており，全般的に，REBECCA C. MORGAN et al., ELDER LAW IN CONTEXT (2017), LAWRENCE A. FROLIK & ALISON M. BARNES, ELDER LAW: CASES AND MATERIALS (6th ed. 2015), NINA A. KOHN, ELDER LAW: PRACTICE, POLICY, AND PROBLEMS (2013) といった，アメリカの高齢者法に関する主要文献である各種ケースブック（教科書）並びに高齢者法についてコンパクトにまとめた LAWRENCE A. FROLIK & RICHARD L. KAPLAN, ELDER LAW IN A NUTSHELL (6th ed. 2014) を参照している．

第 1 節　高齢者法とは

と題する書籍を日本で初めて出版した山口浩一郎と小島晴洋は,「今の段階では，高齢者法は描写できても定義はできない」とした[5]．本章では，日本における高齢者法について，次のとおり説明しておく．「高齢者法とは，社会保障法，労働法，民事法，医事法，刑事法といった各領域でそれぞれ取り扱っている高齢者に関わる法的課題を，体系的・横断的・学際的に取り扱う，高齢者に着目した法分野である．高齢者法は対象を高齢者に特化した法分野であり，高齢者特有の法的課題に焦点をあてることで，高齢者の権利保障を進め，その尊厳の保障を目指している」．なお，この定義の前半部分は合意を得やすい内容であろうが，後半部分のとりわけ傍点部分については，さらに議論を深める必要があろう．高齢者法は高齢者の権利保障を進めるためのものか，その尊厳の保障を目的とするものか，それとも，他の目的が（も）高齢者法の主要な目的となるのか．これは高齢者法をめぐる研究が進められていくなかで明らかになってこよう．発展途上の法分野である高齢者法においては，「高齢者法とは何か」「高齢者法は何を目指すのか」「高齢者法特有の法理念とは何か」といった問いへの答えは，法分野の発展とともに変化していく性質のものであろう．

　この点，アメリカでは高齢者法は例えば次のとおり定義されている．「高齢者法とは，高齢者にとってとりわけ重要な人生の最終段階の人生設計や他の法的課題について，高齢者やその代理人の相談にのり代理することに焦点をあてた法分野である」[6]．高齢者法は，研究上定義された法分野というよりも，典型的には依頼者によって定義される実務の一分野であるとも言われている[7]．この実務をベースとした高齢者法の定義は，アメリカの高齢者法の研究者が集まり作られた．高齢者法の法理念等を探りつつもこうした定義となったのは，実務における状況の説明を超えて合意を得ることが難しかったからであり，高齢者法の再定義を試みる意義はあると，アメリカの高齢者法の研究者である Nina A. Kohn は説明する．

---

[5]　山口浩一郎＝小島晴洋『高齢者法』（有斐閣，2002 年）1 頁．
[6]　KOHN, *supra* note 4, at 1.
[7]　MORGAN, *supra* note 4, at 1.

3　日本における高齢者法の展開

　日本でも，その重要性から，高齢者をめぐる法的課題についての研究は多数存在する[8]．日本で初めて「高齢者法」と題した研究書が出版され，日本において高齢者法の存在が世に問われたのは2002年である．山口と小島による本書は，高齢者をめぐる各種の法制度を説明し，高齢者が遭遇する各課題の法的取り扱いを検討した．こうした説明や検討を，次のような章立てで行った点に本書の特徴はある．序章「高齢社会と高齢者」，第1章「仕事・収入・財産」，第2章「生活環境」（住生活の確保，移動の確保，福祉機器，ボランティア，介護休業，交通安全その他），第3章「健康・介護・福祉」，第4章「社会参加」，第5章「人格の保護」（虐待，尊厳死，オンブズマン等）．住まいの課題等をその他の課題とあわせて「生活環境」と整理し，虐待や尊厳死をめぐる課題を「人格の保護」と整理しており，山口と小島の本書は，高齢者をめぐる多様な法制度の全体像の理解や概念の整理に資するものとなった．

　実務では，日本弁護士連合会が「高齢社会対策本部」や「高齢者・障害者の権利に関する委員会」を設置した．各都道府県の弁護士会も，高齢者をめぐる問題を扱う委員会を作っている．日本の学界と実務の動向は，アメリカで高齢者法という法分野が発展してきた軌跡に一部通じるところがある．

8）　樋口・前掲（注1），第一東京弁護士会法律相談運営委員会『実例 弁護士が悩む高齢者に関する法律相談』（日本加除出版，2017年），東京弁護士会弁護士研修センター運営委員会編『高齢者をめぐる法律問題』（ぎょうせい，2015年），岩村正彦編『高齢化社会と法』（有斐閣，2008年），日本弁護士連合会高齢者・障害者の権利に関する委員会編『Q&A 高齢者・障害者の法律問題』（民事法研究会，第2版，2007年，第1版は2005年），堀勝洋＝岩志和一郎編『高齢者の法律相談』（有斐閣，2005年），山口＝小島・前掲（注5），河野正輝＝菊池高志『高齢者の法』（有斐閣，1997年）ほか，高齢者法JAPAN・前掲HP（注3）の文献リスト参照．高齢者の状況や政府の施策は，内閣府編『高齢社会白書』（財務省印刷局）が毎年まとめている <http://www8.cao.go.jp/kourei/whitepaper/index-w.html>（2019年4月22日アクセス）．

第2節　高齢者法の意義

1　実務における高齢者法の意義

　高齢者をめぐる法的課題を解決していくために，高齢者法という法分野を日本においても確立していく意義を検討していく．

　高齢者法が世界に先駆けて発展したアメリカでの高齢者法の弁護士を対象とした調査によると，93％が高齢者法は成長している分野であると答え，4分の3は，より多くの高齢者法の弁護士が必要であり，この分野は仕事の多い分野の1つであると感じている[9]．

　日本においても高齢者は様々な法的課題に直面しており，弁護士をはじめとした実務家もこれに対応しつつある．高齢世代特有の法制度も整備されており，他の世代とは異なる事情を検討しなければ，高齢者をめぐる法的課題は十分に解決し難い状況となっている．そこで，アメリカと同様に，実務において，高齢者法の存在意義は高まりうる．

2　高齢者法の法理念の確立

　高齢者法において，この法分野特有の法理念を構築できるか，構築すべきか，それとも，既にある各種の法理念を高齢者に関わる課題においても適用すれば十分か，見解が分かれている．いずれにせよ，高齢者が抱える法的課題は複雑化しており，課題の整理に資する基軸となる法理念が探られている．そして，高齢者法は，この作業を行う研究領域なのである．

　高齢者法の基軸となる法理念を明らかにしていくには，個々の具体的な課題に着目していく視角と，大局的な視角から高齢者をめぐる課題に共通する法理念を探る視角の双方が必要となろう．すなわち，具体的な課題を解決していくなかで高齢者法において有用な法理念を探るのが1つの研究手法とな

---

[9]　KOHN, *supra* note 4, at 1.

る．もう1つは，大局的な視角から，何が高齢者特有の法的課題なのかを明確化し，この検討に資する法理念を探求し，それを問題解決に役立たせる手法である．高齢者法が法分野として発展しているアメリカをはじめとして，世界的に高齢者法の法理念の模索が同様に試みられている．Israel Doron は 2009 年に，高齢者法の実務は発達しているものの，その法理念が解明されていないと問題提起する研究書を編集したが，その後の議論は十分に進んでいない[10]．

この点，2018 年 6 月，高齢者法の研究者を中心に[11]，高齢者法の法理念を探求すべく "Elder Law and Its Discontents（高齢者法とこれへの不満）" と題する国際会議がテルアビブにて開催された．本会議では，高齢者法は特有の法理念を必要とするという見解と，それは不要で一般的な法理念を高齢者に関わる法的課題においても使用すれば十分であるという見解が対立した[12]．そして，高齢者法の研究において有用な法理念を現段階で整理するのは難しいとして，これを探求する際に問うべき論点を列挙する作業が行われた．

3 高齢者特有の法的課題

ここでは，高齢者の賃金減額をめぐる議論から，高齢者特有の法的課題とはどのようなものなのかを例示する．これにより，例えば，労働法において確立されてきた法理念の適用に加えて，高齢者法の視角から年齢差別につい

---

[10] ISRAEL DORON eds., THEORIES ON LAW AND AGEING: THE JURISPRUDENCE OF ELDER LAW (2009)．Doron は，アメリカでの在外研究をきっかけに高齢者法を国際的に研究するイスラエルの研究者である．このほか，各国の研究者が高齢者法をめぐる課題や高齢者法の可能性について研究したものとして，ISRAEL DORON & ANN M. SODEN eds., BEYOND ELDER LAW: NEW DIRECTIONS IN LAW AND AGING (2012)．

[11] "Elder Law and Its Discontents" は，中堅の研究者として現在アメリカで高齢者法を牽引している Nina A. Kohn とテルアビブ大学で家族法の視点から高齢者法を研究する Daphna Hacker が主催した．なお，アメリカで高齢者法を法分野として確立した Lawrence A. Frolik は，2018 年 7 月 1 日にピッツバーグ大学を退職した．現在は次の世代の研究者が高齢者法を担っているが，その数は限られている．

[12] 本国際会議では，バルネラビリティやライフコースをめぐる議論，社会保障法，家族法，老年学，フェミニズム法学の視点等の利用可能性，高齢者差別や親孝行との関係といった具体的な論点が討議された．本国際会議の研究成果は，2020 年 1 月に，THEORETICAL INQUIRIES IN LAW のシリーズの 1 つとして公刊される予定である．

第 2 節　高齢者法の意義

て検討する意義をみていく．

　日本では，定年退職後に同じ企業に有期労働契約という形で再雇用された際の賃金の減額が裁判で争点となっている[13]．長澤運輸事件では，定年退職後に再雇用され同じ仕事を続けた際に賃金が 2 割程度減額された点が争われた．最高裁は，精勤手当および超勤手当（時間外手当）を除く各賃金項目に係る嘱託乗務員と正社員との労働条件の相違は，労働契約法 20 条にいう不合理と認められないと判断した．学説は見解が分かれているが，高齢者が締結する有期労働契約の労働条件の相違の不合理性の検討にあたっては，高齢者をめぐる様々な事情が考慮されている．まず，高齢者特有の保障である高年齢者雇用安定法によって，企業は，定年制の廃止，定年の引き上げ，継続雇用制度の導入のいずれかの高年齢者雇用確保措置を講じなければならない．そして，企業は，若年層を含めた労働者全体の安定的雇用も実現せねばならない．さらに，高齢者は高年齢雇用継続給付を受給できる場合がある．再雇用時の賃金減額をめぐっては，こうして高年齢雇用継続給付や老齢年金給付の意義，年齢差別の是非，定年制や終身雇用制と定年後の雇用との関係，非正規雇用と高齢者雇用の異同等が問われている．

　高齢者の再雇用における賃金減額の合理性を検討するにあたっては，以上の労働法と社会保障法双方にかかわる様々な高齢者特有の事情，法的課題を考慮する必要がある．高齢者法の法理念の確立は，こうした高齢者であることから特別に考慮すべき事由の考察に資するものである．これは，高齢者特有の法的課題のより適切な解決につながろう．

4　各法分野の検討に資する視角の提供

　高齢者特有の事由を探ることで，高齢者法は各法分野での検討に資する新たな視角を提供しうる．例えば，社会保障法では，その法体系を生活保障を必要とする原因（要保障性）とそれに対応する保障給付の特質・内容によっ

---

[13] 愛知ミタカ運輸事件・大阪高判平 22・9・14 労判 1144 号 74 頁，長澤運輸事件・最 2 小判平 30・6・1 民集 72 巻 2 号 202 頁等．長澤運輸事件について，詳しくは本書第 4 章，第 8 章も参照されたい．

て分類する考え方がある[14]．ここでのポイントは，具体的な体系論の内容の是非ではなく，例えば，要保障性が「生活不能」「生活危険」「生活障害」に分類された場合，個別具体的な事由が，そのいずれに該当するのかを検討する際に高齢者法の視角が役立つという点である．例えば，貧窮状態にあるか生活を脅かしているかといった所得喪失の程度のみならず，高齢者の場合にその所得喪失が意味するところを探る作業は，個別具体的な事由が「生活不能」にあたるか「生活危険」にあたるかの分析に資するであろう．

　これは，高齢者法のみならず，障害法，子ども法等についても同様である．対象集団ごとに要保障性を検討することで，何をどの程度保障すべきか，保障の程度が検討しやすくなる[15]．高齢者と障害者等は，それぞれの要保障性が異なりうるからである．高齢者といった対象集団に着目して必要とする保障内容を検討する高齢者法の視角は，社会保障法学で何をどれだけ保障するのかを検討するうえで役立ちえる．

5　横断的・体系的な視角

　高齢者をめぐっては，年金搾取，医療事故，終末期の自己決定，介護保険・生活保護の受給，施設入所，虐待・事故，犯罪，刑務所内外での介護福祉サービス，高齢離婚，成年後見，相続・遺産分割，遺言，消費者被害といった各種の法的課題が発生している．これらを解決していく際，実務では当然，分野横断的な検討が行われる．他方，研究においては，社会保障法，労働法，民事法，医事法，刑事法といった各領域で，これらの課題がそれぞれ取り扱われてきた．例えば，成年後見制度は民法と社会保障法の双方の分野で研究されてきたが，この研究には両分野にまたがる視角が必要となる．ここにも，高齢者に関わる法制度全般を対象とし，横断的・体系的に研究する学問領域である高齢者法の意義がある．

---

14)　荒木誠之『社会保障の法的構造』（有斐閣，1983年）18頁以下．社会保障法の体系化は，荒木説を踏まえて，その後様々な形で展開されている．

15)　障害者，子どもといった対象集団ごとに必要な保障内容を模索する代表的な研究として，菊池馨実＝中川純＝川島聡『障害法』（成文堂，2015年），大村敦志＝横田光平＝久保野恵美子『子ども法』（有斐閣，2015年）．

第 2 節　高齢者法の意義

分野横断的な検討の必要性は，例えば，JR東海事件でも提起された[16]．本件では，認知症を患った高齢者が列車に衝突して死亡し，鉄道会社が，その配偶者と長男に対し列車の遅れなどを理由に損害賠償金の連帯での支払いなどを求めた．最高裁は，配偶者と長男はいずれも民法714条が定める責任無能力者の法定の監督義務者またはこれに準ずべき者には当たらないとして，損害賠償請求を認めなかった．本件では，認知症の高齢者を在宅で介護する家族が，第三者に対する高齢者の加害行為の防止に向けた監督義務を負うのか否かという民法の論点が争われた．他方で，本件をめぐっては，家族が高齢者を介護するどのような場合に，家族は認知症の高齢者が発生させた損害を賠償せねばならないのかという課題が広く議論された[17]．徘徊を繰り返す認知症の高齢者が事故を起こさないよう常に見守るのは大変であり，監督義務が課されると，家族・高齢者施設・介護サービス等の負担は大きくなる．JR東海事件をめぐる議論は，新たな保険制度の必要性の検討といった立法政策に及んでおり，認知症の高齢者のリスクを社会で担う仕組みの構築が社会保障法学等で模索されつつある．こうした課題を，民法と社会保障法の垣根を越えて横断的に検討する点に，高齢者法の存在意義がある．

6　学際的な視角――研究と実務・法学と他分野の連携

アメリカでは，高齢者法という法分野が研究者と実務家が協同する形で発展した．高齢者をめぐる課題が増えるなか，自らを高齢者法専門と称する弁護士が増加した点が，高齢者法発展の1つの要因となっている．高齢者をとりまく法制度の変遷，高齢者数の増加，その法的ニーズの増大と複雑化，弁護士の急増，家族の問題を専門とすることの多い女性の弁護士業務への参画，専門分化が促進し受け入れられた点などから，実務において高齢者法が必要とされていった．

---

[16]　JR東海事件・最3小判平28・3・1判時2299号32頁．本訴訟について，より詳しくは，認知症高齢者の見守りを社会でどう担うかという点から本書第2章，不法行為制度の射程との関係で本書第8章を参照されたい．

[17]　樋口範雄「「被害者救済と賠償責任追及」という病――認知症患者徘徊事件をめぐる最高裁判決について」法曹時報68巻11号（2016年）16, 20頁．

第 1 章　高齢者法の意義

　超高齢社会の課題が溢れる日本でも，弁護士の増加もあり，弁護士にとって高齢者法を専門と謳う魅力が生じてきている．2018 年の高齢化率（65 歳以上人口が総人口に占める割合）は 28％であり，若年の依頼者が少ないことも鑑みると，弁護士にとって，3 人に 1 人，またはそれ以上の依頼者が高齢者となりかねない．また，仕事を探す必要性から，成年後見人となるために弁護士会の高齢者・障害者の権利に関する委員会に入る若手弁護士もいる．さらに，アメリカと比べて訴訟が少ない日本では，予防法務に加えて，立法政策における研究者と実務家の連携が重要となっている．こうして，日本においても，高齢者をめぐる現場の課題を解決していくうえで，研究者と実務家が協同して発展させていく高齢者法の意義が高まりつつある[18]．

　高齢者をめぐる課題の解決に法学以外の分野との連携の必要性が高まるなか，高齢者法は，これを実践している．例えば，高齢者雇用が進んだ社会で，認知症が疑われる高齢者に対する退職勧奨を労働法的にどう考えるのかは，他世代の労働者への退職勧奨をめぐる法理論のみからでは十分に答えが出ていない．この点については，高齢者差別に関する法的観点からの検討に加え，認知症（アルツハイマー型，脳血管性，レビー小体型等）の原因や症状（中核症状，行動・心理症状）に関する医学的知見・観点を取り入れた緩やかな退職勧奨のあり方等を検討する必要があろう．認知症は，他の世代と比べて高齢者に多い疾病である．例えば，認知症が進行し訴訟能力が回復する見込みがないとして，高齢者に対する公訴が取り消された事例がある．その際，高齢者の訴訟能力は，進展する医学の研究を反映して判断する必要がある．認知症には様々な症状があり，どのような場合に高齢者の責任を問えるのかは，一般的な判断能力の検証とは異なろう．契約をはじめとした法律問題では，認知症等による判断能力の低下が大きな課題となるため，学際的な研究のなかでも，法律学は認知症に関する医学の研究知見との連携を必要としている．

　高齢世代は多様な世代であり，健康な高齢者も多い．とはいえ，人生の終

18）　高齢者特有の法的課題について検討していこうと，筆者は 2014 年に研究者と実務家がともに研究する「高齢者法研究会」を創設した．本研究会の研究成果や高齢者をめぐる法的な情報は，HP 高齢者法 JAPAN・前掲（注 3）参照．

焉をより身近に控えた高齢世代は，他世代と比べて，相対的に認知機能以外に身体機能も低下する傾向にある．高齢者の認知機能や身体機能の低下を反映させて各種の法的課題を解決していくためには，看護学や福祉学の知見も必要となる．例えば，成年後見制度による財産管理のみならず，弁護士と社会福祉士とが連携した形での見守り契約等，多分野の専門家による高齢者のサポートのあり方が高齢者法の実践において探られている．

世界的には，高齢化について学際的に研究するジェロントロジーの発展において，高齢者法への期待が高まりつつある．日本では，ジェロントロジーにおける法学研究の寄与はこれまで少なかった．高齢者法は，分野横断的な法分野であり，ネオ・ジェロントロジー研究に法律学が関わっていく第一歩も担っている．

第3節　高齢者の人間像

1　多様な高齢者像

高齢者法の理念を探るためには，まず，高齢者とはどのような存在であるのか，とりわけ障害者といった他のバルネラブルな存在とどう異なるのかという，高齢者の人間像を明らかにする必要がある．

高齢者法は，一般的に65歳以上の人を指す「高齢者」に関わる法分野である．日本において「高齢者」は，状況によって，55歳以上，60歳以上，さらには退職者等，より若い年代の人を指す言葉としても使用されている．また，高齢者をめぐる課題を検討する前提として，そもそも何歳以上の人を「高齢者」と捉えるべきかという，高齢者像の再考が進められている．2017年1月5日，日本老年学会等は「高齢者」の定義を75歳以上に見直すことを提言した[19]．すなわち，各法律の趣旨・目的に沿って「高齢者」の年齢は変わりうるほか，時代の変化に伴い，その年齢は変化しうるのである．高

---

19)　日本老年学会・日本老年医学会『高齢者に関する定義検討ワーキンググループ報告書』（2017年3月31日）．

第 1 章　高齢者法の意義

齢者法では，何歳という具体的な年齢の設定以上に，ある一定の年齢を境に，それ以上の人を高齢者として区別することの意義を考えることが肝要となる．なお，本章で高齢者法の法理念等を検討する際に想定している高齢者は，60代より上の，より終末期に近い年代の人たちである．

　高齢者像が高齢社会の実態に沿うものとなるよう社会の意識改革が問われてきた．2012 年には高齢社会対策大綱が，高齢者像に一層の変化が認められ，意識改革の重要性が増していると指摘した[20]．高齢者には，他の世代と差別なく接せられることを求める，自立した強い人間像を想定しうる意欲と能力のある人が増えている．他方で，高齢期は長い人生の延長線にあり，各種の保障・配慮・取り扱いを必要とする，弱い人間像を想定しうるニーズのある高齢者も多い．また，高齢者には，定年により引退した人も，定年がなく働き続ける自営業の人もいる．専業主婦の女性と働いてきた男性をめぐる状況も大きく異なる．高齢者の人間像は，若・中年者と比べて多様化しているのである．そうしたなか，自身の依頼者が認知機能の低下した配慮が必要な高齢者であると気づけない弁護士等が，その後のトラブルに困惑する事例もある．高齢者は，他の世代以上に年齢で一律に捉えきれない存在なのである．そこで，高齢者法の研究では，刻々と変化する高齢者像を正確に捉える必要がある．

2　人生 100 年時代における高齢者像

　総人口は明治時代から顕著に増えた後，2011 年以降は減り続け，日本はいわゆる人口減少社会に突入した．数百年単位で人口の推移をみても，現在は歴史的にみて大きな人口構造の転換期にある．また，2017 年現在，特定年齢の平均余命をみると，75 歳まで生きた女性は 91 歳まで生きうる（男性は 87 歳まで）と推計されており，日本は既に人生 90 年時代に突入している．2050 年になると，0 歳からの平均余命についても男性は 84 歳，女性は 90 歳

---

20)　詳しくは，高齢社会対策大綱の基礎となった「高齢社会対策の基本的在り方等に関する検討会報告書〜尊厳ある自立と支え合いを目指して」（平成 24 年 3 月）参照．現在の大綱は 2018 年に改定されたものである．

となると見込まれている．さらに，2050年には200人に1人が100歳以上となりえ，日本は人生100年時代を迎えようとしている[21]．人生100年時代ということは，平均して100年生きるのであり，人によっては110歳を超えて生きうることを意味する．

国連が65歳以上の人たちを「高齢者」と区分した頃の1955年，日本の65歳以上の人たちは，総人口の5.3％を構成していた[22]．2017年，日本の最も高齢な人たちの5.8％を構成するのは，83歳以上の人たちである．また，1947年，日本人の平均寿命は50代であり，2017年の平均寿命（男性81歳，女性87歳）と比べると，70年間で男性は31歳，女性は33歳も平均寿命が延びている．30歳も寿命が延びた場合，社会制度のみならず，個々の人生設計のあり方も変わってこよう．高齢者像の変化は，例えば，働く高齢者の増加に表れており，60〜64歳で就業している男性の割合は79％，65歳以上は32％（男女あわせて23％）である（2017年）[23]．高齢化の課題は，長寿化がもたらした歴史的にみても新しい課題といえる．長寿化は，65歳以上の人を高齢者と捉える意識，統計の取り方，そして法制度改革の必要性を提起している．

3 高齢者像の変化を正確に捉える必要性

高齢者像の正確な把握は，法的課題の解決に資する．例えば，高齢の消費者をとりまく被害としては，振り込め詐欺等が第一に想定されやすいが，60代の高齢者が直面する最も大きな消費者被害は，アダルトサイトをめぐるものである．高齢者のセクシュアリティについて語られることは少ないが，高齢者像の正確な把握により，トラブルの要因を発見し被害対策を講じたなら

---

[21] 政府は，2017年9月に「人生100年時代構想推進室」を設置した．政府の人生100年時代構想については，首相官邸HP「人生100年時代構想」<https://www.kantei.go.jp/jp/headline/ichiokusoukatsuyaku/jinsei100.html#k019>（2018年10月8日アクセス）参照．

[22] 以下，川島志保＝関ふ佐子『家族と高齢社会の法』（放送大学出版会，2017年）224頁参照．日本の最も高齢な人たちの5.8％を構成する年齢等は，総務省「平成29年10月1日現在人口推計」から筆者が計算．

[23] 平成30年版高齢社会白書，統計局HP，総務省統計局「労働力調査 年齢階級（5歳階級）別就業者数及び就業率」等参照．

ば，問題を未然に防ぎえよう．また，高齢者は犯罪の被害者となりやすい一方，加害者になっている点も見過ごせない．

　また，高齢者像を正確に把握するためには，統計の取り方に惑わされないようにする必要がある．老年従属人口指数等の数字は，ともすると，具体的に誰が誰を支えているのかという中身の検証をしないまま，高齢社会の危機感を高め，働く人の負担感を増やしている．現在，老年従属人口指数は，老年人口を65歳以上，それを支える生産年齢人口を15歳から64歳の人として計算されている．すると，2020年には2人で1人を扶養する推計となり，高齢者に十分な安心を提供する社会保障制度を構築した場合，働き手の負担は過度なものとなりかねない．この点，老年人口を例えば75歳以上，生産年齢人口を20歳から74歳までと定義したならば，2020年には4.6人で1人を扶養する計算となり，負担感は大きく変化する．高齢社会における負担のあり方の議論は，誰が誰を支えるのかという，保障する人間像とそれを支える人間像をより明確にしたうえで進めていくべきであろう．

　法制度における年齢の設定は，各人の人生設計に影響を与えうる．何歳まで働き自らまたは家族間で自立した生活をおくると計画するのかは，例えば，年金制度に左右される．65歳になったら仕事から引退する人生設計を支える法制度と，75歳までの就労を想定した人生設計を支える法制度は異なろう．高齢者法においては，「高齢者は65歳から」という固定観念により，法制度のあり方や各人の人生設計をミスリードしないよう留意する必要がある．

4　高齢者への保障の根拠

　高齢者と他の国民を対象とする法制度とでは異なる法理念を要する局面が存在するか否か．他の国民とは異なる高齢者への保障の根拠を探るためには，高齢者の特徴を整理し，高齢者の人間像を探る必要がある．何歳からを高齢者とみなすかは随時検証するとして，例えば障害者とは異なる高齢者の特徴を明らかにせねばならない．アメリカでは，高齢者が他の主体と異なる点をリスト化することで，高齢者の特徴をあぶり出そうとしている[24]．高齢者の特徴は多様であるものの，高齢者法の研究では，日本の状況も鑑みて高齢

第 3 節　高齢者の人間像

者の特徴を新たに整理し，高齢者への保障の根拠や保障内容のあり方を探っていかねばならない．

　貧困や疾病といった「ニーズ」は，障害者や若・中年者等も含めた保障の根拠となっている．これ以外に，高齢者特有の保障事由があれば，高齢者に対する保障への合意が得られることになろう．そこで，特定の年齢を保障の支給要件とする法制度の正当化根拠として，「ニーズ」に加えて，高齢者の「功績（merit）」の検討を提唱したい[25]．高齢者の尊厳を保障する形で高齢者に資源を配分する理由として，これまでの長い人生において社会に貢献してきた高齢者の「功績」を評価するのである．今日，高齢者のニーズはその他の世代のニーズとますます競合しているのに対して，「功績」は高齢に特有の保障要素であるうえに，高齢者差別にもつながりにくい．そこで，「功績」を評価することで，高齢者の尊厳を保障した形での社会保障関係費等の配分的正義を検討していくのである．

　高齢者と障害者や若・中年者との特徴的な違いに，これらの人たちと比べて高齢者は，「より長く生きてきた」点と「終末期がより近い」点がある．これらは，高齢者特有の保障内容の検討の鍵となる．例えば，長く生きてきた点を高齢者の特徴と捉えると，「住み慣れた」家に住むことの保障は，障害者や貧困者以上に高齢者に必要な保障となる可能性がある．DV 被害者の女性には新しい居住先の確保が必要であるとしても，被害を受けた高齢者にとっては新しい居住先の確保が生活の質を落とす可能性がある．ここでは，変化に弱く対応力が衰えるといった高齢者のニーズに加えて，他の理由が存在するのかどうかを探ることになる．また，高齢者は平均余命が若・中年者と比べて短く，他の年代の人たちより死を強く自覚する傾向にある人たちである．第 4 章の第 3 節では，長く生きてきた終末期のより近い高齢者は「お

24）Frolik & Barnes, *supra* note 4, at 9-19; Alison P. Barnes & Lawrence A. Frolik, *An Aging Population: A Challenge to the Law*, 42 HASTINGS L. J. 683, 694-96（1991）; Ronald Bayer & Daniel Callahan, *Medicare Reform: Social and Ethical Perspectives*, 10 J. HEALTH POLITICS, POL'Y & L., N. 3, 533, 538（Fall 1985）.

25）ニーズと功績について，詳しくは，関ふ佐子「「高齢」保障と高齢者の功績」小宮文人＝島田陽一＝加藤智章＝菊池馨実編『社会法の再構築』（旬報社，2011 年）195-213 頁参照．「ニーズ」ではなく「高齢」を根拠に公的な保障を行うことの是非について検証した先駆的研究に，BERNICE L. NEUGARTEN, ed., AGE OR NEED: PUBLIC POLICIES FOR OLDER PEOPLE（1982）がある．

疲れさま」と社会に引退を認められ，その生活を社会保障制度が下支えする人たちであると言えるのか，という点を検証している．

第4節　高齢者法の法理念

1　高齢者法の法理念

　障害法では「合理的配慮」，子ども法では「子どもの最善の利益」という，その分野を基軸に生まれた法理念が展開されている．こうした，その法分野の基軸となる法理念の存在は，その分野特有の法的課題の解決に資するものである．これが，高齢者特有の法分野を確立し，この分野の法理念を模索する理由の1つである．この点，「合理的配慮」は，高齢者にとっても有用な法理念である．これに対して，「子どもの最善の利益」は，将来のある子ども特有の法理念であり，子どもの保護という観点に加えて，子どもが他の主体にはない特別な権利をもつ根拠となっている．

　ここでは，このような形で高齢者法の基軸となりうる法理念を探っていく．

2　事前的・個別化・エンパワーメント

　樋口は高齢者法のキーワードとして，次の3つを挙げている．①ex ante（事前），②personalized aging（年の取り方もそれぞれ），③empowerment（権利や力を与える支援）[26]．①は，これまで多くの法律家が関心を注いできた事後的な対応に対して，事前のプランニングや紛争予防を高齢者法ではより重視すべきことを意味する．事後的な利益や損害の調整以上に，事前に第二の人生設計を助け，紛争予防を図り，合意に代わるルールをつくるわけである．②は，高齢者への対応において，画一化以上に個別化を重視する視点である．③は，力を削ぐのではなく，権利や力を与える，エンパワーメントするような法にするということである．

---

26)　樋口範雄「100歳時代の到来で求められる人生を再設計するための法制度とは」GERIATRIC MEDICINE, Vol. 55, No. 11（2017年）1273-1281頁等参照．

こうした観点を重視すると，例えば，成年後見制度以外にも，生前信託等により，それぞれの人生設計を可能とする法的支援の仕組みを構築していくべきことになる．事後的に利益や損害を調整するのではなく，第二の人生（長期の高齢期）を事前に計画することで紛争を予防していくとともに，自身の意向にあった個別の高齢期を自ら設計するのである．また，JR東海事件等が問題を提起したように，高齢者が起こす事故を不可避とみて，その減少を図る制度や損害を分散する仕組みを構築するわけである．そして，例えば医学では，個別の患者に合わせた医療や薬品（customized medicine）の開発が進められている．これと同様に，高齢者は多様であることから，画一的ではない法的対応を心がける必要があるとする．さらに，高齢者法においては，高齢者の安全・安心な生活の確保とともに，自立的で自由な選択の機会を保障するために，高齢者の権限や能力を補完してその権限行使や能力の発揮を可能にすることを重視すべきとする．

3　基軸となりうる法理念

高齢者法の法理念を探る作業として，「高齢者の尊厳（特別な保障）」，「保護の法理」，「差別禁止の法理」，「世代間公正」について考察していく．

(1) 高齢者の尊厳（特別な保障）

高齢者法において，尊厳の保障は高齢者を特別に保障する根拠の基軸となる理念となろう．長い人生を歩み終末期をより強く意識する高齢者にとって，人生の終盤における尊厳のある生活の確保が，それ以前より重要となる可能性について考慮する必要がある．これは，(2) で検討する高齢者のニーズに着目した保護を超えた，高齢者の特別な保障の根拠を探る作業である．

個々の高齢者の「尊厳」を保つことができれば，真の personalized aging が実現する．しかし，尊厳とは何か．何を尊厳と捉えるのかは多様化している．さらに，個々の高齢者の尊厳を保つ法制度の構築は望ましいものの，財源には限界がある．また，高齢者の尊厳を保障することで，他者の，例えば同居する家族の人間らしい生活を侵害してはならない．高齢者の自律と保護のバ

第 1 章　高齢者法の意義

ランスが課題となる．

　他者の利益との関係も加味しつつ，高齢者のどのような尊厳をどの程度保障するのかを考察するのは容易ではない．とはいえ，それぞれの高齢者にとっての尊厳は何かを問い考え続ける姿勢が重要となる．この点，社会保障法学では，国民を個人として尊重する憲法 13 条が注目されている[27]．社会保障の基盤となる憲法 25 条に加えて，憲法 13 条の法理念を重視する考え方において，経済的な自立とともに，自律した生活の保障が問われている．健康な高齢者も認知症の高齢者も含めた，多様な高齢者の個々の尊厳を尊重する内容の給付やサービスが求められている．

(2) 保護の法理

　高齢者像の変化から，例えば，働く意欲と能力のある高齢者は増えているものの，老化には個人差がある．60 歳を超えると，人によって認知機能・身体機能の低下がみられる．そこで，高齢期の生活は，財産管理，医療，介護等様々な局面において，各種の保障や配慮が必要となる．

　高齢者をめぐる法制度の設計にあたっては，年齢に基づくハンディキャップも考慮する必要がある．ニーズのある人には安心した社会保障制度の整備が望まれる．例えば，60 歳からの年金の繰上げ受給制度は，年金の支給開始年齢を上げたとしても，または，年金の繰下げ受給年齢を 70 歳以降に変えたとしても必要であろう．また，高齢者の仕事が見つからない社会，すなわち高齢者の生活費が確保できない社会では，年金の支給開始年齢のみを引き上げる制度設計は機能しない．こうして，所得・医療・介護等について保護を必要とする，高齢者のか弱い人間像に着目した場合，高齢者特有のニーズにそった保障や配慮が必要となる．

(3) 差別禁止の法理

　医療の発達や生活習慣等により平均寿命は延び，数十年前と現在とでは，

---

27)　菊池馨実『社会保障法　第 2 版』(有斐閣，2018 年).

第4節　高齢者法の法理念

　65歳以上の人の心身の状態は人により大きく異なる．これに対し，社会の意識はその変化に対応できておらず，年齢による社会的排除，年齢差別の問題が増えつつある．高齢者の他の世代と異ならない強い人間像に着目した場合，年齢を理由とした差別が課題となる．

　高齢者を特定の集団として捉える視点が生みかねない差別の問題に焦点をあてたのが，「エイジズム（ageism）」という概念である．エイジズムとは，広義では，ある一定の年齢集団に対する否定的な偏見や差別（否定的エイジズム）および肯定的な区別（肯定的エイジズム）をさし，狭義では，高齢者という特定の年齢集団に対する否定的な偏見や差別（否定的エイジズム）をさすと言われてきた[28]．「否定的エイジズム」は，高齢世代をステレオタイプ化し，役に立たない無用な集団等と位置づける．

　この点，エイジフリー社会とは，できるかぎり年齢を基準としない社会である．年齢を理由とした差別のないエイジフリー社会となれば，意欲と能力のある高齢者の就労は促進しうる．他方で，同じ高齢者は，エイジフリーが目指される社会においても，一定の年齢であることを要件に，様々な社会保障給付や高年齢者雇用継続給付といった特別な保障を受けてきた．ここでは，社会保障政策や労働政策，例えば，年齢を要件とした年金給付はエイジフリー概念と対立するものではないと捉えられてきた点がポイントとなる．確かに，「高齢」を理由に高齢者を特別に保障する制度は，同時に高齢者の差別を醸成しかねない．従来，社会保障の主要な給付要件である困窮や所得喪失を生じさせてきた高齢者のバルネラブルな側面と「高齢」は多くの場合連動してきたからである．しかし，例えば，アメリカでは定年制の撤廃等から必ずしも連動しなくなり，所得を喪失する退職ではなく，「高齢」になることが年金給付の固有の根拠となった[29]．所得を喪失するか弱い存在である点を年金給付の根拠とはせず，就労収入のある高齢者でも年金は減額されなく

---

28) 以下，ERDMAN B. PALMORE, AGEISM, NEGATIVE AND POSITIVE 3 (2nd ed. 1999)；アードマン・B・パルモア『エイジズム――優遇と偏見・差別』（奥山正司他訳，法政大学出版局，1995年）52-65頁，櫻庭涼子『年齢差別禁止の法理』（信山社，2008年），柳澤武『雇用における年齢差別の法理』（名城大学法学会，2007年）等参照．

なった．そこで，雇用における年齢差別との関係で，高齢者を優遇する社会保障制度は，高齢者に好意的な区別である「肯定的エイジズム」として，「否定的エイジズム」とは区別して整理されていった．否定的エイジズムと肯定的エイジズムを区別し，その関係をどう捉えるかが問われ続け，差別的インパクトや間接差別をめぐる議論が展開されている．年齢を基準としないエイジフリーの考え方は，特定の年齢を年金といった形で特別に保障する理念と必ずしも対立するものではないと捉えられたのである．

年齢差別は人種差別や男女差別とは異なる側面をもつ．差別を禁止すべき局面と高齢者を保護すべき局面の双方が並立する点が，高齢者をめぐる課題の複雑なところである．差別と特別な保障との関係，差別禁止の法理と保護の法理とのバランスが問われ続けている．社会保障や労働政策という形での高齢者の保護と差別禁止は，両立しうるものであろう．高齢者への特別な保障や配慮の必要性を唱える高齢者法は，年齢差別を避けるべく希求されるエイジフリー社会を否定するものではない．高齢者への特別な保障や配慮を肯定したとしても，どの場合には年齢差別が生じうるのかを検討する視点が重要となる．

(4) 世代間公正

何が差別を生じさせない特別な保障となるのかを判断する1つの基軸となるのが「世代間公正」の理念である．高齢者は単にか弱い保護される対象ではない．高齢者には意欲や能力のある人も多く，それらの人は社会の支え手となり，責任や義務を負う主体となっている．高齢者は多様であるのにもかかわらず，高齢者の保護のみを進めると，他世代の利益との対立が生じかねない．世代間の不公正を解消しなければ，高齢者に対する保障への反感が高

---

29) ある給付が所得喪失といったニーズではなく年齢を理由に給付された場合，その理由の探求が高齢者法においては重要になる．この点，年金は「老齢年金」か「退職年金」かという年金の性格についての問いが，アメリカでは2000年に廃止された所得テスト，日本では在職老齢年金制度をめぐる課題として顕在化している．高齢者の保護と差別禁止の関係も含めて，関ふ佐子「日米の在職老齢年金制度にみる差別禁止と特別な保障」清家篤編『エイジフリー社会』（社会経済生産性本部，2006年）215-216, 222-239頁．

第4節　高齢者法の法理念

まり，高齢者の尊厳が脅かされる可能性もある．こうしたなか，高齢者特有の保障において，高齢世代と他世代との間の公正が保たれたならば，高齢者の差別は生まれづらくなろう．

超高齢社会となり，働く世代の支払う税や保険料が増え，働く世代の負担感が増すほど，若・中年世代と高齢世代との世代間公正が，とりわけ立法政策において問われている[30]．「高齢」，すなわち一定年齢以上であることのみを支給要件とする社会保障制度等に対する疑問が提起されつつある．しかし，年金・医療・介護制度をめぐる改革が進むなかで，社会保障関係費の抑制策が先行した場合，例えば，市場によっては担いきれない高齢者のニーズが疎かにされかねない．安心できる尊厳ある生活は，人生の終盤において，より一層保障されることが望まれる．高齢者の人としての尊厳を侵害する，なし崩し的な制度改革と，世代間不公正の増幅の双方を回避せねばならない．しかも，先進各国と比べて高齢化のスピードが速い日本では，若・中年者と高齢者のコンセンサスの構築を急がねばならない．所得の再分配を行うにあたって，支える側と支えられる側の世代間公正の担保が，高齢者の生活に欠かせない社会保障制度の持続可能性につながっていく．

ところで，高齢期は長い人生の先にあり，高齢社会の課題の解決には，若・中年世代のことも検討する必要があり，高齢者の課題のみに答えを出しても解決されない．高齢者法は，高齢者を優遇することを目的とした法分野ではないのである．子どもの権利は子ども法，障害者の権利は障害法といったように，それぞれの法分野で，それぞれの対象を保障する根拠を探る点に，対象者ごとに法分野を確立する意義はある．そのうえで，それぞれの保障の程度等を検討していくのである．それぞれの法分野は，他の対象者や他の世代の保障を否定するものではない．

---

[30] 社会保障法を中心とする社会法における世代間の連帯・衡平について，笠木映里他「特集 世代間の連帯・衡平」法律時報1133号（2019年）4-57頁に掲載された各論文を参照されたい．

第5節　高齢者特有の横断的な法的課題

高齢の依頼者に対応する際に，弁護士といった実務家が考慮すべき2つの問いは，①依頼者は誰か，②依頼者は意思能力を有しているか[31]，である[32]．高齢者特有の法的課題の検討においては，各領域で「高齢者の意思決定支援と自己決定」，「高齢者と家族等との関係」が問われている．各領域での具体的な課題の検討の前提として，これら横断した課題を，実務家のなかでも弁護士を例に整理しておく．

1　高齢者の意思決定支援と自己決定

(1) 高齢者の意思

高齢者の意思能力や判断能力は，「ある」か「ない」かという二者択一の質問では捉えがたい．高齢者には，一方で，認知症等から認知機能が少しずつ低下している人がいる．他方で，顔と名前が覚えられないなど記憶力が低下した人やうつ状態の人もいる．とりわけ，後者の場合は，十分な判断ができる可能性がある．また，人によっては，時折混乱したり，午前中は理解力が高いなど，認知機能の低下が一日の一部や一定期間のみ生じる人もいる．さらには，服用している薬の悪影響を受けている場合もあり，薬を変えたり量を減らしたりすると，判断が可能となる場合もある．このように，高齢者の意思能力の有無を判断するのは容易ではない．

高齢者の意思能力を判断する方法は確立しているとは言い難い．アメリカでは，意思能力が低下した依頼者に弁護士がどう対応すべきかを，アメリカ法曹協会・法律家職務模範規則（ABA Model Rules of Professional Conduct. 以下，ABAとする）の倫理規定が具体的に定めている[33]．依頼者の集中力の長さ，

---

31) 社会福祉の現場等で使用されている「意思能力」という言葉は，改正民法3条の2が規定する「意思能力」とは同義ではない場合がある点に留意する必要がある．

32) FROLIK & KAPLAN, *supra* note 4, at 9, Frolik & Barnes, *supra* note 4, at 48, 66.

33) 例えば，ABA 1.14 注釈6参照．(2) 以下の記述においても ABA を参照している．藤倉皓一郎監・日本弁護士連合会訳『ABA 法律家職務模範規則』（第一法規，2006年）．

記憶力等を確認する簡単な精神状態のテストもある．他方で，テストは受ける人の自尊心を傷つけうるほか，テストを分析する能力を弁護士は有していないとして，精神科の専門家による意思能力の診断を求める見解もある．

(2) 局面ごとに異なる必要とされる能力

診断医の助言を求める方法も万能薬ではない．認知症の診断は，どのような方法を採用するのかによって異なりうる．さらに，代理人を選任する能力と遺言を執筆する能力が異なるように，どのような法的課題に対処するのかで求められる意思能力は異なる．認知機能が低下している高齢者は，記憶力が低下しているとしても，その時々に，自身にとって何が幸せかを理解し決定する能力はもちうる．例えば，子どもの場合は，自らの監護についての手続きにおいて考慮に値する意見をもつとみなされている．同様に，重要な取引については特別な法的保護を要する高齢者も，日常の経済的な問題について処理する十分な能力は有しうる．

例えば，遺言は通常の財産行為について必要とされる行為能力ではなく，遺言内容とその結果を理解できる意思能力（遺言能力，民法 961 条）があればできる[34]．通説は，問題となる法律行為の難易度によって，その行為に必要とされる意思能力の程度は異なるとして，意思能力の「相対性」を唱えている．そこで，遺言に必要な意思能力の程度は，保有する財産の量，種類，受遺者との関係，財産の配分の内容といった遺言の難易度によって異なることになる．遺言は任意に撤回でき取引の相手方の保護が必要な売買等とは異なるほか，遺留分制度が被相続人の兄弟姉妹以外の相続人を保護しているため，遺言に必要な意思能力の程度が局面によって異なってもよいとされている．

こうして，高齢者の意思決定支援においては，どのような意思能力を必要とするかが，問題となる法律行為の内容により異なる点に留意する必要がある．

---

[34] 三輪まどか「高齢者の意思能力の有無・程度の判定基準」横浜法学 22 巻 3 号（2014 年）263-285 頁，村田彰「遺言に必要な精神能力」新井誠＝西山詮『成年後見と意思能力』（日本評論社，2002 年）94 頁以下参照．

(3) 高齢者の自律・自己決定の尊重と高齢者の保護

　弁護士は，第三者に被害を与えたり，それが依頼者の真の意思に反すると思われない限り，依頼者の指示に従えばよい．他方で，アメリカでは，依頼者が自己の利益に適った適切な行為ができない場合は，保護的措置を講じることができるとされている（ABA 1.14(a), (b), 注釈9）．また，緊急時には，他の代理人等がいない場合，意思能力が低下している依頼者のために弁護士は行為することができる．日本でも，弁護士は依頼者の意思を尊重して職務を行うものとする点や，適切な方法を講じて依頼者の意思の確認に努めることが定められている（弁護士職務基本規程22条）．とはいえ，高齢の依頼者の愚行をどこまで支援すべきかなど，実務では対応が難しい課題が生じている．

　認知機能の低下した高齢者にかぎらず，高齢者には特有の配慮が必要となる場合がある．高齢者の自律を重視し，高齢者の意思や自己決定をより尊重するためには，高齢者本人の考えをできる限り探る工夫が求められている．詳しくは第8章で検討するが，例えば，耳の遠い高齢者や声の出ない高齢者に説明し，その意思を確認するためには，文字やアイウエオ表の活用を検討すべきであろう．さらに，高齢者に関わる実務家の行動規範を明確化するためには，とりわけ，認知機能が低下した高齢者との接し方について，成年後見人の場合に限らず，より詳細なガイドラインの検討が日本においても必要であろう．

2　高齢者と家族等との関係

　高齢者の相談にあたっては，高齢者より家族等の意思が尊重されかねない．依頼者の特定は，弁護士であれば，守秘義務，利益相反の回避，弁護士報酬の支払者といった点との関係で明らかにする必要がある．しかし，高齢者が弁護士等の実務家と会う際，家族（配偶者，成年子，親族），友人，隣人等が同行することが多く，相談者は依頼者を混同しかねない．

　ABAは，弁護士が各種の義務を負うのは，依頼者に対してであるとして，その義務の内容を挙げている．高齢者に同行した者が，弁護士と高齢者との話し合いにおいてどのような役割を担うのか，不当な影響（圧力）の可能性

第5節　高齢者特有の横断的な法的課題

も含めて慎重に考えねばならない．家族（推定相続人）との利益相反，弁護士の双方代理の問題等もあり，本人の同意があればよいわけではない．とりわけ，高齢者が家族と同居している場合は，高齢者の意思決定に家族の影響力が及んでいる可能性について，弁護士は高齢者の意思をより注意深く探る必要がある．日本においても，利益相反の禁止等，弁護士の倫理が一般的に定められている（弁護士法25条，弁護士職務基本規程27条，28条，民法860条参照）．

　この点，福祉の現場では，高齢者の生活の質を上げるために，高齢者のみならず，家族と高齢者の双方をサポートすることが多い．誰による，どのような支援が高齢者に資するのか，高齢者の意思能力をめぐる状況に即した法制度やガイドラインの整備が求められている．認知機能の低下と判断能力との関係は一義的ではない点，高齢者の意思能力の判定における裁判上の基準と医学的な基準との相違点，福祉と法学の相違点等も検証しつつ，高齢者をサポートする指針を明らかにしていく作業が必要となろう．学際的な研究をする高齢者法の手法を生かした研究が求められている．

第2章
高齢者の医療・介護・福祉

小野太一　樋口範雄　川久保寛

第1節　それぞれの制度の基本的仕組み

1　社会保障制度の中での高齢者医療・介護・福祉

　国民皆保険の下，わが国では65歳未満の人は職域か地域（市町村）ごとの医療保険に加入する仕組みとなっている．65歳から74歳までの高齢者も同様だが，費用は保険制度の間で調整されており，サラリーマンが引退後加入する市町村国保に負担が偏らないようになっている．75歳以上は後期高齢者医療制度に加入する．介護に関しては，65歳以上（一部40歳以上64歳未満も）であれば介護保険制度のサービスを受けることができる．また介護保険以外にも，貧困の高齢者は老人福祉法により公費で養護老人ホームに入所できるなどの制度がある．さらに生活保護を受け，医療や介護について公的扶助を受けている高齢者も多い[1]．

　このような医療・介護・福祉の制度を支えるのが各種の法である．以下，どのような法律があるかを説明する．

---

1) 生活保護受給者は医療扶助により，公的医療保険とほとんど同じ給付を受けることができる．また65歳以上の場合，生活保護の給付に介護保険料分が上乗せされ，代理収納することにより介護保険の被保険者として扱われる．要するに，生活保護受給者は，医療費を払うことも介護保険料を支払うこともしなくてよい制度となっている．それだけ貧困でまさに生活保護が必要だからである．

2　高齢者の医療・介護・福祉制度の仕組みに関わる法

(1) 医療の供給に関わる法の概要

　医療サービスの提供について，まず医療法では，病院や診療所などの衛生面での規制等が定められるとともに，都道府県に医療計画の策定を義務付けている．医療計画では，都道府県がその定めるエリアごとの病床数とともに，病院間の連携体制や政策目標等が定められる．2014（平成26）年の法改正で，各都道府県は今後の高齢化の進展に備え，高度急性期，急性期，回復期，慢性期の機能ごとに病床を分けて，2025年時点の医療ニーズの予測と必要な病床数を推計し，あるべき医療提供体制の実現方策を示した「地域医療構想」を定めることとされた．都道府県では推計をもとに地域の関係者と協議をし，また消費税増税財源を充てた基金も活用しながら，地域ごとの人口の減少や構造変化等に応じた，あるべき医療提供体制の実現に向け取り組んでいる．

　医療関係職種の法としては，医師法，歯科医師法，薬剤師法，保健師助産師看護師法等が資格ごとに設けられている．今後の超高齢化社会では，在宅医療や，医療と介護の連携が進展することが期待されているが，それにあわせ医師や看護師，介護職員等の役割分担を見直す動きも進められている．

(2) 医療の財政に関わる法の概要

　医療保険制度は大きく「国民健康保険」「健康保険等の被用者保険」「後期高齢者医療制度」の3つに分かれる（図2-1）．

　都道府県がその市町村（特別区を含む）とともに行う国民健康保険は，都道府県内に住所を有し，他の制度の対象となっていない者を全て対象としている[2]．企業等で働いている者とその被扶養者は被用者保険がカバーする．被用者保険の代表格は健康保険であり，主に大企業の従業員を対象とした健康保険組合（健保組合）と，全国健康保険協会が全国一本で運営する，主に

---

[2]　以下国民健康保険組合については記述を省略する．

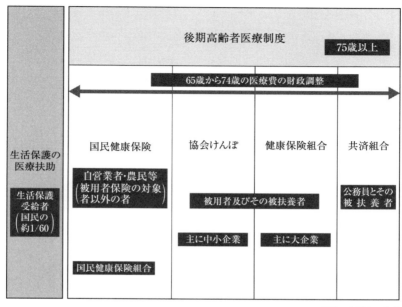

図 2-1　医療保険の適用の概要

中小企業の従業員を対象とした協会けんぽがある[3]．他には公務員等を対象とした共済組合及び船員を対象とした船員保険（図では略）がある．後期高齢者医療制度は75歳以上の者等について，国民健康保険，被用者保険のいずれからも独立した制度となっている．なお，かつて被用者保険に加入していた者が退職後原則国民健康保険に移るため，費用負担の公平性を確保するため，65歳から74歳の者の医療費について，被用者保険から国民健康保険に費用が一部移転されている．

歴史を振り返ると，1961（昭和36）年の国民皆保険達成時は，高齢者は被用者保険か国民健康保険で賄われており，別の仕組みはなかった．1973（昭和48）年には自治体での先行を後追いする形で老人医療費の無料化が行われた．その後医療費は急騰し，いわゆる病院の「サロン化」や「社会的入院」

---

[3]　中小企業でも共同して健康保険組合を設立することは可能である．

といった問題も招いた．80年代に入り，高齢者医療費増に対応するため2つの大きな制度改正が行われた．1つは1982（昭和57）年の老人保健法の制定である．老人保健制度は市町村を運営主体とし，70歳以上と65歳以上の寝たきり老人等の医療費につき，保険者から拠出金を集めて賄う仕組みである．基本的に高齢者の加入割合の少ない保険者（健保組合等）も含め，すべての保険者の高齢者の割合が同じとの仮定を基に算出された額を拠出し，それを市町村に分配した．市町村は制度を運営するとともに，40歳以上に対する健康診査等の義務も課せられた．2つ目は，1984（昭和59）年の退職者医療制度の創設である．引退後健保組合等から国保に移る退職サラリーマン等の医療費について，加入する国保の保険料に加えて健保組合等からの移転により賄う仕組みが設けられた．また老人保健施設や訪問看護ステーションが導入されるなど，サービスの面でも高齢化社会への対応が進んだ．90年代には後述の「ゴールドプラン」等消費税財源を用いた高齢者福祉インフラの整備が進み，公的介護保険制度導入の基盤となったが，導入議論の背景にはなおも続く「社会的入院」の是正により医療資源の効率的な活用を目指す目的があった．介護保険制度は2000（平成12）年4月に導入された．

1990年代後半頃から，老人保健制度について，財政運営の責任関係や，現役世代と高齢者世代の費用負担関係が不明確であるとの指摘が健保組合等からなされるようになり，また国民健康保険側からも現行制度では負担の調整が不十分という批判が生じた．このため2008（平成20）年に75歳以上の高齢者について独立した後期高齢者医療制度が創設された．この制度の下では都道府県単位で市町村が構成する広域連合が財政責任主体とされるとともに，費用負担関係が明確化された．また65歳から74歳の医療費については，旧老人保健制度と同様の財政調整を行うこととされた（図2-2）．

①保険診療の仕組みと法

次に図2-3に基づき，概ね60歳以上を念頭において，加入保険制度ごとにどのように保険診療（公的医療保険制度の対象となっている診療）が行われるか概説する．

〈被保険者・被扶養者〉　健康保険の被保険者は，その事業所に使用される

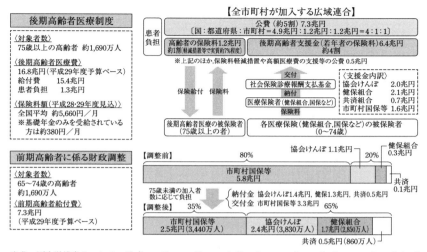

出典：厚生労働省ホームページ（https://www.mhlw.go.jp/stf/seisakunitsuite/bunya/kenkou_iryou/iryouhoken/iryouhoken01/index.html）

図 2-2　高齢者の医療費を賄う仕組みの概要

者[4]，及び定年退職等の後に任意で継続して加入する者（期限は 2 年）である．また配偶者や子などは被扶養者として保険の対象となる．任意に継続して加入する者についても退職前と同様の扱いとなる．

　国民健康保険（国保）の被保険者は，都道府県の区域内に住所を有し，他の制度（生活保護を含む）の対象ではない者であり，後期高齢者医療制度の被保険者は，75 歳以上及び 65 歳から 74 歳で一定の障害があると認定を受けた者である[5]．

〈医療保険者〉　被用者保険では健康保険組合，協会けんぽ[6]，共済組合が医療保険者となる．国保の保険者は市町村（特別区を含む）であったが，2018（平成 30）年 4 月より，都道府県が市町村とともに運営する仕組みに改

---

[4]　事業所については，規模や業種ごとに強制的に適用されるものと，任意で適用を受けているものがある．また被保険者となるには，1 週間の所定労働時間が一定以上であるなどの条件がある．
[5]　国保と後期高齢者医療制度には基本的に被扶養者概念はない．
[6]　かつては政府が保険者であったが，2008（平成 20）年 10 月から公法人である全国健康保険協会が保険者となった．

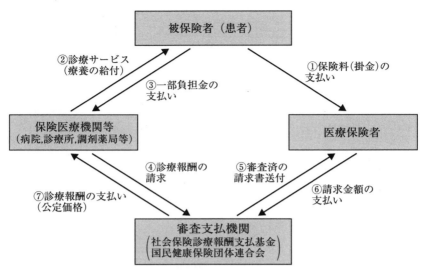

出典：厚生労働省ホームページ（https://www.mhlw.go.jp/bunya/iryouhoken/iryouhoken01/dl/01b.pdf）を一部改変

図 2-3　保険診療の概念図

正された．後期高齢者医療制度の保険者は都道府県ごとの広域連合[7]である．

〈保険料と費用負担〉　健保組合及び協会けんぽの被保険者は，給与及び賞与の額ごとに定められる標準報酬月額等に保険料率[8]を乗じた額の保険料を支払う．労使折半が原則だが，健保組合は事業主負担割合を増やすことができる．退職後に任意で継続する被保険者には保険料の事業主負担はない（全額自己負担）．保険料率は，健保組合は組合ごと，協会けんぽは都道府県ごとに決定される．負担能力の比較的低い中小企業が多く加入する協会けんぽには国庫負担がある[9]．

国保の保険料は世帯主に課される．市町村は「料」「税」どちらかの方式で保険料を賦課するかを選択でき，多くの市町村は国保税としている．保険料は所得割，資産割，被保険者均等割，世帯別平等割 4 つを組み合わせた

---

7)　都道府県内の全ての市町村が加入する．
8)　40 歳以上 65 歳未満には介護保険料率が上乗せされる．
9)　給付費等の 16.4％．健保組合にはない．

第1節 それぞれの制度の基本的仕組み

「4方式」，資産割以外の「3方式」，所得割と被保険者均等割のみの「2方式」の3つから，保険者（市町村）が選択した方式に基づき算出される．給付は5割が公費，5割が保険料で賄われるのが原則である．公費負担の5割のうち，32％が国庫の定率負担，9％が財政力等に応じた国庫からの交付金，約9％が都道府県の交付金である．また残りの5割に関しても，低所得者の保険料負担軽減等のため公費補助があり，現実には約6割が公費で賄われている．健保に比べ，加入者の平均年齢が高く一人当たり医療費も比較的高く，平均所得も低いことが多額の公費負担の理由である．

後期高齢者医療制度では，所得割と被保険者均等割の組み合わせで課される．低所得世帯には均等割部分が軽減される[10]．給付は公費が約5割[11]，健保や国保加入の現役世代から移転される支援金が約4割，後期高齢者自身の保険料が約1割[12]で賄われる．現役世代の支援金は，制度当初は保険者の加入者数を基に算出されていたが，負担能力を反映した総報酬割が徐々に導入され，2017（平成29）年度から全面的に総報酬割で算出されている．

〈一部負担金〉 健保及び国保では費用の3割を支払うが，70歳以上の被保険者については2割（一定以上所得者は3割）とされている[13]．後期高齢者医療では1割（現役並み所得者は3割）の自己負担である．入院時の食事代等は所得等に応じて定められる．

自己負担額が高額になった場合，月ごとに一定額を超えた額の負担が免除され，払い戻される仕組みがある（高額療養費制度）．これは70歳以上の場合[14] 1つの医療機関等の自己負担では一定額を超えなくとも，別の医療機関と合わせて月ごとの上限を超えれば適用され，世帯単位で計算される．こ

---

[10] この軽減措置に加え，後期高齢者医療の制度施行当初から，所得割，均等割両方について負担の急増を防ぐため更なる軽減措置が講じられた．元被扶養者以外の所得割については2018（平成30）年度から行われなくなったが，均等割については2018（平成30）年度においても継続している．
[11] 内訳は国4，都道府県1，市町村1の割合である．
[12] この約1割という割合は，現役世代の人口減少による負担増を高齢者と現役世代で折半するため，段階的に引き上げられている．
[13] 2014（平成26）年4月1日までに70歳の誕生日を迎えた者は経過的に1割に据え置かれている．
[14] 69歳までの場合は，21000円以上である場合は合算可．

の一定額は基本的に現役世代と同じ扱いだが，住民税非課税の場合の扱いはやや異なり上限額も低い．また70歳以上の者については，個人ごとの外来だけの上限額も設けられている．それに加え，1年以内に3回以上，上限額に達した場合には，4回目から上限額が下がる（多数回該当）仕組みや，医療保険と介護保険の自己負担合算額が著しく高額になった場合に償還される仕組みもある（高額医療・高額介護合算療養費）．

〈審査支払と診療報酬〉　審査支払機関[15]は，医療機関等からの医療費の請求を審査した上で保険者へ請求し，保険者から支払われた医療費を医療機関等に支払っている．この業務は保険者が負担する手数料で賄われている．保険請求の確実かつ迅速な審査と，滞りない医療機関等への支払いのため，こうした仕組みが設けられている．

病院や診療所，薬局等が公的医療保険の対象となろうとする場合には，「保険医療機関」等としての指定を受ける必要がある．支払いは全国一律の診療報酬点数表に基づき行われる．点数表は健保，国保，後期高齢者医療で同一であり，サービスや医療技術等ごとに点数で表記されている．点数は1点10円に換算され，患者一部負担を差し引いた額が支払われる．点数表の改定は通常2年に1度行われる．

薬局等で給付される医薬品の公的医療保険からの支払額（薬価）も定期的に見直される[16]．新たに保険の対象となる医薬品の薬価は，出回っている医薬品と同等であれば同等となり，患者へのメリット等があれば上乗せされる．同等なものがなければ製造原価などを積み上げて価格が決められる．最近では先発医薬品の特許が切れた後に，同一の成分・規格で，開発コストが低い分薬価の低いジェネリック医薬品の利用が進められている．一方で非常に高額な革新的バイオ医薬品等の保険償還価格の設定も論点となっている．

---

15)　健康保険等の場合は社会保険診療報酬支払基金，国保や後期高齢者医療等については国民健康保険団体連合会が審査支払機関となっている．

16)　保険から薬局等に支払われる金額は公定価格であるが，薬局が卸売業者等から仕入れる際の価格は市場競争で決まるため，通常公定価格より低い額で取引される．よって見直しの際には市場価格を反映して引き下げられるのが一般である．

第1節　それぞれの制度の基本的仕組み

(3) 高齢者の介護・福祉に関する法

①介護保険の創設

　介護保険創設以前は特別養護老人ホーム（特養）への入所等は老人福祉法，訪問看護の利用等は老人保健法で行われていた．1963（昭和38）年制定の老人福祉法の前は，高齢者への支援は年金の他は生活保護法による養老施設等のみが存在していたが，老人福祉法により，養老施設を引き継いだ養護老人ホームに加え，常に介護が必要な高齢者向けの特別養護老人ホーム（特養）や家庭奉仕員の派遣（後のホームヘルパー）が開始された．一方医療面では，前述の「サロン化」「社会的入院」等の問題に対応するため，1982（昭和57）年の老人保健法の制定，1986（昭和61）年の老人保健施設（入院と在宅の中間施設）の制度化等が行われた．

　90年代に入り高齢化の更なる進展や，高齢者のみの世帯の増加などの家族構造の変化を受け，要介護リスクへの関心が高まった．一方で当時の老人福祉法は行政がサービスの内容や事業等を決定する仕組み（措置制度）を採っており，選択の自由がなく利用まで時間がかかった．また福祉サービスの利用への抵抗感もあり，所得に応じた負担は中高所得層にとり高額であった．他方で医療の利用者負担は比較的低額であり，医療機関との契約であるため利用が容易などの理由から，「社会的入院」が解消されない問題があった．

　消費税導入の1989（平成元）年の12月に，政府は高齢者保健福祉推進十か年戦略（ゴールドプラン）を策定し，在宅三本柱（ホームヘルパー，デイサービス，ショートステイ）の推進，特養の増設等計画的にインフラを整え始めた．同時に高齢化の進行を見据え，高齢者介護への新たな財源の確保策として社会保険制度の導入が提唱された．介護保険法案は1996（平成8）年秋の国会に提出され，翌1997（平成9）年12月に成立，準備期間を経て2000（平成12）年4月にスタートした．

②介護保険の仕組みと法

　〈市町村（保険者）と被保険者〉　保険者は市町村（特別区を含む）である（図2-4）．市町村は保険料の設定・徴収など保険の運営に加え，地域包括支援センターの運営や介護予防・日常生活支援総合事業（総合事業）の実施，介護

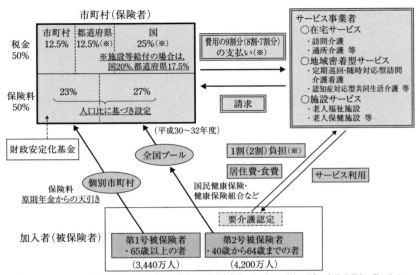

図 2-4　介護保険制度の仕組み

保険事業計画（3年を1期，向こう3年度の保険料等を設定）の策定やインフラの整備等，サービス提供面でも責任を負う立場となる．

　第1号被保険者は65歳以上，第2号被保険者は40歳以上65歳未満の者であり，いずれも当該市町村に住所を有する者である．市町村（保険者）は住民が65歳になった際，すなわち第1号被保険者になった際に被保険者証を交付する．第2号被保険者は，要介護認定を受け，要介護等の状態にあると判断された場合にはじめて交付を受ける．

　〈費用負担〉　一部負担を除き原則50％が保険料，50％が税により賄われている．第1号被保険者と第2号被保険者の保険料の負担割合は，合計で50％となるよう人口比で設定される．第1号被保険者の保険料については，まず市町村（保険者）毎に3年を1期として基準額を定める．実際の保険料は，その基準額に，負担能力に応じて45％[17]から170％までの9段階の料率が

かけられ賦課される．金額ベースで約9割が年金からの天引き（特別徴収）により徴収されている．第2号被保険者の保険料は医療保険の保険料に上乗せされ，医療保険者がまとめて納付する[18]．

税負担の50％のうち25％が国，都道府県と市町村が各12.5％とされているが，特養等に係る給付については国20％，県17.5％とされている．国の負担25％のうち5％分は，保険者の財政力格差の是正に使われている．

〈要介護認定〉　サービスの利用には市町村が行う要介護認定を受ける必要がある．サービス利用の申請を受けた市町村は，まず心身の状況等を調査し，主治医の意見書と合わせ一次判定を行う．その後学識者等からなる審査会による二次判定を経て，要介護度が決定される．要介護度は軽い順に要支援1,2，要介護1から5の7段階に分かれる．要介護度の違いにより，在宅であれば利用できる給付の月単位の合計限度額が異なり，施設であれば施設に払われる介護報酬の額が異なる．

〈サービス利用とケアマネジメント〉　介護保険のサービスは，利用者と事業所の契約により提供される．サービスは，介護支援専門員（ケアマネジャー）の策定するサービスの利用計画（ケアプラン）に則して利用されることが一般である．ケアプランには，要介護者を対象としたものと，要支援者等[19]を対象としたものがある（後者は「介護予防ケアプラン」と呼ばれる）．要介護者を対象としたケアプランは民間の事業所等のケアマネジャーが作成し，要支援者等を対象としたものは地域包括支援センター（後述）で策定される（民間の事業所等に委託可）．

図2-5のサービスのうち，介護給付は要介護1から5の者のみが利用でき，予防給付は要支援1, 2の者が利用できる．また都道府県等が指定・監督を行うサービスは1つの市町村の範囲を超えての利用が想定されるものであり，

---

17)　消費税率の10％への引上げの際に30％に軽減される予定．
18)　保険者間の負担額は，従前は人数比であったが，被用者保険の保険者間では後期高齢者医療と同様負担能力に応じて負担する仕組み（総報酬割）が，2017（平成29）年8月分から段階的に適用されている（全面適用は2020（令和2）年度から）．
19)　「等」には，要介護認定で非該当となったが，体操教室や家事援助などの総合事業のサービスを利用する者等が含まれる．

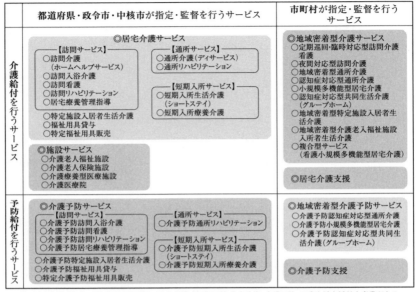

図 2-5 介護サービスの種類

　一方市町村が指定・監督を行う「地域密着型」は，コミュニティ単位でのサービス利用が想定されている．

　これらのうち施設サービスと，特定施設入居者生活介護（有料老人ホーム等），地域密着型サービスの認知症対応型共同生活介護（グループホーム）等は総量規制の対象となっている．また定期巡回・随時対応型訪問介護看護等については，採算をとるためには一定数の利用者を確保しなければならないため，市町村の公募によって特定の事業者を指定等できる制度となっている．事業者が受け取る介護報酬は医療保険の診療報酬と同様に点数化されているが，診療報酬と異なり地域毎に 1 点あたりの単価に差が設けられている．

　〈利用者負担〉　利用者は 1 割（高所得者は 2 割，特に高所得の者については 3 割）の利用者負担と，食費，居住費（光熱水費及び室料（多床室以外）），その他の日常生活費等を負担する[20]．食費，居住費は厚生労働省のガイドラインに

第1節　それぞれの制度の基本的仕組み

基づき各事業者が定める．低所得者の食費，居住費には限度額が設けられている．

〈地域包括支援センターと総合事業（介護予防・日常生活支援総合事業）〉　地域包括支援センターの運営と介護予防・日常生活支援総合事業（総合事業）は，いずれも地域支援事業の一部である．地域支援事業は，介護予防等を行うため介護保険財源を用いて行われる市町村（保険者）の事業である．

　市町村（保険者）の設置する地域包括支援センターには，保健師，社会福祉士，主任ケアマネジャーの三職種が配置され，チームアプローチで高齢者への総合的な相談・支援を行っている．最近では，地域で介護などに従事する様々な専門職の連携体制の構築や，個別の支援事例を検討すること等を通じて地域の課題を発掘したり，支援を計画するケアマネジャーのスキル向上を目指す地域ケア会議の実施が重要な役割となっている．

　地域支援事業には多様な事業が含まれる．①「介護予防・生活支援サービス事業」では，かつては予防給付として提供されていた要支援者への家事援助やデイサービスなども提供されるが，対象者は要支援者に限られず，非該当ではあるが一定の支援が必要な者も含まれる．従来の事業者が引き続き提供するものに加え，NPOや住民主体（ボランティア等）で行われるもの，また短期集中的にサービスを提供し，日常生活で必要な行為の能力改善を図る等の類型も設けられている．②「一般介護予防事業」では，すべての第1号被保険者を対象に，体操教室や社会参加の機会等としての「通いの場」の設置，運営，地域でのリハビリテーションの取組みへの支援等が行われる．③「包括的支援事業」では，地域包括支援センターの運営を行うとともに，在宅医療・介護連携体制の構築や生活支援コーディネーター（住民主体の助け合い活動等を掘り起こし，活性化し，ネットワーク化していく役割の者）の配置，認知症支援等が行われる．また④家族介護支援等を行う「任意事業」も含まれる．

③介護保険以外の高齢者福祉に関する法の概要

　介護保険法が制定された今日でも，老人福祉法は特養の施設の基準や，前

20）　ただし，おむつ代は施設入所等では給付に含まれる．

述の養護老人ホーム等への入所措置（措置制度），有料老人ホームや入居者保護の規制等を定めるものとして施行されている．一方で，近年増えている「サービス付き高齢者向け住宅」（サ高住）は，「高齢者の居住の安定確保に関する法律（高齢者住まい法）」において定義され，ハードやサービス内容，契約方式等について規制されている．有料老人ホーム，サ高住ともに，介護保険の基準を満たせば，対象サービスとしての指定を受けることができる．

また虐待を受けた高齢者の保護や，高齢者の世話をする家族等の支援措置を定める「高齢者虐待の防止，高齢者の養護者に対する支援等に関する法律」が定められている．

高齢者介護に関わる人材の法律としては，高齢者だけが対象ではないが，「社会福祉士及び介護福祉士法」で，それらの養成課程が定まっている．何れも名称独占の資格であり，例えば介護福祉士ではない者が介護福祉士という名称を使用してはならないこととなっている．介護福祉士は2015（平成27）年度の国家試験合格者から一定のたんの吸引や経管栄養（胃ろう等）を行うことができる（それ以前の合格者も研修を受ければ可）．介護保険の訪問介護の給付の対象となる介護は，介護福祉士又は介護職員初任者研修を修了した者（経過規定あり）が行うこととされている．施設の介護従事者の資格要件はない．介護支援専門員（ケアマネジャー）は，関連の実務の経験者で都道府県が実施する試験に合格の上，研修を修了した者で，知事の管理する名簿に登録を受けた者が従事することができる．

(4) 高齢者の医療・介護・福祉の今後

世界で最も高齢化が進んだ我が国において，高齢者のための医療・介護・福祉については，相当手厚い仕組みが作られてきたことがわかる．ただし，それでも課題は山積している．高齢者の尊厳の保持と自立生活の支援の目的のもと，可能な限り住み慣れた地域で，自分らしい暮らしを人生の最期まで続けることができるようにすることがいま求められている（図2-6）．

地域包括ケアシステムの確立のためには，医療と介護・福祉の一体的推進，特に専門職種間の連携体制を各地域で構築することが必要である．またこれ

出典：厚生労働省ホームページ（https://www.mhlw.go.jp/stf/seisakunitsuite/bunya/hukushi_kaigo/kaigo_koureisha/chiiki-houkatsu/）

図2-6　地域包括ケアシステム

らの制度をいかに維持していくかが大きな課題となっている．不要なコストを削減するためには何が必要か，コストの負担の世代間配分の再検討が必要かなど，課題は多い．さらに高齢者支援のための制度へのアクセスが一定程度保障されているとしても，その質の維持と改善が必要である．医療や介護の安全も求められている．次節以降で，これらに係る法的課題について検討する．

第2節　高齢者医療と法的課題

わが国は国民皆保険制度を確立し，医療へのアクセスを保障してきたが，高齢化の進展とともに，その制度を今後も維持できるかが重要な課題である．だが，高齢者の医療を取り巻く法的課題はそればかりでない．ここでは，高齢者について特に問題となるインフォームド・コンセント法理の意義および終末期医療に関する課題を取り上げて概説する．

1　高齢者の医療——インフォームド・コンセントと代諾

　現代において，どのような医療を受けるかは医師が決めるのではなく，患者本人が医師から十分な説明を受けたうえで自己決定するという考え方が基本である．それを一般にインフォームド・コンセント（Informed Consent, IC）と呼ぶ．そのことは，高齢者についても当然に当てはまる．ただし，高齢者の中には認知症などにより判断能力が衰えて，説明を受けたうえでの自己決定といっても，説明を十分に理解できるか，そして理解したうえで判断できるか，という課題を有する人がいる．そのような場合，誰かが代わって説明を聞き承諾する（あるいは拒絶する）必要がある．これを代諾と呼んでいるが，いったい誰が代諾権者であるかという問題が生ずる．

　以下，高齢者が医療と関わる場面を中心に2つの点を取り上げて概説する．

①そもそもインフォームド・コンセントは法の問題か否か．
②それが問題となる場面として，患者の診療に関する選択の場面と，人を対象とする臨床試験（医学研究）の場面がある．それぞれについて，高齢者についてどのような考慮が求められるか．

(1) インフォームド・コンセントの法的意義

　わが国において，インフォームド・コンセントという言葉はすでに日本語化した．「説明と同意」，「説明を受けたうえでの同意」など日本語訳もあるが，むしろ医療現場ではインフォームド・コンセントやICという言葉が使われる．

　1993年，当時の厚生省は検討会を設置し，1995年に「インフォームド・コンセントのあり方に関する検討会報告書～元気の出るインフォームド・コンセントを目指して」という報告書を公表した[21]．その中で，インフォームド・コンセントの必要性を法律で明記すべきか否かが議論され，次のよう

21）　下記のサイトでその内容を見ることができる．<http://www.umin.ac.jp/inf-consent.htm>

第 2 節　高齢者医療と法的課題

に結論づけた．

> 「インフォームド・コンセントの普及・定着をより積極的に図るため，インフォームド・コンセントの実践を法制化すべきであるとの見解もあり得よう．確かに，医療が患者と医療従事者相互の信頼関係に基づいて提供されるべきであって，相互の信頼関係の構築にインフォームド・コンセントが重要な役割を果たすことについては，医療従事者側においてもコンセンサスが得られつつあり，判例においても，法律上の説明義務を認めたものも存在する．
> 　しかし，個々の患者と医療従事者との関係において成立するインフォームド・コンセントについて，画一性を本質とする法律の中に適切な内容での規定を設けることは困難であり，また，一律に法律上強制する場合には，責任回避のための形式的，画一的な説明や同意の確認に陥り，かえって信頼関係を損なったり，混乱させたりするおそれもあることから，適切ではない．」[22]（傍点筆者）

インフォームド・コンセントとは，医師患者間での相互理解を図り信頼関係を構築する手段であり，画一性を強調する法律で規定し強制するのは，医療現場では必ずしも適切でないというわけである．法による強制によって信頼関係が構築できるかは疑わしい．

ところが，現在のわが国では，インフォームド・コンセントが法律と関連して機能する場面があるという．

その第一は，医療法第 1 条の 4 が 1997 年医療法改正で加えられ，その第 2 項に，「医師，歯科医師，薬剤師，看護師その他の医療の担い手は，医療を提供するに当たり，適切な説明を行い医療を受ける者の理解を得るよう努めなければならない」との規定が明記されたことである．これは，公法上の義務であり，かつ努力義務であるから，この条項に違反したとしても直ちに

---

[22]　前掲（注 21）の報告書 2 (2)「法制化について」．

患者が訴える根拠とならない．理念的規定である．しかも，ここには肝心の患者の同意が必須とも書かれていない．したがって，厳密にいえば，この条項はインフォームド・コンセントを法制化したものではない．

　第二に，先の報告書でも言及されているように，わが国ではすでに判例において，医師に診療契約上および不法行為法上の説明義務を認め，その違反に対して賠償責任を課す先例が定着した．例えば，医事法判例百選では「インフォームド・コンセント」と題する章を設け，11件の判例を掲げている[23]．著名な例を1つあげれば，2002年の最高裁判決（後述）は，末期の肺がん患者（78歳・男性）に病名を告げなかった事案で，遺族からの訴えに対し説明義務違反による慰謝料を認めた．

　この点は，アメリカではインフォームド・コンセント違反だけで訴訟を起こしても，損害との因果関係が認められず勝訴できないことと比べて大きな特色となっている[24]（ただし，わが国で認められる慰謝料は一般に大きな額ではない．前記の肺がん末期の高齢者の場合も50万円だった）．

　なお，インフォームド・コンセントの権利とは，十分な説明を受けたうえで，患者が複数の医療の選択肢がある場合にそのいずれかを選択する権利と，それに伴い自分が選択しなかった医療を拒否する（同意を与えない）権利を意味する．単一の選択肢しかない場合も，それを拒否して医療を受けない権利がある．自己決定権といっても，患者が思うような治療を医師に命ずる権利を意味するわけではない[25]．医師は，それが不合理な選択・決定だと判断した場合，それに従う義務はない．つまり，インフォームド・コンセント法

23）　甲斐克則＝手嶋豊編『医事法判例百選　第2版』（有斐閣，2014年）．
24）　アメリカでは，精神的な損害である慰謝料だけを認めることはなく，何らかの実損害をインフォームド・コンセント違反訴訟（それは不法行為とされ，契約違反とはされない）の要件としている．医療自体に過失がない場合，説明をしても同意したはずだということになれば実質的な損害はないので，損害との因果関係はないことになる．これについては，三瀬（小山田）朋子「医師付随情報の開示とインフォームド・コンセント」国家学会雑誌118巻1／2合併号111頁（2005年），および樋口範雄『続・医療と法を考える──終末期医療ガイドライン』（有斐閣，2008年）180頁，『アメリカ不法行為法』（第2版，弘文堂，2014年）317頁．
25）　例えば，Lawrence A. Frolik & Ronald L. Kaplan, Elder Law at §3.1, 21, 6th ed., West 2014（医療従事者は，それが不適切と考える医療だと考える場合，それを提供しないでよいのは当然である）．

第 2 節　高齢者医療と法的課題

理は，説明義務という形で医師に法的効果を及ぼすものの，医師から提案し説明された医療を患者が拒否する権利があるという意味に過ぎない．この点は，終末期医療をどこまで行うかという問題と関係する．わが国では，患者の自己決定権という言葉が一人歩きして，医療の内容を積極的に患者が決めることができるかのごとく受け取られている場合がある．

　患者が医療の素人である以上，医療の内容を自由に決定するのではなく，それが基本的には拒否権に過ぎない点はあらためて確認しておく必要がある．

(2) 診療の場面でのインフォームド・コンセント

　わが国において，診療の場面で，インフォームド・コンセントが必須とされることは，法律で明記されていない（医療法第 1 条の 4 がそれを明記していると解すれば別だが）．しかし，先に述べたように説明義務違反に対する救済を認めた判例は多数存在し，インフォームド・コンセントが一定の法的効果を有することに疑いはない．

　ただし，患者によっては，病状を説明すると大きな衝撃を受けて，かえって病状を悪化させかねないとの心配があった．アメリカのインフォームド・コンセントについても，例外として，事故で意識を失って緊急搬送された患者や，病状の説明が患者を悪化させ，合理的な判断を不可能にすると判断される場合（後者は，therapeutic privilege＝治療上の配慮による説明免除と呼ぶ）に適用しないことが伝統的に認められてきた．もっとも，後者の治療上の配慮による説明義務免除は，現在ではきわめて稀にしか認められないとされている[26]．

　同様の事情はわが国にもあり，1983 年時点で，最高裁は，「癌については真実と異なる病名を告げるのが一般的であった」と認定していた[27]．この当時，一般的にがんの告知は不治の宣告を意味するととられることが多かったから，患者に対し衝撃を与えるのを恐れるのも当然とされたからである．しかしながら，その後 10 年程度の間に，原則として本人または家族に対し

---

26)　FROLIK & KAPLAN, *supra* note 25, at §3.1, 21-22.
27)　最判平成 7 年 4 月 25 日民集 49 巻 4 号 163 頁．

がん告知もなされるようになった．

　先に紹介した 2002 年の最高裁判決は 78 歳の末期がん患者について，次のように述べた[28]．

> 「ところで，医師は，診療契約上の義務として，患者に対し診断結果，治療方針等の説明義務を負担する．そして，患者が末期的疾患にり患し余命が限られている旨の診断をした医師が患者本人にはその旨を告知すべきではないと判断した場合には，患者本人やその家族にとってのその診断結果の重大性に照らすと，当該医師は，診療契約に付随する義務として，少なくとも，患者の家族等のうち連絡が容易な者に対しては接触し，同人又は同人を介して更に接触できた家族等に対する告知の適否を検討し，告知が適当であると判断できたときには，その診断結果等を説明すべき義務を負うものといわなければならない．なぜならば，このようにして告知を受けた家族等の側では，医師側の治療方針を理解したうえで，物心両面において患者の治療を支え，また，患者の余命がより安らかで充実したものとなるように家族等としてのできる限りの手厚い配慮をすることができることになり，適時の告知によって行われるであろうこのような家族等の協力と配慮は，患者本人にとって法的保護に値する利益であるというべきであるからである．」（傍点筆者）

　この判決では，医師が本人への告知をすべきでないと判断する余地を認めながら，その場合，それに代わって患者の家族の中で適切な人に説明する努力をするべきだとして，代諾者への説明を検討する義務を課している（実際，本件ではそのような検討の跡が見られないとして医師の義務違反を認定し，使用者である病院の慰謝料賠償責任を認めた）．

　2002 年の判決は当該事件の起きた 1991 年当時の状況について判断したものであり，その後，医療実務は，原則として本人に対しがんの告知をするよ

---

28) 最判平成 14 年 9 月 24 日判時 1803 号 28 頁．

うに変化した.

　しかし,「患者の余命がより安らかで充実したものとなるように」家族等の協力と配慮を受けることが「患者本人にとって法的保護に値する利益」だという点に変化はないはずである. 現在においては, がんに限らず患者の病状について家族も情報を共有し, 医療ケアチームとともに「できる限りの手厚い配慮をすること」, その際に, 患者の意思を尊重することが求められている.

(3) 同意能力と代諾に関する法

　高齢者の患者の場合, 例えば認知症によって診療についての同意能力が疑わしい場合がある. そのような場合, 誰が同意能力の有無を判断するか, その基準は何か, さらに同意能力がないと判断した場合, 誰が代わって承諾を与えるか(あるいは医師の提示する医療を拒否する権限があるか), が課題となる. これらの点について, 日本法は明確で画一的な回答を出していない. 医療の実務に委ねているのが現状である.

　同じように同意能力が問題となる例として未成年者がある. 医療の実務では, 一方で, 未成年者についてはおおむね15歳以上であれば本人に同意能力があるとしながらも, 本人の承諾とともに親の承諾も得るのが通常である. 同様に, 高齢者の場合も, たとえ認知症であってもその程度は様々であるから, 本人にも理解できるよう説明するとともに, それが可能なら本人からも同意を得たうえで, 家族からも同意を得るのが通例である. ここでも, 医療情報を患者とその関係者が共有し, できる限り共通の理解のもとで診療が進められるというのが, 医療倫理にも法にもかなうこととされる.

　高齢の患者で完全に同意能力がないと判断される場合はどうするか. この場合には, 代諾権者を定めて, 患者の代わりに同意を与える(または拒否する)ことになる. しかし, 誰が代諾権を有するのかについて, 日本法は明確でない. 先に紹介した肺がん末期の高齢患者の判例でも, 最高裁は, 本人に説明できないと判断した場合には「家族等」に説明する努力をせよと述べているのであり,「家族等」が誰を指すのかは, まさに個別具体的な患者・症

例を前にした医師の判断に委ねられている．

　アメリカでは，事前にこのような場合に備えて本人が「医療代理人」を選任することが認められている[29]．わが国にも代理法はあるが，このような場合の利用を想定していない．あるいは実際にそれが利用されていない．だが，今後はこのような事態を想定したプランニングがいっそう重要になる[30]．

　これに関連して，本人が能力を失ったことを公式に認証し，本人に代わって一定の行為を行う権限のある人を選任する制度として成年後見制度がある．ところが，2000年に施行された成年後見制度による成年後見人等はもっぱら契約などの法律行為の代理権を有するのみで医療についての同意権はないとされており，やはり役に立たない．

　さらに，今後，独居の高齢者が増えると予測されている．その場合，本人と家族の両方の同意を得ておく，あるいは家族等の代諾を得るという実務的対応では対処できない．成年後見人に医療上の同意権（拒否権）を与えるとともに，すべての人が成年後見制度を利用することは実際上不可能なのであるから（認知症患者だけでも500万人近くいるとすれば，それに対応する数の後見人が必要となる．それは実現不可能である），医療代理権の制度を便宜かつ有効な対処法として，必要なら医療代理権法というような立法で明記して推進すべきである．それはまた患者本人の自己決定権の行使としても正当化できる．

(4) 臨床試験（医学研究）の場におけるインフォームド・コンセント

　高齢者もまた医学研究の対象者となる場合がある．さらに高齢者だけを対象として臨床試験を組む場合もある．例えば，認知症の新薬が有効か否かを試す治験であれば，第2相以上の試験段階でそのような高齢者を対象とせざるを得ない．このような医学研究への参加を決定する際に，同意能力につい

---

[29] アメリカの持続的代理権が高齢社会に対応したものとして利用されていることについては，樋口範雄『アメリカ代理法』236頁（第2版，弘文堂，2018年）．
[30] 厚労省は2018年に「人生の最終段階における医療の決定プロセスに関するガイドライン」を改訂し，「本人が自らの意思を伝えられない状態になる前に，本人の意思を推定する者について，家族等の信頼できる者を前もって定めておくことの重要性を記載」した．<https://www.mhlw.go.jp/stf/houdou/0000197665.html>

て疑わしさの残る高齢者については，誰がそれを判断するか，いかなる基準で判断するか，仮に同意能力がない場合に代諾が許されるか，許されるとして誰が代諾者となるのかという課題が生ずる．

わが国において，この場面でも法律はない．しかしながら，文部科学省と厚生労働省が共同で定めた「人を対象とする医学系研究に関する倫理指針」[31]が存在し，一定のルールを示している．

それによれば，判断能力が十分でない者（そのような高齢者）は「社会的に弱い立場にある者（Vulnerable Subjects）」とされ特別な配慮を要する．臨床試験とは，まだはっきり有効性の定まらない薬や医療機器について試されるものであるから，その研究の必要性について十分に考慮しなければならない．

そのうえで説明事項として，研究対象者に生じる負担並びに予測されるリスクや研究者の利益相反の状況，個人情報の取扱いなど21項目を掲げる[32]．さらに，「成年であって，インフォームド・コンセントを与える能力を欠くと客観的に判断される者」については代諾の規定を置き，次のような指針を定める[33]．

まず同意能力を欠くと「客観的に判断される」とは何を意味するかといえば，「……認知症，統合失調症等の診断がなされていることのみをもって直ちに「インフォームド・コンセントを与える能力を欠く」と判断することは適当でなく，個々の研究対象者の状態のほか，実施又は継続される研究の内容（研究対象者への負担並びに予測されるリスク及び利益の有無，内容等）も踏まえて判断する必要がある．」

さらに，同意能力を欠く者について誰が代諾者となるかといえば，「……

---

31) 文部科学省＝厚生労働省「人を対象とする医学系研究に関する倫理指針」平成26年12月22日（平成29年2月28日一部改正）．<http://www.mhlw.go.jp/file/06-Seisakujouhou-10600000-Daijinkanboukouseikagakuka/0000153339.pdf>
なお，この指針に付されたガイダンス「人を対象とする医学系研究に関する倫理指針ガイダンス」平成27年2月9日（平成29年5月29日一部改訂が最新版）も参照．<http://www.mhlw.go.jp/file/06-Seisakujouhou-10600000-Daijinkanboukouseikagakuka/0000166072.pdf>
32) 前掲ガイダンス（注31）82-83頁参照．
33) 前掲ガイダンス（注31）91-94頁参照．

一般的には，次の①から③に掲げる者の中から，代諾者等を選定することを基本とする．①（研究対象者が未成年者である場合）親権者又は未成年後見人②研究対象者の配偶者，父母，兄弟姉妹，子・孫，祖父母，同居の親族又はそれら近親者に準ずると考えられる者（未成年者を除く．）③研究対象者の代理人（代理権を付与された任意後見人を含む．）ただし，画一的に選定するのではなく，個々の研究対象者における状況，例えば，研究対象者とのパートナー関係や信頼関係等の精神的な共同関係のほか，場合によっては研究対象者に対する虐待の可能性等も考慮した上で，研究対象者の意思及び利益を代弁できると考えられる者が選定されることが望ましい．また，代諾者等からインフォームド・コンセントを受けたときは，当該代諾者と研究対象者との関係を示す記録を残すことも重要である．」

　この規定の中で，研究対象者の代理人が挙げられている点には注目すべきである．医療代理人の制度はここではすでに（指針ではあるが）ルールの中に取り込まれている．

　なお，成年後見人がいる場合については，「成年後見人による医療の同意権に関する見解が法律家の間で定まっていないことを踏まえ，……それらから代諾者を選定することの適否は慎重に判断すべきものと考えられる」として，成年後見人だから代諾者となれるわけではないとする．他方で，「成年後見人，保佐人等が選任されていることのみをもって直ちにインフォームド・コンセントを与える能力を欠くと判断することは適当でなく，個々の研究対象者の状態のほか，実施又は継続される研究の内容（研究対象者への負担並びに予測されるリスク及び利益の有無，内容等）も踏まえて判断する必要がある」と述べて，成年後見に付されている事実だけでは，研究対象者が同意能力を欠くと「客観的に判断する」場合の基準にもならないと明記する．

　いずれにせよ，高齢者を臨床試験の被験者とする場合，彼らが「社会的に弱い立場にある者」とされることの多い点に十分配慮する必要がある．同時に，認知症ばかりでなく高齢者を対象とする様々な病気について，臨床試験が今後とも必要性を増すことに留意しなければならない．

第 2 節　高齢者医療と法的課題

2　高齢者の終末期医療と法

　わが国で終末期医療と法といえば，いまだに延命治療の中止が殺人罪（または嘱託殺人罪）に当たるか否かが中心的論点とされる．いわゆる尊厳死法という法律はなく，2007 年に厚生労働省が公表した「終末期医療の決定プロセスに関するガイドライン」（現在では「人生の最終段階における医療の決定プロセスに関するガイドライン」と呼ばれる）[34] という指針が存在するにとどまる（このガイドラインは 2018 年 3 月に改訂され，advance care planning（事前の医療ケア・介護ケアに関するプランニング）の重要性を強調した）．

　裁判例としては，1995 年の横浜地裁判決（東海大学安楽死事件判決）[35] と 2009 年の最高裁判決（川崎協同病院事件）[36] が有名である．ただし，これらも患者が死亡し，事後的に刑事事件化して有罪無罪が争われるという形をとった．要するにわが国の終末期医療と法をめぐる現状は一言でいえば寒々しい．その状況をアメリカとの比較によって検討する．

(1) アメリカにおける法的対応

　1960 年代から 70 年代にかけて人工呼吸器と呼ばれる機械が大幅に進歩し，24 時間人工呼吸器につなぐことによって心臓を動かし続けることが可能になった．その結果，永続的植物状態（permanent vegetative state, PVS）と呼ばれるような状況の患者が生まれた．だが，それが患者の本来の希望に沿うのか，そもそも生きているというのは心臓が動いているということだけを意味するのかが重要な課題となった．

　アメリカでは，このような状況に対し，1970 年代後半から法的な対応がなされた[37]．

---

34)　厚生労働省「人生の最終段階における医療の決定プロセスに関するガイドライン」（平成 19 年 5 月，改訂平成 27 年 3 月）<http://www.mhlw.go.jp/file/06-Seisakujouhou-10800000-Iseikyoku/0000078981.pdf>
　　平成 30 年に改訂されたものについては，<https://www.mhlw.go.jp/stf/houdou/0000197665.html>
35)　横浜地裁平成 7 年 3 月 28 日判決判例時報 1530 号 28 頁（東海大学安楽死事件）．
36)　最高裁平成 21 年 12 月 7 日刑集 63 巻 11 号 1899 頁，判例時報 2066 号 159 頁（川崎協同病院事件）．

まず，1975年に当時21歳のカレン・アン・クインランが植物状態になり，半年後，父親が人工呼吸器を外す決定権限のある後見人に任命するよう裁判所に求めた事件で，1976年，ニュー・ジャージー州最高裁はそれを認める判決を下した[38]。後見人とカレンの他の家族が合意し，担当医が意識不明状態からの回復が見込めないと判断し，さらに病院の倫理委員会において，同様に意識不明状態からの回復ができないと判断した場合，人工生命維持装置を外すことが可能となり，それについて民事上も刑事上も一切の法的責任が問われないと判決で宣言した。

同じ1976年，カリフォルニア州では，アメリカ最初の自然死法（Natural Death Act）が制定され，その後すべての州がそれに追随した。各州法の細部は異なるものの，要点は，リビング・ウィルの法的効力を認め，それに従って延命措置を中止した医師の法的責任を免責するところにある。リビング・ウィルとは，病気等で自分が決定を下せない状態になった場合に備えて，予め延命治療を拒否すると指示する書類である。ウィルは遺言を表す法律用語であり，自らの死後の財産処分を指示するものであって，当然ながら，本人の死後に発効する。リビング・ウィルは，本人がまだ生存中に延命治療に関する指示を発効させるので「生前発効遺言」と訳されることもある。

ただし，このような法律ができたから多くの人がリビング・ウィルを作ったかといえば，そうではなかった。自らの死に直結するようなことを考えたくないのはアメリカ人も同様である。また，現実に自らが陥る病状を事前に正確に予測するのも難しい。そこでアメリカでは，リビング・ウィルの法的効力を認める工夫とともに，50州すべてで持続的代理権法という別種の法律も制定した[39]。これは，医療代理人を予め選任しておき，医療に関する同意能力を失った本人に代わって，医療代理人が医師と協議し，延命治療の中止に同意するという仕組みである。自らの信頼する代理人に委ねるという

---

37) 概観するための資料として，例えばFROLIK & KAPLAN, *supra* note 25, at ch. 3, 19 ff.

38) *In Re Quinlan*, 70 N. J. 10, 355 A. 2d 647 (1976). カレン事件（クインラン事件）については，唄孝一『生命維持治療の法理と倫理』（有斐閣，1990年），香川知晶『死ぬ権利——カレン・クインラン事件と生命倫理の転回』（勁草書房，2006年）．

意味で，これも本人の自己決定を尊重する工夫だとみなされている．なお一般に，事前指示（advance directive）という言葉は，リビング・ウィルや持続的代理権の委任状の両方を含めて，本人による延命治療に関する事前の指示を伝えるものを意味する．

これらは州議会の動きであるが，1990年，連邦議会では，患者の自己決定法（Patient Self-Determination Act）を制定し，患者の自己決定を支援することにした．この法律は，病院やナーシング・ホームに入院・入所する時点で，事前指示に関する情報提供をそれらの施設に義務づけた．患者や利用者は，これらの書類を受け取って，それらに自らの指示を書き込んで病院や施設側に渡せば，それらが患者の自己決定による事前指示として効力をもつ．

以上のように，終末期医療のあり方について，アメリカではわが国とは対照的にすでに半世紀近くの間に様々な法が制定され，カレン事件のような裁判例も多数存在する．しかしながら，実際にはこれらの法や裁判例が想定するような状況，すなわち患者の自己決定によって終末期医療のあり方が定まるようには必ずしもなっていないといわれる．そのことから何を学ぶかが私たちの課題である．

(2) アメリカでの法的対応と現状の落差

2015年のアメリカのある論文には次のような叙述がなされている[40]．要点をまとめると次のようになる．

①アメリカにおいて医療がうまくいっていない場面がある．その典型が終末期医療の場面である．
②患者も医師も，不可避な死の話題を避けたがり，それによって，自己

---

39) 持続的代理権法は Durable power of attorney act という．アメリカでは，判例法上，本人が判断能力を失った場合，代理関係は即時に終了することとされてきたので，そのような場合にも終了しない（durable＝持続的）代理権を認めるために州議会が法律を制定する必要があった．また，持続的代理権の代理権限は医療上の決定権限だけにすることもできるが，財産上の管理決定権限を委ねることもできる．

40) Barbara A. Noah, *A Better Death in Britain?*, 40 BROOK. J. INT'L L. 870-915 (2015). Available at: <http://brooklynworks.brooklaw.edu/bjil/vol40/iss3/4>

決定の機会を逃している．自己決定の意思表示がなければ，原則は，生命維持の方向性で間違うのをよしとするから，その結果，過剰な治療や不適切な延命とそれに伴う苦痛の長期化が生じている．

③終末期における過剰な医療は，死に直面したくないという患者自身の態度だけでなく，終末期医療に関する学びの場の不足や，患者を死なせたという非難を避けたいという関係者の気持ちなど，より構造的な要因による．

④患者が，死が間近であるのを認めたくないのは理解できるとしても，医師ですらそれを伝えたがらない．一般に，アメリカの医療はいまなお治療・治癒に重点が置かれ，患者の緩和ケアを重視する視点が十分でない．多くの医師は，いまだに死は医療の敗北だと考え，死は必然でその過程をできるだけ平穏にかつ尊厳をもって迎えるものだと考えていない．

⑤多くの患者は在宅での死亡を望んでいる．ところが，アメリカの患者でそれができているのは3割に過ぎない．それに代わって，病院で相当の量の資源を費やして終末期医療に当たっている．その延命が，患者のQOL（quality of life＝生存の質）向上に役立たず，延命期間もそれほどに伸びているわけでもなく，あるいはまったく伸びていない場合もあるにもかかわらず，多くの患者は，死が直近で不可避であっても，蘇生措置やICUにおけるケアなどの介入を受けている．

⑥アメリカの終末期医療で最重要視されるのは，法律上も医療倫理上も患者の意思・希望である（つまり自己決定である）．ところが，事前指示の割合は依然として低い．現実的に見ると，終末期における自己決定は幻想である．何よりも患者自身が死に直面している事実を認めて，それについて話し合いをするのに消極的だからである．

このようにすでに自己決定権の尊重が強調されて40年以上の歴史を経ているにもかかわらず，アメリカでは，リビング・ウィルの実効性が疑われている[41]．そもそも作成する人が少数であること，リビング・ウィルを作成していてもいざというときに発見されない場合が多いこと，さらに発見され

第 2 節　高齢者医療と法的課題

てもその指示が抽象的で実際に生じた状況に適合するのか疑問とされること，最後に，そもそも元気な時期になされた意思表示が，患者の現時点における真の意思かを確かめられないという根本的課題などが指摘されている．

　このようなアメリカの経験から私たちが学ぶことのできるのは，次の3点である．

　第一に，アメリカではこの40年あまりの間に，終末期医療のあり方について様々な法の整備が行われてきた．患者の自己決定の尊重を基本として，そのための工夫がなされた．法によって医師を萎縮させないために，法的な免責も法律で定めた．しかしながら，それでも患者の希望が実現しているとはいえない現状がある．上記論文の要旨を見ると，ほとんど日本の状況を示しているのではないかと錯覚するほどである．

　第二に，自己決定を尊重する仕組みを患者サイドから見ているだけでは，どうやらうまくいかないことがわかってきた．そこで，アメリカでは，メディケア（高齢者医療保障制度）を利用して，2016年1月1日を期して，医師が患者と終末期医療のあり方を相談した場合，30分につき86ドルを支払うという制度を実施した[42]．同様に，各州では，POLST（Physician Orders for Life-Sustaining Treatment）と呼ばれる試みが広がりつつある[43]．これは医師が主導権をとって，患者や家族と，患者の病状を踏まえた話し合いを行い，その時点での患者の希望を確認し，医師の指示としてカルテに残すというものである．この協議は何度でも繰り返される．

　最後に第三点として，終末期の患者にとって，残された時間を，できるだけ苦痛が少なく，かつ有意義に過ごすために，法もまた助力するべきである．大切なことは，延命治療を中止するか否かではなく，総体として終末期の医

---

41) 例えば，カール・E・シュナイダー（土屋裕子訳）「生命倫理はどこで道を間違えたのか」樋口範雄＝岩田太編『生命倫理と法Ⅱ』（弘文堂，2007年）444頁，マーシャ・ギャリソン（土屋裕子訳）「自己決定権を飼いならすために――自己決定権再考」樋口範雄＝土屋裕子編『生命倫理と法』（弘文堂，2005年）13頁．

42) Preparing for the End, New York Times December 28, 2015 at <http://www.nytimes.com/interactive/2015/12/28/health/2015-top-health-medical-stories.html?_r=0>

43) その内容については，下記を参照．<http://www.polst.org/about-the-national-polst-paradigm/what-is-polst/>

療をどう充実させるか，患者本人が希望しない過剰な医療をせずに，ある時点からはキュアではなくケアを中心に考えて，安らかな死へのプロセスを実現することである．現代におけるそのための法的工夫の1つが終末期の相談を支援するメディケアの下での試みである．その点で，アメリカ法は，（これまでの一連の法的対応が必ずしも効果を発揮しなかったという意味で）一方では法の限界を示すと同時に，それでも法的対応が事前に（というのは，終末期の患者を死なせてから事後的に法が動くのではなく生存中に）行われてきた点で，学ぶべきところがある．

(3) 日本の終末期医療と法[44]

終末期医療に関連し，医師が関与して患者を死に至らしめ，それが裁判になった事件は，実は2件しかない．1995年の横浜地裁判決（東海大学安楽死事件判決）[45]と2009年の最高裁判決（川崎協同病院事件）[46]である．

アメリカその他の国と異なり，尊厳死法や自然死法と呼ばれるような法律は制定されず，2006年に起きた射水市民病院事件を契機に策定された厚労省ガイドラインや関連医学会のガイドラインがあるにとどまる[47]．

だが，医療において，そもそもインフォームド・コンセント法理が適切だと考えるなら，終末期医療の場面でも，医師は，患者の同意しない延命治療はできないはずである．さらにいったん同意した場合でも撤回は自由のはずであるから，人工呼吸器の取り外しも，それが患者の意思であるなら取り外せるのが当然であり，それに対し，法律上の免責を規定する必要はないとも

---

44) さらに詳細を知りたい場合は，樋口範雄「日本の終末期医療と法――2018年における報告」二宮正人先生古稀記念論文集（信山社，2019年）を参照されたい．
45) 横浜地裁平成7年3月28日判決判例時報1530号28頁（東海大学安楽死事件）．
46) 最高裁平成21年12月7日刑集63巻11号1899頁，判例時報2066号159頁（川崎協同病院事件）．
47) 日本老年医学会「高齢者ケアの意思決定プロセスに関するガイドライン――人工的水分・栄養補給の導入を中心として」（平成24年6月27日）．
 <http://www.jpn-geriat-soc.or.jp/proposal/pdf/jgs_ahn_gl_2012.pdf> 日本救急医学会＝日本集中治療医学会＝日本循環器学会「救急・集中治療における終末期医療に関するガイドライン～3学会からの提言～」
 <http://www.jaam.jp/html/info/2014/pdf/info-20141104_02_01.pdf>

考えられる．

　超高齢社会のわが国において，真に重要なのは，延命治療の差し控えや中止が犯罪になるか否かではなく，それぞれの高齢期の医療と介護のあり方について，どのようにして本人の意思決定プロセスが行われるか，いかにしてその意思決定支援を行うかである．2018 年における厚労省のガイドライン改訂は，まさに現代の課題に応えようとする試みだと評価することができる．

第 3 節　介護・福祉に関する法的課題

1　介護をめぐる法的課題

　2000 年に介護保険法が施行されて以降，介護・福祉をめぐる状況は大きく変わった．例えば，介護サービスを提供する事業者が増え，朝，デイサービスやショートステイを利用するために高齢者がバスに乗り込む姿をよく見かけるようになった．かつて，在宅で生活する高齢者にとって，介護サービスは主に家族によって自宅で提供されるものであったかもしれないが，いまは事業者による介護サービスを受けることが可能になっている．

　そこで注意しなければならないことは，どの事業者から提供される介護サービスを利用するか，ということである．なぜなら，事業者が介護保険法にもとづく指定を受けているかどうかで，利用するための手続きや事業者に対する規制，介護サービスの質を保証する仕組み，利用者が支払う自己負担分の金額などが変わるからである．

　現在，介護保険法の施行から約 20 年が経ち，様々な介護サービスが提供されている．24 時間いつでも対応しようとする事業者など，創設時にはなかった事業者の指定類型や介護サービスが生まれている．地域的な偏在はあるものの，指定事業者による介護サービスは，とりわけ在宅の要介護者に対する介護サービスについて，それなりに量が確保できており利用しやすくなっている[48]．しかしながら，施設に入所して介護サービスを受けることはいまだに難しく，特別養護老人ホームに入所するための待機リストの存在は

その表れである．したがって，介護サービスを利用する際，指定事業者による介護サービスの利用を第一に考えることになるが，場合によっては介護保険法の指定を受けない介護サービス[49]の利用を考えねばならないこともありえる．

以下では，まず指定事業者による介護サービスの利用を前提にした法的課題を検討する．具体的には，要介護認定とその変更申請，ケアマネジャー（介護支援専門員）について取り上げる．これらはいずれも介護保険法にもとづく制度であり，高齢者が介護において持つ権利，取るべき手続きといった法的課題である．そして，介護事故について検討する．介護事故は介護保険法が施行される以前から問題となってきたが，介護サービスの利用がこれからも拡大する高齢社会では，より重要な法的課題であり続けるためである．

(1) 要介護度の認定

介護保険法にもとづく介護サービス，すなわち指定事業者による介護サービスを利用する際，要介護度の認定が必要になる．本章第1節で述べたように，介護保険の介護サービスを利用する場合，被保険者であることに加えて要介護状態にあることが求められているからである．要介護度は要支援状態の2段階を含めて7段階あり，要介護度によって受けられる保険給付の上限額が決まっている．つまり，要介護度を決める要介護認定は，保険給付を受ける要件であるだけではなく，その給付上限額を決める手続きでもある．被保険者は，給付上限額の枠内であれば原則1割[50]の自己負担分を支払って介護サービス等を利用することができるが，上限額を超えた分は全額を自己負担しなければならない．この要介護認定は保険者である市区町村が決定するものであり，いわゆる行政処分として法的効力を有している．

---

48) 事業者の選択肢がない地域や量それ自体が不足している地域があり，その多くは人口に拠る．
49) 何ら法律の適用を受けないわけではなく，老人福祉法などの適用を受け，行政による立入検査を受けたりすることがある．
50) 所得によっては2割ないし3割の自己負担分を負担する．

第3節　介護・福祉に関する法的課題

(2) 要介護認定の不服申立て・変更申請

そのため，この要介護認定に不満がある場合，被保険者は法的手続きに則って改めなければならない．

介護保険法は，市区町村による要介護認定結果に不満がある場合，介護保険審査会に不服申立てを行うことができるとする[51]．介護保険審査会は都道府県ごとに設置され，被保険者の代表と市区町村の代表，公益の代表の三者によって構成される会議体であり，要介護認定が適切かどうか，審査する[52]．要介護認定を経て保険給付を受けている者は約630万人に上るが，このうち要介護認定に不満があり，不服審査を行う者はそれほど多くはないと思われる[53]．その理由としては，不服申立てを行える期間が決まっていること（原則，要介護認定があったことを知った日の翌日から60日以内に申立てを行わなければならない），そして介護保険審査会の審査がすぐに出るわけではないことなどが考えられる．

そのため，要介護認定では，不服申立てではなく，要介護認定を再度やり直すことによって一度受けた認定を変更させようとする動きがある．それが要介護状態区分の変更申請である．本来，この申請は，要介護状態ないし要支援状態にある被保険者が，リハビリや介護サービスの利用，健康状態の変化などによって，現に認定を受けている要介護状態区分よりも要介護状態が悪化もしくは改善した場合，その変更を求めて行う手続きである．しかし，要介護状態区分の変更申請に対して原則30日以内で決定がなされること，再度，被保険者や家族からの聞き取りが行われ，実際は要介護認定の再認定と同視しうることなどから，要介護認定に不満がある被保険者にとって利用がなされることが多い．

---

51) いわゆる審査請求前置主義が採られており，審査請求を経た後でなければ取消訴訟等の抗告訴訟を提起することができない．
52) 介護保険審査会は要介護認定をし直す機関ではなく，あくまで審査機関である．したがって，介護保険審査会が認定を取り消した場合，市町村は当該被保険者について改めて要介護認定をし直すことになる．なお，要介護認定については公益代表のみが審査を行う（介護保険法189条）．
53) 要介護認定をめぐる審査請求について，山下慎一「要介護認定に関する審査請求の実態」福岡大學法學論叢62巻3号（2017年）819頁．

また，要介護状態が変わりうることから，要介護認定は更新する必要がある．最初に認定された要介護度は（認定された月に加えて）原則6ヵ月間有効であり，更新された要介護度は原則12ヵ月間有効である[54]．したがって，要介護認定に不満がある場合，更新まで待つこともありえよう．

いずれにせよ，市町村による要介護認定決定および変更決定を受けた場合，ケアプラン（居宅サービス計画）を作成ないし変更する必要があるため，要介護認定に不満がある場合には，ケアマネジャーに相談しつつ対応することが必要となる．

(3) ケアマネジャーの職責

このケアマネジャーは介護保険法にもとづいてできた新しい専門職である．2000年に介護保険法が成立する以前，家族介護に加えて介護サービスを必要とする高齢者は，自ら事業者を選んでサービスを入手するか，行政に申請して老人福祉法にもとづくサービスを得るしかなかった．いずれの場合でも相談援助を行う者，とりわけ高齢者の立場に立って支援する者はおらず[55]，自ら判断して選択をする必要があった．そのため，どの事業者やサービスがよいか，あるいは自分が老人福祉法にもとづくサービスを得られるか，他の福祉サービスが得られるか[56]などきわめて重要な情報について，利用者ではなく介護サービスを提供する側にいる事業者の説明を信じるしかなかった高齢者も多くいたと思われる．むろん，行政による相談は行われていたが，対象者の性質からより配慮が必要な場合が多いと思われる社会保障に関する事項についてさえ，判例上は一般的な教示義務にとどまっている[57]．すな

---

54) 要介護度の変更申請に対する要介護認定の場合，原則6ヵ月間有効である．一方，例外としてすべての有効期間を倍にできる（介護保険法施行規則138条）．

55) 病院の医療ソーシャルワーカーなど相談援助を行う者もおり，実際には相談援助を受けた高齢者もそれなりにいたと思われる．しかし，在宅の高齢者を対象に相談援助を行う者はなく，法的義務を負う者はもちろん高齢者にも相談援助の請求権はなかった．相談援助職について，菊池馨実『社会保障法　第2版』（有斐閣，2018年）434頁参照．

56) しばしば市区町村が独自に福祉サービスを提供していることがあるが，その情報を持つ者は専門的な知識を持っていたり経験を重ねていたりする者に限られよう．

57) 大阪高判平成5年10月5日判自124号50頁．

第 3 節　介護・福祉に関する法的課題

わち，高齢者は，自らの立場に立って相談に応じてくれる専門職がいないままに，重要な判断をせざるをえなかったといえる．

　一方，介護保険法の成立にあたっては，きわめて多数の高齢者が新たに契約にもとづいて介護サービスを利用することが見込まれており，その中には加齢に伴って判断能力が衰えた高齢者も一定数いることが予想されていた．そこでできた制度が民法に加えられた成年後見制度（第 5 章第 2 節参照）であり，介護保険法における相談支援を行うケアマネジャーである．

　ケアマネジャーは，ケアプランを作成することを通じて介護サービスを必要とする高齢者を支援する．ケアプランは，自宅で生活する高齢者が利用する事業者や介護サービスの種類，介護サービスの量などが日時とともに記載されており，その作成過程を通じて，高齢者の相談に応じることになる．また，ケアマネジャーは，先に述べた要介護認定の変更ないし認定への不満に対応するように，事業者や介護サービスの変更だけではなく，サービス提供に対する不満にも対応することが期待されている．実務上，事業者からの要望などを高齢者ないし親族に伝えることも多く見られる．すなわち，ケアマネジャーは，介護サービスを利用する高齢者の相談に応じつつ，適切な介護サービスを円滑に利用するために，親族や事業者とも連絡を取る専門職ということができる．したがって，介護保険法にもとづく介護サービスを利用する際，要介護認定を得るだけではなく，自分に合ったケアマネジャーを見つけることも重要である[58]．

(4) 介護事故をめぐる問題

　介護サービスの利用が拡大することにともない，介護サービスを受けている間，あるいは事業者による送迎の際などに高齢者が事故に遭ってしまうことが問題となった．いわゆる介護事故である[59]．

　介護事故は，被害を受けた高齢者本人もしくは遺族が，介護サービスを提

---

58)　事業者に雇われているケアマネジャーが自らの事業者の都合を優先してしまうことを避けるため，ケアプランの作成のみを行う独立型のケアマネジャーが構想されたが，現在もサービス提供を行う事業者に雇われているケアマネジャーが大半である．

供していた事業者に民法にもとづく損害賠償請求を提起する形で顕在化することが多い．その背景には，介護サービスというケアを提供し，老人ホーム等場合によっては日常生活の場として高齢者が生活する以上一定の割合で事故が起こる可能性があるものの，リスク管理からできる限りその低減に努めるべきという考え方がある[60]．

また，介護事故では，被害を受ける高齢者の特殊性が指摘されてきた．例えば，誤嚥事故は，嚥下機能が低下する高齢者に起こりやすい事故である．そこでは食材の選択や調理方法，食事の際の介助や見守り体制など，職員ないし事業者が気をつけるべきことを数多く指摘できる．しかし，食事について契約内容に詳細に規定されていることはめったにない．契約は介護サービスについて規定するものであって，食事は介護サービスそのものではなく，介護サービスに付随して提供されるものだからである[61]．したがって，誤嚥事故では，介護記録や当日の状況などから，こうした事柄を事実認定したうえで事業者の賠償責任が問われることになる．

そして，転倒事故も同じように考えられる．転倒事故は，歩行やそのための立ち上がりをきっかけに，ふらつきやつまずきによって即時に起こる事故である．裁判例を見る限り，職員による見守りや付添いがあれば防げた事例が多く，予防の必要性が高いことが指摘されている[62]．さらに，転倒事故によって怪我を負った場合，その後の生活状況に大きな影響が及ぶ．転倒事故によって高齢者の身体状況や生活状況が激変し，本人だけではなく家族もその対応に苦慮することになる．

そのため，こうした介護事故を防ぐことはきわめて重要である．しかしな

---

59) 先駆的研究として，菊池馨実「介護事故と損害賠償責任」賃金と社会保障1280号（2000年）10頁，同「食事介助と特養ホームでの死亡事故」賃金と社会保障1284号（2000年）38頁．それらを踏まえた論考として，菊池馨実「介護事故をめぐる判例法理」同『社会保障法の将来構想』（有斐閣，2010年）245頁．また，長沼建一郎『介護事故の法政策と保険政策』（法律文化社，2011年）参照．

60) 菊池・前掲（注59）2010年，245頁．

61) 食事について，被保険者の経済状況によっては減額措置があるものの，原則10割の自己負担が求められることはその表れである．

62) 長沼・前掲（注59），204頁．

第 3 節　介護・福祉に関する法的課題

がら，先に述べたように一定の割合で介護事故が起こりうることからすると，事故が起きてからの対応もまた重要である．誤嚥事故では，誤嚥によって呼吸困難に陥った高齢者に対する措置が問題になることも多い[63]．例えば，救急車を呼ぶことだけではなく，救急車が到着するまでの間に，人工呼吸や心臓マッサージ，口腔内の確認など，職員が採り得る救命措置は数多い．つまり，高齢者にとって，介護事故はその発生が予防されるだけではなく，発生後の対応もまた法的に重要な価値を持つものといえる．

2　高齢者をめぐる法的紛争

こうした介護事故以外にも，いわゆる振り込め詐欺など高齢者をめぐる法的紛争は多い．そうした場面では，高齢者は弱者として認識され通常被害者になることが多い（詳細は第 7 章参照）．一方で，高齢社会では高齢者が被害者になるだけではなく，加害者になることもある．介護事故では高齢者の誤嚥や転倒で施設職員の注意義務違反などが問われることになるが，高齢者同士のトラブルで高齢者が怪我をすれば，高齢者が加害者として責任を問われることになる．むしろ，近年では，高齢者が事故および事件の加害者として注目を浴びるようになっているかもしれない．

(1) 高齢者の自動車運転

例えば，高齢者の自動車運転をめぐる問題が挙げられる．高齢者の自動車運転について，免許更新時の確認が厳しくなっており，70 歳以上を超えた者はいわゆる高齢者講習を受ける必要がある[64]．また，運転免許返納制度の利用も勧められており，自治体によっては公共交通機関の割引や公共施設使用料の割引など運転免許の返納者に対する優遇措置も採られている．加齢に伴って自動車運転に必要な身体能力や判断能力が落ちうることから，高齢者の自動車運転には社会の目が厳しくなっている．

---

63) 菊池（2010 年）・前掲（注 59），250 頁以下．
64) 2018 年 3 月から新たな高齢者講習が始まり，場合によっては医師による診断が必要になるなど，より厳しく検査されている．

しかし，交通手段である自動車運転は，交通インフラが不十分な過疎地域においていまだに必要である．そもそも公共交通機関の割引がなされたとしても，鉄道やバスなどがない過疎地域では自動車が必要不可欠だからである．また，代替となる公共交通機関がそれなりにある自治体であっても，財政難を理由にして高齢者に対する優遇措置を止めたり縮小したりするところも増えてきている．何より，身体能力や判断能力の衰えは個人差が大きく，年齢の経過のみを理由にして自動車運転を問題にすることは合理性に欠ける．そして，一度与えた自動車免許を一方的に取り上げることは法的にも難しい．

　確かに高速道路の逆走やアクセルペダル・ブレーキペダルの踏み間違えなど，高齢者の自動車運転による事故が相次ぎ，社会的な注目を集めてはいるものの，法的観点からは早急に解決することが難しい課題である[65]．そのように考えると，免許更新時の講習を厳格化しつつ，技術的な解決を図ることが望ましい．すでにペダルの踏み間違えによる急発進を防ぐ装置や衝突防止装置を備えた自動車も見られるところである．その意味でも，高齢者の自動車運転は，様々な視点からの取組みによる社会的な解決が必要といえよう．

(2) 認知症高齢者による事故

　そうした中，認知症の高齢者が加害者となった事件が注目を集めた．いわゆる JR 東海事件である．

　JR 東海事件は，認知症の高齢者が駅に立ち入ってしまい，電車にはねられて死亡した鉄道事故をきっかけとする社会的な事件である[66]．よく知られているように，鉄道事故では電車の遅延や運休が発生する．その対応に当たった鉄道事業者は，振替輸送や人員の配置にかかった費用などの損害を鉄道事故の原因をもたらした者に請求できる[67]．このことは，原則として認

---

65) 高齢者の運転免許について法的に検討した論考として，山下慎一「自動車運転免許の返納等と『移動の自由』の保障」JP 総研 research 43 号（2018 年）36 頁．
66) 多くの論考があるが，ここでは法学者による考察として，樋口範雄「「被害者救済と賠償責任追及」という病」法曹時報 68 巻 11 号（2016 年）2731 頁，米村滋人「責任能力のない精神障害者の事故に関する近親者等の損害賠償責任」法学教室 429 号（2016 年）50 頁を挙げる．
67) 多くの場合，鉄道会社は自ら加入する保険によってその費用を補うことができるが，そのことは原因者への求償を妨げない．

第3節　介護・福祉に関する法的課題

知症の高齢者であっても当てはまるが，認知症が重度である場合はその限りではない．すなわち，重度の認知症高齢者は責任能力がない者とされ，その者が賠償責任を負うのではなく，その監督義務者が賠償を負うことになる．

認知症によって高齢者の判断能力が衰える場合，法的には成年後見制度を利用することが予定されている．しかしながら，成年後見制度は主として財産管理を行うものであり，高齢者が加害者となって何らかの被害が発生した場合，成年後見制度を利用していることを理由に本人が責任を免れることはできない．民法に則って，原則として本人が賠償責任を負うことになる．本件では，高齢者本人に責任能力がないとしたうえで，その遺族である妻や子，その配偶者への損害賠償請求が行われ，裁判で争われた（詳細は第8章を参照）．

現状では，自動車運転や認知症の症状などによって高齢者が加害者になることそれ自体を避けることは難しい．運転免許を取り上げても運転をしようとする高齢者もいるし，認知症の高齢者を閉じ込めたり身体拘束をしたりすることは許されないからである．法的課題としては認知症高齢者による事故が起こった場合，高齢者本人やその家族だけが負担を負うのではなく，地域や社会全体でどのようにその負担を分担するのか，考える必要があるだろう[68]．

3　介護サービスの質の保証

介護保険法による要介護認定を受けたうえで，契約にもとづいて介護サービスを受ける高齢者が増えるなか，介護サービスの量だけではなくその質も問われるようになってきた．介護事故は論外としても，高齢者にとっては身体的接触を伴う介護サービスの質は重要であり，事業者を選ぶ理由にもなる．したがって，介護サービスの質を確保する制度は介護における重要な法的課題である．一方で，人によってどれほどの質を求めるかは異なり，さらに質の定量化およびその測定も難しい問題である．以下では，介護サービスの質を保証するための制度と現状について，まず行政による保証と地域差を取り

---

[68] JR東海事件をきっかけに，私的に加入する個人賠償保険の特約を広げて，認知症の高齢者が起こした事故を理由とした賠償をする保険会社が出てきたことはその一例である．

上げる．そして，第三者委員会を検討しつつ，介護サービスの質を向上させるための制度を取り上げる．

(1) 行政による質の保証

まず，行政の権限行使によって介護サービスの質を確保する方法を検討する[69]．

介護保険法は，介護サービスを提供する事業者について基準を定め，その基準を充たす事業者を指定し，その指定を受けた事業者によって介護サービスを提供させることを原則とする．指定基準として定められる施設基準や人員基準を満たした事業者は，一定の質を保った介護サービスを提供することが期待できるからである[70]．この基準について，厚生労働大臣が一応内容を定めるものの，法令上は地方自治体が条例で定めることとなっており，全国一律の基準ではなくなりつつある．とはいえ，厚生労働大臣は，施設の設備や広さなどについて定める施設基準や，雇用すべき専門職などについての人員基準などを詳細に規定しており，多くの自治体ではその定めをそのまま受けた規定を持つ．

そして，事業者の指定権限は原則として都道府県知事が有しており[71]，法令に違反した事業者の指定取消権限も都道府県知事が有する[72]．すなわち，介護保険法は，介護サービスの質の確保にあたって，基準の策定権限と指定権限という重要な権限を地方自治体に委ねる．介護保険法が「地方分権の試金石」とされる所以はここにある．

また，事業者が指定を受けているかどうかは，利用者が支払う費用の違い

---

69) 片桐由喜「介護・生活支援の保護の実施体制」日本社会保障法学会編『新・講座社会保障法2　地域生活を支える社会福祉』（法律文化社，2012年）283頁．
70) 大沢光「介護保険法における指定制度の法的意味」神長勲ほか編『公共性の法構造　室井力先生古稀記念論文集』（勁草書房，2004年）599頁．
71) 複数の都道府県にわたってサービスを提供する事業者については厚生労働大臣（地方厚生局長）が，複数の市町村にわたってサービスを提供する事業者は都道府県知事が指定権限を持つ．
72) いわゆる政令都市の市長は都道府県知事とほぼ同様の権限を持ち，中核市の市長にも一部の権限が委譲されている．また，地域密着型介護サービスを提供する事業者の指定権限は市町村長が有する．

第3節　介護・福祉に関する法的課題

にも影響する．指定事業者から利用者が介護サービスを提供された場合，利用者は原則1割の自己負担分を支払えばよい．一方，指定を受けていない事業者から介護サービスを提供された場合，利用者は10割の費用を支払わなくてはならない．このことは，指定事業者が都道府県知事による指定取消しを受けた場合にもあてはまり，その事業者から介護サービスを提供されていた利用者は負担の増加を避けるため，たいてい事業者を変更することになる．そのため都道府県知事による指定取消しは，実質的には介護サービス市場からの事業者の"退場"を意味しており，事業者の廃業にもつながる重い処分といえる．そのため，指定取消しは，介護サービスの質の確保の点から重要な位置づけを持つ．とはいえ，指定取消しそれ自体は事業者に対する処分ではあるが，利用者である高齢者にも影響が及ぶため，介護保険法が定める基準に違反していたからといって事業者の指定取消しが即座に行われるわけではない[73]．

こうした指定権限や指定取消権限とあわせて，都道府県知事は，事業者に対する調査権限を持つ．この調査は主に指定事業者が各種法令や通知に従った適正な運営をしているか確認するものであり，都道府県知事は，是正命令や改善計画の策定命令，指定効力の一部停止，指定取消しなどを行うことができる．また，市区町村長も，介護保険の保険者として主に介護報酬の適正な支払いを確保する観点から，指定事業者に対する調査権限を持つ．市町村長は不適切な介護サービスについて介護報酬の支払いを拒むことができ，場合によってはすでに事業者に支払った介護報酬の返還を求めることもできる．つまり，介護サービスを提供する事業者は，都道府県知事による調査と市区町村長による調査を重畳的に受ける．これらの調査権限は連携して行われることがあり，虐待の通報があった場合などは虐待に対応する部署とともに緊急に行われることもある．このように，介護サービスを提供する事業者が行政の調査に応じることによって高齢者が受ける介護サービスの質は保証され

---

73) 指定事業者が配置すべき人員等について定める省令は，勧告，命令，指定取消しと段階的な手続きを踏むことが規定されている．「指定居宅サービス等の事業の人員，設備及び運営に関する基準」（平成11年3月31日厚生省令第37号）参照．

る．
　したがって，高齢者およびその家族は，都道府県や市町村の相談窓口に相談することを通じて，介護サービスの質を確保することが可能である．具体的には，ケアマネジャーや地域包括支援センターへの相談によって，行政による是正を図ることができよう．

(2) 質の保証の地域差

　しかし，これら行政による是正も地域差が大きいことに注意が必要である．例えば，事業者が少ない地域では，事業者の指定を取り消すことによって事業者の数が足りなくなり，介護サービスが不足してしまう可能性がある．指定取消権限を行使するにあたって行政に一定の裁量が認められうるため，たとえ事業者に不適切な行為やサービスの提供が認められたとしても，行政が指定を取消さない可能性がある．実際，行政による指定取消権限の行使やその運用には地域差が大きく，たとえ事業者の行為やサービスの提供が同様であっても，指定が取消しになる地域と取消しにならない地域がある[74]．また，地域によっては，指定を取り消す処分や介護報酬の支払いを減額する処分を一定期間下すなど，指定取消処分に至る前に段階的な不利益処分を課して，事業者に自らの行為やサービスの提供を改善する機会を与えるところがある．制度上，地域差をある程度認める介護保険法の運用において，こうした地域差を一概に否定することは難しいと思われる．しかし，行政が事業者に対する行政指導や規制権限を有する目的は，あくまで適切な介護サービスの提供を確保すること，ひいては利用者の権利を擁護することにある．したがって，行政にはその目的の達成のために，認められた裁量を適切に行使することが求められる．

　このように地域差があるとしても，行政の調査は介護サービスの質を確保する機能があるが，虐待の通報を受けた緊急の対応を除けば，都道府県や市

---

[74] 日本総研（平成28年度厚生労働省老人保健健康増進等事業）報告書「介護保険法に基づく介護サービス事業者に対する行政処分等の実態及び処分基準例の案に関する調査研究事業報告書」(2017年) 参照．

区町村の調査が頻繁に行われるわけではない．これも地域差があるが，年に1回あるかないかとされる．したがって，行政の調査は取消権限とあわせて質を制度上確保しようとするものであって，日常的な監督ないし監視を行うものではない．

(3) 第三者委員会による質の保証

　契約によって介護サービスが提供されるため，介護サービスの質に問題があるかどうかは，第一義的には契約の当事者である高齢者が判断し，その是正を求める立場にある．しかし，認知症や加齢によって，高齢者が十分に認識できなかったり，認識できたとしても口頭ないし書面を通じて適切に主張することができなかったりすることが考えられる．また，健康な高齢者であったとしても，その後の関係を考慮して，実際に介護サービスを提供する事業者や職員に対して直接改善を求めることに躊躇を覚えることがある．このことは，とりわけ介護サービスが不足している場合にあてはまり，高齢者の家族であっても改善を求めにくいことに変わりはない．しかも，介護サービスを提供する事業者に一定の専門性があることから，高齢者やその家族は，事業者と対等な立場で，提供されている介護サービスの質の適否を判断することは本質的に難しい[75]．

　そこで，契約当事者である高齢者および事業者以外の立場から，介護サービスが適切に提供されているかどうか判断し，介護サービスの質を確保する機関が必要となる．いわゆる第三者委員会である[76]．第三者委員会は事業者ごとに設置されているものと都道府県が主体となって設置するものに大別されるが，高齢者はそのいずれかに苦情を申し立てることができる．また，これらの第三者委員会は，介護サービスの質を確保する観点だけではなく，虐待を含めた高齢者の権利侵害にも対応が予定されている．なお，第三者委

---

[75]　高齢者を含む利用者の立場について，石田道彦「医療・介護サービスにおける利用者の選択の支援」菊池馨実編著『自立支援と社会保障』（日本加除出版，2008年）305頁参照．

[76]　苦情申立ての構造について，秋元美世＝平田厚『社会福祉と権利擁護』（有斐閣，2015年）147頁〔平田厚〕参照．

員会は，介護保険法にもとづく指定を受けた事業者だけではなく，指定を受けていない事業者も設置している場合があるため，事業者ごとに確認する必要がある．

しかし，第三者委員会の判断それ自体に法的な強制力があるわけではない．また第三者委員会に対する苦情は，介護サービスの質にかかわらず起きる可能性がある．介護サービスの質を保証する観点からは，第三者委員会があることそれ自体と，第三者委員会の判断を受けた事業者の対応が重要になる．

そのうえさらに，介護サービスの質の観点からは，こうした行政ないし第三者委員会の活動には限界がある．なぜなら，①行政が調査および監査によって事業者に遵守を求める基準はあくまで最低基準であり[77]，介護サービスの質を確保する機能はあっても向上させるかは疑わしく，②第三者委員会が事業者に求める基準は原則として行政の基準を踏まえた契約内容の遵守であるためである．むろん，行政が定めた基準には介護サービスの質を一定程度保証する機能があり，高齢者が満足することも十分にあり得ることである．介護保険法においてはその限りでよい．しかし，高齢者が事業者と結ぶ契約によっては，介護保険法を超えたサービスや質を提供する義務が事業者にあり，その遵守が求められる．その意味で，第三者委員会には行政を超えた役割があり，重要である．

最近，こうした第三者委員会の役割に注目し，よりよい介護サービスを保証するための試みとして，事業者自らが，基準を超えた介護サービスの質を提供していることを第三者に保証してもらう取組みも始まっている[78]．介護サービスの質を保証するだけではなく，向上させるための法制度がこれからは求められているといえよう．

---

[77] 菊池・前掲（注55）481頁．
[78] 独自に基準を設け，立入検査を通じて継続的に基準順守を確認して介護サービスの質を保証しようとする動きがある．公益財団法人Uビジョン研究所についてホームページ参照．<http://u-vision.org/>（2019年6月20日）．

第3節　介護・福祉に関する法的課題

4　福祉をめぐる法的課題

　高齢者の中には，長年にわたって障害を持つ者や生活が困窮する者も一定数存在する．福祉サービスを利用してきたこうした高齢者は，新たに介護サービスを利用するにあたって法的な課題を持つことになる．以下では，高齢者と福祉に焦点をあて，介護保険法の施行以降問題となっている障害福祉サービスと介護サービスの調整について検討する．次に，税財源で行われている社会福祉制度である生活保護について簡単に検討する（高齢者の経済的基盤については第4章参照）．そして，法的課題としてはやや外れる部分もあるかもしれないが社会的に関心がある課題であるため，高齢者がサービスの受け手としてだけではなく担い手として活躍する福祉領域の事例を最後に述べる．

(1) 障害者福祉と高齢者

　障害をもつ高齢者は，それまで受けていた障害福祉サービスと介護保険法による介護サービスとの調整を図らなければならない．法律上，介護保険法による介護サービスが優先されるため（障害者総合支援法7条），介護サービスを受けたうえで，不足する限りで障害福祉サービスを受けることになる．つまり，障害者は，65歳になると，事業者が両方の指定を受けていない限り，それまで利用していた障害福祉サービスおよび事業者を利用し続けられないことになる．

　理論上，障害福祉サービスと介護サービスには入浴介助や移動介助など共通する部分が存在する[79]．また，使用者負担を含む社会保険料と租税財源によって運営される介護保険は，租税財源のみの障害福祉サービスよりも財政的に安定しているため，利用者のサービス受給権の権利性が相対的に強い[80]．その一方で，障害福祉サービスを提供する事業者および職員，介護サービス

[79)] これまでの議論について，関ふ佐子「介護保険制度の被保険者・受給者範囲」日本社会保障法学会編『新・講座社会保障法2　地域生活を支える社会福祉』（法律文化社，2012年）264頁．
[80)] 柴田洋二郎「社会保障と税」社会保障法研究2号（2013年）41頁．

を提供する事業者および職員それぞれに専門性があることや，サービス提供にともなった継続的な関わりがソーシャルワークにおいて有益であり，とりわけ認知症の高齢者にとっても有益であることが指摘されている．また，障害福祉と介護保険は利用者ないし被保険者が支払う自己負担分の考え方が異なり，同じようなサービスを利用していても自己負担分が異なる可能性がある[81]．実際，障害福祉サービスを受けてきた利用者の立場から考えると，介護サービスの優先には抵抗を覚えるようである．法律の定めと，実際に利用する立場がかい離する一例といえよう．

(2) 生活福祉と高齢者

生活に困窮する高齢者は，介護サービスを利用することが難しい状況にある．

介護保険法では，被保険者に年金を受給する高齢者や稼働していない高齢者を含むため，医療保険や年金保険に比べてもともと保険料を低額に抑える財政制度，具体的には保険財政のおよそ半分を租税財源が担い，さらに医療保険からの納付金などによって財政を運営する仕組みを持つ．そのうえ，保険料の賦課でも収入に応じた保険料を賦課し，低所得の高齢者に配慮した制度となっている．

それでもなお賦課された保険料を納付することが難しい場合，高齢者は，保険者である市区町村から保険料の免除や減額，納付の猶予を受けることができる．保険料を滞納した場合，高齢者は，1割ではなくひとまず10割の自己負担分を支払わなくてはならず，介護サービスを利用することが非常に難しくなる．したがって，保険料の納付が難しくなった場合，高齢者は，保険料の滞納を避けるため，市区町村の窓口に事前に相談して保険料の免除や減額，納付の猶予を検討すべきである[82]．

また，生活保護を受給して介護サービスを利用することも考えられる．介護保険法は，65歳以上の住民を第1号被保険者として，保険料の納付を求

---

81) 菊池馨実ほか『障害法』（成文堂，2015年）192頁〔福島豪＝永野仁美〕．
82) 川久保寛「境界層措置の意義と課題」週刊社会保障2973号（2018年）40頁．

第3節　介護・福祉に関する法的課題

める．つまり，生活保護の受給者は，65歳になると介護保険法の被保険者として保険料を納付しなければならない．具体的には生活保護費（生活扶助）に保険料分が上乗せされ，保険料を支払うことになる[83]．そして，要介護状態になって介護サービスを利用した場合，支払う自己負担分は，生活保護費（介護扶助）に上乗せされる．なお，介護保険の介護サービスを利用しても介護サービスのニーズが充足できない場合，生活保護の受給者は，さらに介護扶助として介護サービスを受けることができる．いずれにせよ生活保護制度で賄うため，受給者には経済的な影響は生じない．このように，医療保険とは異なり，生活保護を受給する高齢者も介護保険制度に取り込んだ点に法的な特色がある．

(3) 地域福祉と高齢者の参加

一方で，高齢者は，介護サービスや福祉サービスを利用するだけの存在ではない．

高齢者といっても要介護状態にある高齢者ばかりではなく，むしろ壮健で身体的には問題のない高齢者が大半である[84]．そうした高齢者は，本項で取り上げた介護サービスやその質の保証，障害福祉や生活保護の対象ではない．その意味で，高齢者は支援の対象に限られず，むしろ支援の主体となる可能性を持つ．

例えば，民生児童委員は地域に根差した活動を行い，在宅の高齢者を支援する存在である[85]．具体的には，民生児童委員は，一人暮らしの高齢者に声掛けをしたり地域のボランティア活動に参加したり，住民として助け合いを実現する立場にある．また，親族による虐待の発見や福祉サービス利用の仲介など，実際に高齢者の権利を守る存在でもある．近年，災害時の避難誘導や安否確認など，市区町村が民生児童委員の活動に頼る事態も発生してい

---

83) 実際にはいわゆる天引きによって支払われるため，受給者は保険料分の増額を実感しにくい．
84) 65歳以上の介護保険第1号被保険者のうち，実際に介護保険法にもとづく介護サービスを利用している者は約2割にとどまる．
85) 阿部和光「高齢者・養護者の地域生活支援」日本社会保障法学会編『新・講座社会保障法2　地域生活を支える社会福祉』（法律文化社，2012年）302頁．

る．こうした民生児童委員の活動や町内会，自治会の活動など，地域福祉では様々な取組みが行われており，高齢者の参加が期待されている．

　むろん，地域福祉の状況には地域差があり，法的請求権があるようなものではない．しかし，地域福祉の充実は住みやすい地域を意味し，高齢者が住み慣れた地域で生活することを可能にする．介護サービスや福祉サービスを利用する・しないにかかわらず，高齢者はその地域を支える重要な役割を果たしうる立場にあることは間違いない．

第3章
高齢者の住まい

松井孝太　原田啓一郎

第1節　様々な選択肢

　先進国の多くでは，公的な住宅保障が，公営住宅や住宅手当などの形で，社会保障の一部に組み込まれている．それに対して日本では，住まいの保障は，生活保護の住宅扶助といった一部の例外を除いて，社会保障の枠組みの中では行われてこなかった．しかしながら，一定の質が確保され，適切な負担のもと提供される住まいは，健康で文化的な生活（憲法25条）にとって不可欠であり，その保障もまた法や政策の課題である．そのため，日本でも近年，「地域包括ケアシステム」の構築が進められている中で，住まいを社会保障との関連で捉える必要性が認識されつつある[1]．

　住まいの確保は，当然のことながら高齢者に限られた問題ではない．しかし，身体的・精神的能力の衰えによって移動や日常生活の制約が増える一方で，経済面での個人差も大きい高齢者にとって，住まいの選択はとりわけ重要な問題である．また，高齢者の住まいのあり方は，医療保険・介護保険制度（第2章参照）や，地域における在宅サービスのあり方などとも密接に関連している．これまでも日本では福祉政策や住宅政策の中で高齢者向け住まいが整備されてきたが，社会保障制度の改革と並行して，高齢者の住まいに

---

[1]　一例を挙げると，高齢者向けの賃貸住宅として2011年に創設された「サービス付き高齢者向け住宅」（後述）は，厚生労働省と住宅政策を担う国土交通省の共管制度である．

ついても，近年様々な施策が講じられている．

　自宅での居住の継続や住み替えを検討する高齢者にとっては，様々な住まいの選択肢が，それぞれどのような特徴を持ち，どの程度の負担能力を必要としているのかを理解することが必要になる．しかし，高齢者向け住まいに関連する制度は多数存在することから，その全体像を把握することは容易ではない．そこで本章では，第1節で住まいの選択肢を概観し，第2節でより法的な観点から高齢者の住まいの課題を検討する．

1 自宅に「住み続ける」という選択肢

　高齢者の住まいの場としては，それまで暮らしてきた自宅に「住み続ける」ことが1つの選択肢となる．日本では住宅政策で持ち家が推進されてきた結果，高齢者のいる世帯の約8割が持ち家世帯となっている．第2章で紹介されたように，高齢者が住み慣れた場所で最期まで安心して暮らし続けられる仕組みづくりとして，「地域包括ケアシステム」の構築が進められている．そこで想定されている「住み慣れた場所」は，必ずしも持ち家などの自宅に限定されていない．しかし，現実的には自宅に住み続ける高齢者が多数派であり続けることが予想される．

　また40歳以上の男女を対象とした厚生労働省の意識調査（平成28年）では，「自分の介護が必要になった場合にどこでどのような介護を受けたいですか」という質問に対して，7割以上が自宅での介護を希望していることが示されている[2]．自宅に「住み続ける」ことを選択する場合，自宅のバリアフリー化など，高齢者の動作を助けるハード面でのサポートが必要になる．それに加えて，在宅での医療・介護サービスへのアクセス確保や，地域での生活支援や見守りなどの仕組みづくりなど，ソフト面での支援体制の整備も求

---

[2] 『平成30年版高齢社会白書』．内訳は次の通り．「自宅で家族中心に介護を受けたい」（18.6％），「自宅で家族の介護と外部の介護サービスを組み合わせて介護を受けたい」（17.5％），「家族に依存せずに生活ができるような介護サービスがあれば自宅で介護を受けたい」（37.4％），「有料老人ホームやケア付き高齢者向け住宅に住み替えて介護を受けたい」（12.1％），「特別養護老人ホームなどの施設で介護を受けたい」（6.9％），「医療機関に入院して介護を受けたい」（6％），「その他」（1.5％）．

められる．自宅に住み続ける場合の様々な課題については，第 2 節でより詳細に紹介する[3]．

2 高齢者向け住まいに「住み替える」場合の選択肢

家族と同居している場合は，自宅で住み続けることが有力な選択肢となる．しかし，急速な少子高齢化や家族のあり方の多様化にともない，高齢夫婦のみ世帯や単身高齢者世帯が近年増加している[4]．それらの世帯では，たとえ在宅の医療・介護サービスを活用したとしても，身体・精神状況の変化によって，自宅での生活の継続が困難になる可能性が小さくない．そこで，持ち家等の自宅から，高齢者のニーズに合わせて特別に整備された高齢者向け住まいに「住み替える」ことが選択肢として考えられる．

福祉政策と住宅政策という異なる政策領域で並行して発展してきた経緯もあり，高齢者向け住まいの全体像を把握することは容易ではない．入居者の権利の性質，サービス提供の形態，入居者の介護の必要性などによって多様な類型化が可能だが，本節ではさしあたり「施設系住まい」と「住宅系住まい」の 2 つに大別してその概要を述べる．

はじめに大まかな違いを述べると，「施設系住まい」は，住まいと食事，生活支援，介護サービスまで，生活全般にわたるサービスが，パッケージとして包括的に提供される．主に，老人福祉法や介護保険法等によって規律されている．それに対して「住宅系住まい」は，住居と介護などのサービスが「外付け」された住まいである．住居に対する権利（所有権，利用権，賃借権など）とは別に，入居者が必要なサービスを個別に選んで契約，利用すると

---

3) なお，自宅を所有しているが，フローの収入が少ないという高齢者も多い．そのような高齢者が自宅に住み続けることを希望する場合に，自宅の資産価値を担保として収入を得ることを可能にするリバース・モーゲージと呼ばれる仕組みがある（第 4 章参照）．
4) 子ども世代との「同居率低下」が近年注目されてきたが，高齢者の世帯構造を分析した最近の研究では，高齢夫婦のみ世帯や単身高齢者世帯の増加は，子どものいない高齢者（チャイルドレス高齢者）の増加が大きな要因であり，子どもがいる高齢者の同居率は実際には低下していないことが示されている．未婚率の上昇により今後さらにチャイルドレス高齢者の増加が予想されることから，施設介護のニーズが急増する可能性も指摘されている．中村二郎＝菅原慎也『日本の介護――経済分析に基づく実態把握と政策評価』（有斐閣，2017 年）参照．

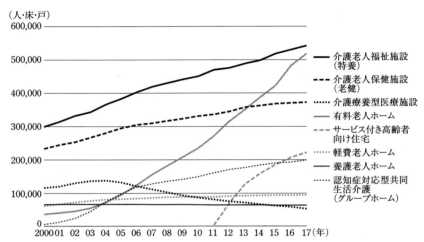

(注) 介護療養型医療施設は病床数，認知症対応型共同生活介護は受給者数，サービス付き高齢者向け住宅は戸数を示している．
(出所)「介護サービス施設・事業所調査」（厚生労働省），「社会福祉施設等調査」（厚生労働省），「介護給付費等実態調査」（厚生労働省），「サービス付き高齢者向け住宅情報提供システム」より作成．

図 3-1　高齢者向け住まいの定員数の推移

いう形態がとられる．図 3-1 は，それぞれの高齢者向け住まいの定員数（病床数・戸数）の推移を示したものである．

(1) 施設系住まい

日本では，自宅での生活が困難になった高齢者が入居する「施設系住まい」が，後述の「住宅系住まい」に先立って整備されてきた．「施設系住まい」としては，介護保険の施設サービスが受けられる介護保険施設の他，有料老人ホームや，各種の福祉系施設（認知症グループホームなど）がある．

①介護保険施設

介護保険の給付には，自宅での生活が困難になった人が施設で生活しながらケアを受ける施設サービスがあり，介護老人福祉施設（特別養護老人ホーム），介護老人保健施設，介護医療院・介護療養型医療施設がある[5]．いずれも，入居するためには，介護保険の要介護認定を受ける必要がある（介護保険法

第1節　様々な選択肢

27条)．また介護保険の給付を受ける施設は，原則として都道府県知事の指定（介護老人保健施設については許可）を受ける必要がある（介護保険法48条, 86条, 94条).

〈a　介護老人福祉施設（特別養護老人ホーム）〉　介護老人福祉施設（特別養護老人ホーム：特養）は，入所する要介護者に対し，施設サービス計画に基づいて，入浴，排せつ，食事等の介護やその他の日常生活上の世話，機能訓練，健康管理及び療養上の世話を提供する施設である（介護保険法8条27項，老人福祉法25条の5）．特養は，都道府県知事の指定を受けることにより，介護保険施設となる（介護保険法48条1項1号, 86条）．特養は，地方公共団体や社会福祉法人などが設置することができる．

介護保険施設の中で，要介護の高齢者が長期間暮らす住まい，すなわち終の棲家としての機能を果たしているのが特養である．日常生活での介護が受けられ，一度入居できれば，高度な医療が必要にならない限り，高齢者が亡くなるまで暮らすことができる．入所は原則的に要件を満たした高齢者本人や家族の申込みによるが，やむを得ない事由があれば市町村の措置によって入所する場合もある（老人福祉法11条1項2号).

介護保険が創設される以前は，市町村が利用者の心身の状況や家族，所得などを調査した上で，その職権により特養への入居の可否や入居先を決定していた．この仕組みを措置制度と呼ぶ．特養を利用する高齢者も，施設に対してではなく，市町村に費用を支払っていた．これに対して，介護保険制度では，自治体の要介護認定を受けた高齢者と施設の間の利用契約をもとにサービス提供が行われるようになった（「措置から契約へ」)．理念的には，高齢者自身やその家族の選択がより重視されるようになったと言える．

特養の入居者は，介護保険の施設サービス費として原則1割の自己負担をする以外に，食費や居住費（部屋代）などを負担する必要がある[6]．これらは，在宅でも負担する必要のあるコストであるため，在宅高齢者とのバランスを

---

[5]　後述のように介護療養型医療施設は廃止が予定されている．
[6]　介護保険の自己負担割合は原則1割だが，一定以上の所得がある人は2割または3割となる（第2章参照).

図るために，2005年の介護保険法改正によって利用者負担とされた．ただし，低所得者を対象に，食費や居住費を軽減する措置が講じられている（本章第2節3(3)参照）．

特養は，後述する民間の有料老人ホームの多くと異なり入居一時金が必要ないほか，月額費用も有料老人ホームと比べて低額である．そのため，特養への入居を希望する高齢者は多い．しかし，運営主体が社会福祉法人などに限定されていることに加え，新たな設置には多額の公費を要するため，大幅な施設数の増加は財政的な制約を受けざるをえない．そのため，多数の高齢者が特養の空きを待つ状況（待機者問題）が問題視されてきた．その一方で，特養入居者の中には介護ニーズの比較的小さい要介護1や2の高齢者も相当数存在していることが指摘されてきた．そこで国は，2015年4月から，特養の入居要件をそれまでの要介護1から要介護3以上に引き上げた．この要件厳格化によって特養の入居待機者数は減少したが[7]，2016年4月時点でも約36.6万人の待機者が存在していた[8]．多くの待機者が残る地域がある一方で，特養に空き部屋が見られる地域も存在するなど，地域間の偏在も問題になっている[9]．

〈b 介護老人保健施設〉 特養は，主に重度の要介護者に，「終の棲家」として介護サービスを提供する施設である．それに対して，介護老人保健施設（老健）とは，入院治療の必要性のなくなった要介護者に対して，看護・医学的な管理の下で介護・機能訓練・日常生活上の世話を提供する施設であり（介護保険法8条27号），在宅への復帰を目的とした制度である．入所資格があるのは，病状が安定期にあり，看護・医学的管理の下における介護及び機能訓練その他必要な医療を要する要介護者である（介護施行規則20条）．

老健の設置者となれるのは，地方公共団体，医療法人，社会福祉法人などである．本来，老健は，高齢者が退院してから自宅に戻るまでの中間施設で

---

7) 朝日新聞「特養待機36.6万人「要介護2以下」制限で減少」（2017年3月28日朝刊）．
8) 厚生労働省「特別養護老人ホームの入所申込者の状況」（2017年3月27日）．
9) 守川美咲子「Research Report「特別養護老人ホームの入所状況に関する調査」の結果について」（福祉医療機構，2018年3月29日）．

あり，長期間の入所は想定されていない．しかし，退院後の高齢者の受け皿が不足していることから，実態としては長期入所者も多いとされている．特養の場合は嘱託医師であるのに対し，老健施設は類型としては医療施設のため管理医師がいる．

〈c 介護医療院・介護療養型医療施設（介護療養病床）〉　療養病床等を有する病院または診療所で，長期にわたる療養を必要とする要介護者に対して，看護・医学的管理下において，必要な医療・介護や機能訓練を提供する施設が，介護療養型医療施設（介護療養病床）である．介護保険が適用される介護保険施設であるが，歴史的な経緯から設置者の多くは医療法人であり，病院や診療所に療養病床として設けられていることも多い．

介護療養病床は，2006年介護保険法改正によって2011年度末までに廃止することが決定され，2012年以降の新設は認められなくなった．これは，医療保険が適用される医療施設との役割分担を明確にすることなどが目的であった．しかし，代替施設への転換が進まなかったことなどから，介護療養病床の廃止は2017年度末まで延長された．さらに，2016年の介護保険法改正により，新たな介護保険施設の類型として，2018年4月から介護医療院が設けられた．それに伴い，介護医療院への転換のための準備期間として，2023年度末までさらに6年間の猶予措置が設けられた．介護医療院は，介護療養病床の「日常的な医学管理が必要な重介護者の受入れ」や「看取り・ターミナル」等の機能を維持しつつ，「生活施設」としての機能を兼ね備えた施設類型を目指すとされている[10]．

②有料老人ホーム

高齢者が亡くなるまで住むことが可能な高齢者向け住まいとして，特養と並んで重要な役割を担っているのが有料老人ホームである．図3-1が示すように，2000年の介護保険開始以降，急速に数を増やしている．有料老人ホームとは，食事，介護，家事援助，健康管理のいずれかのサービスを提供するもので，老人福祉施設ではない高齢者向け住まいのことを指す（老人福祉

---

[10] 厚生労働省・療養病床の在り方等に関する特別部会「療養病床の在り方等に関する議論の整理」（平成28年12月20日）．

法29条).一般的にイメージされるような,いつでも介護を受けられ,最期まで住める「介護付き」の有料老人ホームは,「特定施設入居者生活介護(特定施設)」の指定を受けた施設である.ただし,食事や生活支援サービスだけで,介護は外部のサービスを利用する「住宅型」の有料老人ホームも存在する.「住宅型」の有料老人ホームでは,重度の介護状態になると転居が必要になる場合も多い.

　有料老人ホームの契約形態は一般的に利用権方式である.住まいやサービスを利用する権利であるため,死亡により終了し,譲渡・相続などはできない.また,施設全体を利用する権利とされる場合,体調変化や要介護度変化にともなって居室の移動や退去を求められる可能性もある.多くの有料老人ホームでは,管理費・食費・生活費などの月額利用料に加えて,入居一時金の支払いの必要がある.入居一時金は高額な傾向があり,その返還等に関するトラブルが,有料老人ホームをめぐる法的紛争の主な要因であった(本章第2節3(2)参照)[11].その他に,介護の必要性が生じ,外部のサービスを利用した場合には,介護保険の利用者負担が別途発生する.

(2) 住宅系住まい

　介護保険施設の増設が自治体財政や参入規制によって制約されているのに対し,民間事業者の参入がより広く認められている「住宅系住まい」が2011年以降急増している.高齢者の住まいの選択肢として「住宅系住まい」の普及が推進される背景の1つには,住みなれた場所で暮らし続けられることが,高齢者の尊厳や生活の質といった観点からも望ましいという考え方がある[12].上述のように,高齢者が住み慣れた地域で最期まで暮らし続けることができるように,地域の包括的な支援・サービス提供体制を目指す地域包括ケアシステムの構築が現在進められている(介護保険法5条3項,2014年

---

11) 消費者委員会「有料老人ホームの前払金に係る契約の問題に関する建議」(平成22年12月17日).
12) このような考え方は,一般的に「エイジング・イン・プレイス(aging in place)」と呼ばれている.

第1節　様々な選択肢

医療介護総合確保推進法1条）．地域包括ケアの中では，住宅系の高齢者向け住まいが重要な役割を果たすことが期待されている．

　住宅系の高齢者向け住まいはあくまで「住宅」であるため，一般の住宅と同じように民法や借地借家法による規律がある．しかし，健康上の問題が生じやすいことや，事故の発生などを懸念して，高齢者との賃貸契約を敬遠する貸主も少なくない．したがって，高齢者向けの賃貸住宅については，設備の基準や入居者保護に関して，一般の住宅とは別に特別な法や制度を設ける必要性が高い（本章第2節3(1)参照）．

　そのような住まいの1つとして注目を集めているのが，サービス付き高齢者向け住宅（サ高住）である．サ高住は，2011年4月27日に改正された「高齢者の居住の安定確保に関する法律」（高齢者住まい法）によって創設され，2011年10月20日から登録が開始された．これに伴い，高齢者円滑入居賃貸住宅（高円賃），高齢者専用賃貸住宅（高専賃），高齢者向け優良賃貸住宅（高優賃）など，従来乱立していた様々な種類の高齢者向け賃貸住宅がサ高住に一本化された．また，一定の要件を満たす有料老人ホームも，サ高住として登録することが可能である．

　サ高住として登録するためには，床面積やバリアフリーなどの登録基準を満たす必要がある．「サービス付き」の部分に関しては，安否確認と生活相談のサービスが提供されることが最低基準として要求される．ただし実際には，デイサービスや訪問ステーションなどが併設され，各種のサービスが外付けで提供されるサ高住が多い．付随していないサービスについては，入居者が必要に応じて外部の事業者を選び契約を結ぶ必要がある．サ高住は，基本的に賃貸借契約にもとづく高齢者本人の住居である．入居一時金がかかるこれまでの有料老人ホームに比べて低費用な場合が多いことや，特養などの介護保険施設に比べて参入障壁が少ないため，2018年8月現在で23万戸を超える規模まで増加してきた[13]．

　サ高住は高齢者の住まいの1つの選択肢として期待される一方で，課題も

---

13)　サービス付き高齢者向け住宅情報提供システム <https://www.satsuki-jutaku.jp/> のデータ（最終アクセス2018年10月9日）．

指摘されてきた．例えば，健康な高齢者がある自治体から別の自治体のサ高住に入居した場合に，入居後に要介護状態になると，サ高住が所在する自治体の介護保険の財政負担が増すという問題があった．特養などの場合は，入居前の自治体が介護保険の費用負担をするという住所地特例の制度があったが，在宅サービスであるサ高住には適用されなかった．しかし，2015年4月からは，サ高住にも住所地特例が適用されるように介護保険制度が変更されたことでこの問題は解決された．

　また，サービスが住まいと一体化している「施設系住まい」とは異なり，サ高住ではサービスが外付けのため，入居者の要介護度が進んだ場合に，どの程度までサ高住で対応可能なのかが課題となりうる．サ高住の提供者が入居者に介護サービスなどの提供義務を果たせなかった場合などに，どのような法的解決が図られるべきかという問題についても，さらに検討が必要である．

(3) 低所得高齢者の住まいの選択肢

　老人福祉法上の老人福祉施設の1つに，「無料又は低額な料金で，老人を入所させ，食事の提供その他日常生活上必要な便宜を供与することを目的とする施設」（老人福祉法20条の6）として軽費老人ホーム（ケアハウス）がある．さらに東京都では，地価が高い都市部でも整備が進むよう，居室面積や職員配置に関する基準を緩和した「都市型軽費老人ホーム」というケア付き住まいの制度が設けられている．

　上述のように，介護保険施設では，低所得層を対象として，居住費と食費などの負担軽減措置が介護保険給付として講じられている．しかし，施設に入居している低所得高齢者にのみ介護保険料及び公費による補助を行うことは，在宅高齢者とのバランスを欠くとして，より一般的な住宅手当の制度化を求める見解もある[14]（より詳細な議論は，本章第2節3(3)参照）．

---

[14] 宮島俊彦『地域包括ケアの展望——超高齢化社会を生き抜くために』（社会保障研究所，2013年）

第1節　様々な選択肢

(4) 日本版 CCRC

　高齢者の住まいの選択肢との関係で注目される近年の動向の1つに,「生涯活躍のまち」(以下,日本版 CCRC 構想) と呼ばれる政策がある[15].

　CCRC という言葉は,アメリカの Continuing Care Retirement Community (継続的なケアが提供される高齢者コミュニティ) に由来する[16]. アメリカの CCRC は,元気なときから医療・介護ケアが必要な段階まで,他の施設に移ることなく同じ場所で途切れないケアを受けることができるというコンセプトで開発された高齢者向け住まいである.

　アメリカの CCRC では,要介護状態になってからではなく,自立生活が可能な時点で移り住むことが入居要件とされる場合も多い. また,入居一時金と月額費用はしばしば高額であるため,中間層から富裕層の入居者が多いという調査がある. 具体的な住まいの形態や契約条件は事業者によって様々であるが,自立生活が可能な入居者が住むインデペンデント・リビング (IL),食事や入浴などでの支援が提供されるアシステッド・リビング (AL),医療介護ケアが必要な場合のナーシング施設 (SNF),認知症ケアユニットなどが,同じ敷地内に併設されていることが多い. また,図書館やジム,プールなどの施設に加えて,様々なアクティビティが提供されていることが一般的である. アメリカの CCRC は,高齢者が虚弱化しても住みなれた場所で安心して暮らし続けることを可能にする1つのアイデアと言える.

　近年,地方の人口減少と東京への一極集中が注目を集めている. それと同時に,今後は東京を中心とする首都圏で急速な高齢化が進行することが予想されている[17]. また上述のように,特養をはじめとする高齢者向け住まいには地域間偏在の問題が指摘されている. そこで国は「地方創生」を政策目標として,2014年9月に内閣府に「まち・ひと・しごと創生本部」を設置

---

15) 日本版 CCRC 構想の主導者による解説書として,松田智生『日本版 CCRC がわかる本——ピンチをチャンスに変える生涯活躍のまち』(法研,2017年) がある.
16) アメリカの CCRC に関する以下の記述については松井孝太「米国における継続的ケア付高齢者コミュニティの現状と課題」『平成26年度杏林 CCRC 研究所紀要』(2015年) を参照.
17) 日本創成会議のレポート「東京圏高齢化危機回避戦略」(2015年6月) では,今後東京を中心に高齢化が進むことが指摘され,医療介護需要の急増への対応として高齢者の地方移住が提言された.

した．その中で，「まち・ひと・しごと創生総合戦略」が定められ，地方創生において取り組むべき施策の1つとして，日本版CCRC構想が盛り込まれた．

2015年12月に発表された「生涯活躍のまち」有識者会議最終報告書によれば，日本版CCRC構想は，「東京圏をはじめとする地域の高齢者が，希望に応じ地方や「まちなか」に移り住み，地域住民や多世代と交流しながら健康でアクティブな生活を送り，必要に応じて医療・介護を受けることができるような地域づくり」を目指すとしている[18]．

有識者会議最終報告書によれば，日本版CCRCは，これまでの日本の高齢者向け住まいのあり方と，主に3つの点で違いがあるとしている．

第一に，入居時の健康状況である．従来の高齢者施設は，主に介護が必要となり，自宅での生活が困難になってからやむを得ず入居するというケースが一般的であったのに対して，日本版CCRCは，アメリカのCCRCに倣って，原則的には，まだ介護が必要でない健康な状態のときから移り住むとされている．そのうえで，入居者が可能な限り健康な状態を維持することを目指すとしている．ただし，「入居者は，健康な段階から入居することを基本とする．ただし，要介護状態にある高齢者も排除しない」として，健康状態を理由とする入居拒否には留保を付けている．

第二に，高齢者が，サービスの受け手としてだけでなく，仕事や社会活動，生涯学習に参加して地域やコミュニティの支え手としての役割も担うことが期待されている．

第三に，高齢者が地域社会に溶け込んで，子どもや若者などの多世代と交流・協働することが，日本版のCCRCでは重視されるという．

日本版CCRCはアメリカのCCRCのコンセプトを引き継いでいる一方で，事業の性格や位置づけに関して異なる点も多い．アメリカのCCRCは，基本的には民間主体が独自の経営判断にもとづいて展開している高齢者向け住まいであるのに対し，日本版CCRCは，自治体と国が積極的に関与する地

---

[18] 日本版CCRC構想有識者会議「「生涯活躍のまち」構想（最終報告）」(2015年12月)．

域政策としての性格を有している．特に，東京から地方への高齢者の移住や，地方の産業振興に重点が置かれている点に特徴がある．新潟県南魚沼市や岩手県八幡平市など，全国各地の自治体で日本版 CCRC の実現に向けた動きが進められている．

第 2 節　高齢者と住まいに関する法的問題

1　高齢者が直面する住まいの問題の「入口」

　高齢者のいる世帯の約 8 割は持ち家であり，高齢者の多くは住み慣れたわが家で最期まで過ごしたいという希望をもっている．しかしながら，次第に身体・精神的に虚弱になる高齢者にとって，住み慣れたわが家を生涯の居住の場とするには様々な困難がつきまとう．例えば，家族とともに過ごした持ち家の構造や大きさは，身体・精神的に虚弱化した高齢者の生活には適していないことが多い．とりわけ，高齢夫婦のみ世帯や高齢単身世帯では，高齢者自身が身体・精神的に虚弱になるにつれ，独力での日常生活の維持が不安となる．また，現役世代とは異なり，高齢者が独力で経済水準を上げ，居住環境を向上させることはあまり期待できない．高齢者が安定した居住環境をひとたび失うとそれを回復することは難しいことから，安定した居住環境を維持・確保するために，高齢期にどこで，どのように住まうかが，多くの高齢者が直面する現実問題である．現実的な選択肢としては，住み慣れたわが家に「住み続ける」という選択肢と，高齢者の虚弱化のニーズに適応した高齢者向けの住まいに「住み替える」という選択肢があり得る．以下では，これら 2 つの選択をめぐる実際の問題状況と法的問題を概観し，高齢者と住まいについて俯瞰的な把握を行うことで，高齢者に向けた住まいに関する一貫した法政策が十分ではないことを確認したい．

2 「住み続ける」選択をめぐる問題

(1)「住み続ける」ための費用

　高齢者が住み慣れたわが家に住み続ける場合，修繕費用や各種保険の費用，固定資産税等，わが家を維持するための費用負担はこれまで通り必要となる．しかし，収入の多くを公的年金に依存している高齢者には，これらの負担は決して軽いものではない．特に，年金生活を送っている高齢者が固定資産税を支払うことが困難となり，現役時代に苦労を重ねてようやく手に入れた住み慣れたわが家を手放さざるを得ない状況も想定されうる．実際，厚生労働省「国民生活基礎調査」によれば，高齢者の持ち家率が高いことと相まって，固定資産税の納税者の高齢化が進んでいる[19]．このため，キャッシュフローの限られた高齢者が現在居住している住まいに住み続けられるかは，今後も固定資産税を払い続けられるかどうかに左右される．この点，地方税法では，市町村長は，地方税法に定める一定の条件に該当する者を，市町村の条例の定めるところにより，固定資産税を減免することができるとしている（地税367条）．所得が少ないなど一定の条件に該当する高齢者を減免の対象にしている自治体もあるが，具体的な基準は各市町村の条例により異なるため，高齢者の固定資産税の減免は一様ではない．

　また，住み慣れたわが家が賃貸住宅である場合，「住み続ける」ためには家賃の支払いが現実的な問題となりうる．仮に，高齢になっても賃貸住宅に住み続ける人の割合が今後上昇するとすれば，後述のように，低年金収入で賃貸住宅に住み続ける人の基礎的な保障としての家賃補助制度の整備も必要となろう．

(2)「住み続ける」ための住宅改修

　近年の住まいには「長く住み続けられること」が求められるようになり，現在の住宅市場では，バリアフリーやユニバーサルデザインに対応した住宅

---

19) 高齢者世帯の固定資産税の負担の現状分析については，前田高志「高齢者世帯の固定資産税負担：現状と課題」産研論集（関西学院大学）43号（2016年）95頁以下がある．

第 2 節　高齢者と住まいに関する法的問題

が一般的になった．これに対し，愛着のあるわが家であっても，築年数を重ねた高齢者の自宅はバリアフリーに対応していないことが多く，年齢や体調により所々に使いづらさが出てくるようになる．そこで，住み慣れたわが家に，快適・安全にできるだけ長く住み続けるための住宅改修が必要となる．

住宅改修の費用は基本的には自己負担であるが，住宅手すりの取付けや段差の解消等一定の範囲[20]の住宅改修については，介護保険の保険給付として居宅介護住宅改修費が支給される．現に当該住宅改修に要した費用の額の原則 9 割[21]（上限 20 万円）が居宅介護住宅改修費として支給され，これを超えた分は全額自己負担となる．自治体によっては介護保険とは別に独自の住宅改修補助制度を設けているところもある．

介護保険による居宅介護住宅改修費の支払いは償還払い（被保険者による立替払い）を基本としている．このため，制度創設当初は，被保険者が工事費用を全額支払い，被保険者が市町村に居宅介護住宅改修費の支払いの申請をした段階で，介護保険の対象とならない工事をしたことに気づくケースが多くみられ，工事費用をめぐる消費者トラブルが相次いだ．そこで，2006 年からは申請の方法を改め，被保険者は住宅改修前に事前申請を行い，市町村から「利用者保護」の観点から住宅改修が適当かどうかの確認を受けたうえで工事に着手し，住宅改修工事完了後，工事内訳書や領収証を添付のうえ事後申請を行う 2 段階の方式を採用している[22]．さらに 2018 年からは，事前申請の際に，居宅介護サービス計画等を作成する介護支援専門員と地域包括支援センターの担当職員は，複数の住宅改修の事業者から見積もりを取るよう，利用者に対して説明することが必要となった[23]．

---

20) 住宅手すりの取付け，段差の解消，滑りの防止及び移動の円滑化等のための床又は通路面の材料の変更，引き戸等への扉の取替え，洋式便器等への便器の取替え，その他これら住宅改修に付帯して必要となる住宅改修などが対象となる．被保険者の資産形成につながらないよう，また住宅改修について制約を受ける賃貸住宅等に居住する高齢者との均衡も考慮して，比較的小規模な改修に限定されている．
21) 一定所得額以上の人は 8 割または 7 割となる（介護 49 条の 2，59 条の 2）．
22) 住宅改修費は，利用者の同意に基づき，保険者である市町村から登録を受けた受領委任払取扱事業所に直接支払うことができる．介護予防住宅改修費の支給申請を行った被保険者に対する支給決定取消処分について，支給決定に係る住宅改修を行った施工事業者には同処分の取消しを求める原告適格はない（大阪地判平 26・3・14 判自 394 号 81 頁）．

また，住宅改修工事には，建築的な視点のみならず，福祉・保健の専門的な視点が重要となる．そこで，いくつかの自治体では，住宅改修アドバイザー（建築士，理学療法士，作業療法士）による改修内容の相談体制を整えている．

(3)「住み続ける」ための生活支援

年齢や体調の変化により，いままでできていた毎日の家事を負担に感じることが高齢者にはこれまで以上に多くなる．高齢者は，少しでも手を貸してもらうことにより，住み慣れたわが家で安心して日常生活を送ることができるようになることから，日常生活を支援するサービスが住み慣れた地域に整っていることが大切である．介護保険制度では，介護予防・日常生活支援総合事業の事業対象者として判定された人には，訪問介護サービスや通所介護サービスのほか，栄養改善を目的とした配食や住民ボランティア等が行う見守りなどの生活支援サービスを提供している．この事業では，多様なサービスの担い手として，老人クラブや自治会，ボランティア等の住民主体の支援活動を位置づけているが，高齢化が進む地域では，地域活動の担い手が高齢化し，不足する状態が続いていることから，生活支援サービスのあり方も全国一様ではない．

(4)「住み続ける」ための不良な生活環境の解消

居住者が物品を堆積させて近隣とトラブルになる，いわゆる「ごみ屋敷」問題が顕在化している．自宅が「ごみ屋敷」化している人の多くは，ひとり暮らしの高齢者であるケースが多いことが指摘されている[24]．

行政の「ごみ屋敷」への従来の対応は，法的根拠がないこと，財産権への配慮等を理由に，近隣住民からの苦情が寄せられた段階で「ごみ屋敷」の居住者にごみの処分を依頼する程度にとどまっていた．最近では，ごみのため込みとそれによる生活環境の悪化を「セルフ・ネグレクト」の1つとして捉

---

23)「居宅介護住宅改修費及び介護予防住宅改修費の支給について」（平成12年3月8日老企発第42号厚生省老人保健福祉局企画課長通知（最新改正：平成30年7月13日））．
24) 毎日新聞2016年10月23日東京朝刊1面．

え，条例を整備して「ごみ屋敷」対策に乗り出す自治体がみられる[25]．例えば，東京都足立区では，2012年に「ごみ屋敷」の解決に向けて「足立区生活環境の保全に関する条例」を独自に整備している．同条例は，適正に管理されていない土地や建物等の所有者等への調査や勧告，命令，代執行について規定するほか，所有者等が自ら不良な状態を解消することが困難である場合には，単にごみを片付けるだけではなく，その背景や原因なども踏まえ，医療・福祉，介護，生活支援などの部署と連携しながら行う「支援」について規定をしているのが特徴である．当事者及び地域住民等からの相談を端緒に，行政がセルフ・ネグレクトへの介入を通じて不良な生活環境の解消に向けた「支援」のために関与する同種の条例は大阪市，京都市，横浜市等にみられ，全国に広がっている．

(5)「住み続ける」ための居住権

一方の配偶者が亡くなった場合，残された配偶者が住み慣れたわが家に住み続けたいと願っていても，遺産分割の際には，それが叶わないことが少なくなかった．2018年の民法改正では，残された配偶者が，相続開始時に亡くなった配偶者の所有する家に居住していた場合，残された配偶者がその家を引き続き無償で使用して住むことができる「配偶者居住権」を創設し，残された配偶者の居住権保護を図っている（施行日は公布日から2年以内）．

3 「住み替える」選択をめぐる問題

(1) 住み替え先の選定

高齢者の住まいの種類は多岐にわたり，その内容も複雑であるため，どこがいまの自分に適した住まいかを把握することが難しく，また，その選択にも様々な困難がつきまとう．住み替え先の選定にあたり，賃貸住宅市場の中では，高齢者は住宅弱者となり得る．

まず，高齢者が民間賃貸住宅を借りようとしても，収入が著しく少ない，

---

25) 岸恵美子編『セルフ・ネグレクトの人への支援』（中央法規出版，2015年）40頁以下参照．

第 3 章　高齢者の住まい

十分な貯蓄がない，頼れる人が少なく連帯保証人が見つからない等を理由に高齢者への貸し渋りが生じていた．こうした事態を改善するために，住宅政策では，高齢者が円滑に入居し安心できる賃貸住宅市場の整備を目的とした「高齢者の居住の安定確保に関する法律」（高齢者住まい法）を 2001 年より施行し，高齢者を賃借人とする高齢者専用賃貸住宅[26]や，後述する終身建物賃貸借制度を整えてきた．また，「住宅確保要配慮者に対する賃貸住宅の供給の促進に関する法律」（住宅セーフティネット法）を 2007 年より施行し，高齢者のみならず，障害者や子育て世帯，低所得者を，賃貸住宅市場で住宅の確保に困難を抱えている人（住宅確保要配慮者）と位置づけ，住宅確保要配慮者に対する賃貸住宅の供給の促進，生活の安定向上と社会福祉の増進を図ってきた．こうした住宅確保要配慮者への住宅供給については，これまでは公営住宅の役割が大きかったが，市場機能やストック重視の近年の住宅政策の中ではその役割は停滞しつつある．

一方，民間賃貸住宅を活用した住宅セーフティネット機能の強化を図るべく，2011 年には高齢者住まい法を改正し，高齢者専用賃貸住宅を一体化し，サービス付高齢者向け住宅の登録制度を開始したが，依然として高齢者への貸し渋り問題は抜本的には改善されなかった[27]．そこでさらに，住宅セーフティネット法を 2017 年に改正し，空き家や民間賃貸住宅等を住宅確保要配慮者の入居を拒まない賃貸住宅として賃貸人が都道府県等に登録する制度を新たに創設するとともに，登録住宅の入居者への家賃債務保証や円滑な入居に係る情報提供・相談，見守り等の住宅確保要配慮者への生活支援等を行う NPO 法人や社会福祉法人，一般企業等を居住支援法人として都道府県が

---

26)　当初の高齢者向け賃貸住宅には，高齢者円滑入居賃貸住宅（高円賃），高齢者向け優良賃貸住宅（高優賃），高齢者専用賃貸住宅があったが，2011 年の高齢者住まい法改正により，これらの住宅は整理され，サービス付き高齢者向け住宅（サ高住）が創設されている．

27)　2015 年 12 月に公益財団法人日本賃貸住宅管理協会が管理会社に対して行ったアンケート調査によると，単身の高齢者の入居を拒否している賃貸人の割合は 8.7％，高齢者のみの世帯の入居を拒否している賃貸人の割合は 4.7％であり，高齢者世帯の入居に拒否感がある賃貸人の割合は 70.2％であった．なお，入居者を拒否している主な理由としては，家賃の支払いに対する不安 61.5％，居室内での死亡事故等に対する不安 56.9％，他の入居者・近隣住民との協調性に対する不安 56.9％となっている（国土交通省・安心居住政策研究会「多様な世帯が安心して暮らせる住まいの確保に向けた当面の取組みについて」(2016 年 4 月公表))．

第 2 節　高齢者と住まいに関する法的問題

指定する仕組みを導入している．

　また，高齢者の住み替え先の選定にあたり，その選択肢は経済的な負担能力により異なり，必ずしも賃貸住宅市場を通じて適切な住まいを選択できるとは限らない．例えば，生活困窮状態の高齢者の中には，空き家やアパートなどの部屋を借り上げた劣悪・狭隘な住居で食事等のサービスを低額料金で提供し，系列の訪問介護サービスのみを利用させる，いわゆる無届け介護施設[28]への入居を余儀なくされる場合がある．また，自宅での生活が困難となっている所得の低い高齢者の場合，低額な費用負担で入所可能な特別養護老人ホームへの住み替えが 1 つの選択肢として想定されるが，特別養護老人ホームでは中重度者受入れの重点化を図っていることや，土地代や人材確保の難しさから施設整備が停滞していること等から，現実的な住み替え先としては困難なことが多い．そこで，サービス付き高齢者向け住宅等の高齢者向け住宅の役割に期待は高まるが，特別養護老人ホームと比較すると入居費用は高額であり，低所得高齢者層を中心に経済的理由により住み替えができないことが起こりうる．住み替え先の選定をめぐっては，後述のような住み替え後の費用の問題も考慮する必要がある．

(2) 住み替え時の契約

　多種多様な高齢者の住まいの中から住み替え先として住まいを選定する際，1 つの課題となるのが，居住権のあり方である．高齢者の住まいに関する居住の権利形態に着目すると，①利用権方式と②賃貸借方式に大別できる．

　①は有料老人ホーム等に多くみられ，入居者がホームに居住し，介護サービスや共有施設を利用する権利（利用権）を取得する形態である．利用権はホーム内全体を利用する権利として捉えられ，ある特定の個室を利用し続け

---

[28]　一般に，老人福祉法 29 条に基づき届出を義務付けられている有料老人ホームに該当しながら，届出が行われていない施設をいう．届出を行わず行政の監督下にない無届け介護施設では，入居者が劣悪な環境におかれるケースや防火設備が不十分であるケースが問題となっている．厚生労働省の調査によると，届出された有料老人ホーム数は 12,608 施設であるのに対し，未届の有料老人ホーム数（調査時点では有料老人ホームに該当するか判断できる段階に至っていない施設を含む）は 1,046 件である（厚生労働省「平成 29 年度有料老人ホームを対象とした指導状況等のフォローアップ調査（第 9 回）」（平成 30 年 3 月 30 日公表））．

られるかは事業者との契約内容によることになる．一般的には，入居者は利用権を取得するために入居一時金と月額利用料を支払うことが多い．この入居一時金については，解約・退去時の返還トラブルが多いことから，2011年の老人福祉法の改正により，有料老人ホームの設置者は家賃等の利用対価以外の金品の受領が禁止され，施設の改修費用や維持費用等の利用対価以外の性質を有する一時金の受領は認められていない（老人福祉法29条6項）．

②は契約締結を通じて入居者が建物を借りる権利を取得する形態である．借地借家法により借主である入居者の権利が強化され，一度賃借すればよほどの事情がない限り，建物に住み続けることができ，貸主から居室の変更を求めることができないとされる．高齢者住まい法に基づく特別な賃貸借として，終身建物賃貸借制度がある（高齢者住まい法52条）．これは，都道府県知事の認可を受けた事業者が提供するバリアフリー化された賃貸住宅で，高齢者が死亡するまで終身にわたり居住することができ，死亡時に契約が終了する賃貸借契約を結ぶことができる制度である．これまで同制度により認可された戸数は限られており，認可された住宅の多くがサービス付き高齢者向け住宅であることから[29]，一般の賃貸住宅を含めた物件数の拡大が今後の課題である．

高齢者の住まいでは，居室の確保とともに，生活支援や介護等のサービスの確保も必要となる．それゆえ，住まいを提供する事業者と入居者との間で，高齢者を入居させる入居サービスと，高齢者に対する生活支援や介護サービスがどのような関係にあるのかが重要となる[30]．また，高齢者の住まいの

---

29) 日本経済新聞2018年7月30日朝刊30面．
30) これら2つの要素の関係は，住まいを提供する事業者の責任範囲が問われる事例で問題となる．高齢者専用賃貸住宅（介護保険法上の特定施設）を経営する株式会社と特定施設入居者生活介護等の介護サービス契約を締結していた入居者が同施設入居中に脳出血を発症し，左半身麻痺等の後遺障害が残ったことに関する施設経営者への損害賠償請求の事案（福岡高判平28・11・24判例集未登載（LEX/DB 25544934）），高齢者向け優良賃貸住宅の賃貸借契約に付随して緊急対応サービス契約を締結した入居者の死亡に関する住宅管理者への損害賠償請求の事案（大阪高判平20・7・9判時2025号27頁），賃貸住宅を運営しそこで訪問介護サービスを提供している業者と生活保護を受給していた高齢者との間で，賃貸住宅と訪問介護サービスにかかる契約が結ばれていたところ，高齢者が食事中の誤嚥により死亡した事故に関する損害賠償請求の事案（大阪地判平27・9・17判時2293号95頁）などがある．

第 2 節　高齢者と住まいに関する法的問題

契約時には，入居者が高齢であること，生活支援や介護等のサービス契約が付随することがあることから，契約内容について，入居者に対してわかりやすく丁寧な説明が求められる．高齢者の住まいの契約に際し，介護保険施設や有料老人ホーム，サービス付き高齢者向け住宅のいずれの住まいにおいても，各関係法令に基づき[31]，入居契約時に契約内容を記載した書面を交付して説明がなされる．重要事項説明書を用いる説明は，知識の少ない入居者がよく分からないうちに契約を結ぶことを避けるための1つの有効な方法であるが，必ずしも十分に活用されていないケースがみられる[32]．

(3) 住み替え後の費用

住み替えにあたり家賃相当分の居住費は高齢者の生活の基盤を確保するためのものとして不可欠な支出である．介護保険施設に住み替えた場合，サービス費用の1割（原則）のほかに食費と居住費等が利用者負担となる．食費と居住費の額は施設と利用者との契約で決まるが，所得の低い入居者[33]については，その申請に基づき，所得に応じた自己負担限度額を設定し，基準費用額との差額を特定入所者介護サービス費（補足給付）として施設に給付することで，負担を軽減している．これに対し，高齢者向け住宅の居住費の負担軽減策は，現在のところ公的な仕組みとして全国レベルでは整えられていない．

日本では，家賃補助に関する体系的な制度は整備されていないが，例えば生活保護法に基づく住宅扶助[34]や生活困窮者自立支援法に基づく住居確保

---

31) 指定介護老人福祉施設の人員，設備及び運営に関する基準4条，介護老人保健施設の人員，施設及び設備並びに運営に関する基準5条，指定介護療養型医療施設の人員，設備及び運営に関する基準6条，高齢者住まい法17条．
32) 財団法人高齢者住宅財団『サービス付き高齢者向け住宅等の実態に関する調査研究』（2013年3月）によると，契約書の他に重要事項説明書等の契約の補助的な書類の作成に関しては，回答のあった有料老人ホーム及びサービス付き高齢者向け住宅のうち，21.4%で「作成していない」と回答している．
33) 被保険者の属する世帯全員が住民税非課税であるほか，配偶者の所得，預貯金等，非課税年金が勘案される．
34) 生活保護行政では，生活保護受給者が賃貸人に支払うべき家賃等を，保護の実施機関が賃貸人に直接支払う代理納付（生活保護法37条の2）を推進している．

給付金のように，個別法の給付の種類の中に関連給付を見つけることができる．もっとも，住宅扶助は最低生活保障としての公的扶助給付であり，また，住居確保給付金は離職者等を対象とした就労支援のための有期の給付であり，いずれも限定的な給付である．特に，住居確保給付金の対象は離職者のみであり，65歳以上の高齢者は対象にはならない．また，自治体レベルでは，サービス付き高齢者向け住宅に入居する高齢者世帯に対して家賃の一部を住宅事業者に補助する事業を独自に行っている自治体はあるが，限定的である[35]．これらに対し，諸外国では，低所得者を対象としながらも，必ずしも公的扶助給付に限定しない，より広範に対象者を設定する公的な家賃補助制度を有する国がみられる[36]．今日の住宅政策において，公営住宅の直接供給が縮小し，空き家や民間賃貸住宅の活用が求められる中，公的扶助受給者のための住宅扶助という最後のセーフティネットとともに，公的扶助受給者以外の低所得者層のための住宅手当という重畳的な住宅セーフティネットの整備が求められる[37]．

(4) 住み替え後の住まい

総務省統計局「住宅・土地統計調査」(2013年) によると，全国の住宅数に対する空き家率は年々高まっており，特に一戸建ての空き家数の増加が目立つ．一戸建ての持ち家の住人が死亡した場合や，高齢者がパートナーの死別等により単身となり，子ども等の住む地域や高齢者施設等に転居した場合には，これまでの家は空き家となる可能性がある．一戸建てを受け継いだと

---

[35] 大阪府では，「大阪府サービス付き高齢者向け住宅制度要綱」に基づき「大阪府サービス付き高齢者向け住宅家賃減額補助事業」が行われている．

[36] 齋藤純子「公的家賃補助としての住宅手当と住宅扶助」レファレンス755号 (2013年) 3頁以下参照．

[37] 住宅手当への整備の必要性については，菊池馨実「人間らしく「住まう」ためのセーフティネットに関する法的考察——住居の保障と社会保障法」社会福祉研究110号 (2011年) 18頁以下，山田晋「住宅保障と社会保障」(日本社会保障法学会編『新・講座 社会保障法3 ナショナルミニマムの再構築』(法律文化社，2012年) 所収) 301, 310頁，白川泰之「地域包括ケアの前提となる住宅確保にかかる政策的課題」(国立社会保障・人口問題研究所編『地域包括ケアシステム』(慶応義塾大学出版会，2013年) 所収) 118頁以下等，すでに多くの論者が指摘するところである．

第 2 節　高齢者と住まいに関する法的問題

しても，居住用の家屋が建設されている土地の固定資産税が軽減されていること，空き家の除去費や管理費用が高いこと，接道不良などにより立て替えが難しい等の理由[38]により，管理が不十分な空き家が発生することになる．特に適切な管理がなされていない空き家は，安全性・防犯性の低下，ごみの不法投棄等による衛生環境の悪化，景観の阻害等，様々な側面で地域の良好な生活環境を脅かす要因となっている．こうした空き家への対応が自治体では問題となり，各自治体で条例を制定してこれに対処する動きが見られたが，その運用には課題があった．こうした中，「空家等対策の推進に関する特別措置法」（空き家特措法）が 2014 年に成立した．これにより，所有者の調査に固定資産税情報の利用が可能となり，市町村長の助言・指導，勧告，命令により，そのまま放置すれば倒壊等著しく保安上危険となるおそれのある状態または著しく衛生上有害となるおそれのある状態にある特定空家等[39]の除去を求めることができるようになった．

　空き家それ自体は，市場規模に応じて撤去され，あるいは適正に管理・利活用されている限り，社会的な問題にはならない．各地にみられる「空き家バンク」の取組みや，先述の住宅セーフティネット法による空き家等を活用した住宅確保要配慮者に対する賃貸住宅の登録制度等は，空き家を空き家のままにせず，有効に利活用する 1 つのあり方であろう．

---

[38]　森本信明「空き家問題と「空き家特措法」」都市政策 164 号（2016 年）7-9 頁参照．
[39]　空き家特措法では，「そのまま放置すれば倒壊等著しく保安上危険となるおそれのある状態又は著しく衛生上有害となるおそれのある状態，適切な管理が行われていないことにより著しく景観を損なっている状態その他周辺の生活環境の保全を図るために放置することが不適切である状態にあると認められる空家等」を「特定空家等」と定義している（同法 2 条 2 項）．

第4章
高齢者と経済的基盤

中嶋邦夫　中田裕子　関ふ佐子

第1節　高齢者の経済的基盤――主要なもの

1　経済的基盤の概要

　高齢者の主な経済的基盤は公的年金だが，すべての高齢者が公的年金だけで生活費を賄っているわけではない．例えば，厚生労働省「2017年 国民生活基礎調査」によれば，公的年金・恩給（以下では単に公的年金という）を受給している高齢者世帯[1]のうち公的年金が年収の100％を占める世帯の割合は，年収100万円未満の世帯では79％だが，年収が高くなるほど割合が低下し，高齢者世帯全体では52％である．

　収入の内訳を見ると，高齢者世帯の平均年収319万円のうち，公的年金が66％（211万円）を占めるが，それ以外に稼働所得（給与や事業所得）が22％（71万円），財産所得（利子や配当，不動産の賃貸収入）が5％（17万円），企業年金・個人年金が5％（14万円）となっている．ただし，これらの金額は，あくまで高齢者世帯全体の平均（各所得がない世帯も含めた平均）である．各所得がある世帯だけの平均を見ると，公的年金が218万円，稼働所得が266万円，財産所得が200万円，企業年金・個人年金が78万円，公的年金以外の

---

[1] 同調査の高齢者世帯は，65歳以上の者のみで構成するか，またはこれに18歳未満の未婚の者が加わった世帯を指す．

社会保障給付金(生活保護など)が73万円,となっている.

これらに加えて,金融資産の取り崩しも重要な経済的基盤となっている.総務省統計局「2014年 全国消費実態調査」で高齢者世帯[2]の収支を見ると,平均で月2.4万円(単純に12倍すると年29万円)の赤字となっており,この一部を預貯金の引出し1.3万円(単純に12倍すると年15万円)で補う構造になっている.

以下,本節では,公的年金,私的年金である企業年金と個人年金,保有する金融資産の概要を説明する.

2　公的年金

公的年金は,基礎年金と厚生年金の2階建て構造が基本である.しかし,その金額については,実質的な削減が始まっている.

公的年金の給付は,給付事由と制度の2つで区分される.公的年金は稼得能力の喪失を補うものであり,給付事由は3つある.老齢給付(老齢年金)は,加入者が一定の年齢(老齢)に到達したことを理由に加入者へ給付される.障害給付(障害年金)は,加入者が一定の障害を負ったことを理由に加入者へ給付される.遺族給付(遺族年金)は,加入者や受給者が死亡したことを理由に,加入者や受給者に扶養されていた遺族へ給付される.

制度は2種類ある.基礎年金は国民年金制度に基づく給付であり,国民年金制度には原則として20歳以上60歳未満の居住者全員と65歳未満の厚生年金加入者が加入する.厚生年金は厚生年金制度に基づく給付であり,厚生年金制度には70歳未満の一定の要件を満たす被用者が加入する[3].つまり,原則として65歳未満の厚生年金加入者は,国民年金制度と厚生年金制度の両方に加入して,基礎年金と厚生年金を受給する[4].厚生年金加入者以外の国民年金加入者は,国民年金制度のみに加入して,基礎年金を受給する.高

---

[2] ここでは,同調査の世帯類型のうち,公的年金を受給している65歳以上の夫婦のみの無職世帯を高齢者世帯とした.

[3] 2015年9月までは,国家公務員と地方公務員,私学教職員の各職域の公的年金として共済年金が存在したが,2015年10月に被用者年金が一元化され,これらの共済年金は厚生年金に統合された.

第 1 節　高齢者の経済的基盤

齢者の経済基盤の中心となるのは老齢給付（老齢基礎年金と老齢厚生年金）であり，受給者の死亡に伴う遺族給付（特に遺族厚生年金）も補足的な役割を担う．

　老齢基礎年金は，老後生活の基礎的な部分をカバーするために導入された．その金額は，保険料を納めた月数が480ヵ月あれば所定の満額（2019年度は年間約78万円）だが，それに満たない場合は，480ヵ月のうち何ヵ月分の保険料を納めたかに比例した金額となる[5]．ただし，国民年金保険料を納めた月数と国民年金保険料を免除された月数及び合算対象期間[6]の合計が10年未満の場合は，老齢基礎年金の受給資格がない[7]．

　老齢厚生年金は，現役時代の給与の一定割合をカバーするための給付（従前所得保障）である．その金額は，厚生年金に加入した月数と加入中の給与の平均額に比例して計算される[8]．ただし，老齢基礎年金の受給資格を満たさない場合は，老齢厚生年金も受給できない．

　年金額の計算方法は上記のとおりだが，自分の加入履歴や年金額の見込みを把握するのは難しい．そこで，それらを記載した「ねんきん定期便」が，日本年金機構から各加入者へ毎年の誕生月に送付されている．なお，老齢基礎年金と老齢厚生年金は所得税や住民税の課税対象となるが，公的年金等控除が設けられており一定の税制優遇がある[9]．

---

[4]　一般に日本の公的年金制度が2階建てと言われるのは，ここで説明したように，全加入者に共通する基礎年金（いわゆる1階部分）に，被用者のみの厚生年金（いわゆる2階部分）が上乗せされる構造になっているためである．

[5]　20歳から60歳到達まで保険料を納め続ければ480ヵ月となる．国民年金保険料の免除を受けた月は，免除の程度に応じた係数（全額免除は2分の1〜25％免除は8分の7）を掛けた上で，国民年金保険料を納めた月数に算入される（免除の程度は所得の多寡で決まる）．厚生年金に加入した期間は，20歳以上60歳未満の期間のみが，国民年金保険料を納めた月数に算入される．65歳未満の厚生年金加入者に扶養されている20歳以上60歳未満の配偶者（国民年金の第3号被保険者）の期間は，国民年金保険料を直接は負担しないが，厚生年金保険料を夫婦で共同して負担したものとみなされ，国民年金保険料を納めた月数に算入される．

[6]　厚生年金の加入期間のうち20歳未満と60歳以上の期間や，基礎年金導入以前に国民年金の任意加入の対象となっていたが任意加入しなかった期間など．

[7]　ここで述べた国民年金保険料を納めた月数等の要件（10年以上）は，2016年11月に成立した制度改正（2017年8月施行）に基づく．改正前は25年以上が要件だった．

[8]　2019年度は，平均的な男性の給与（年収約510万円）で40年間加入すると，年間約110万円になる．

[9]　公的年金等控除の最低額は，2019年現在，65歳未満は合計70万円，65歳以上は合計120万円．

第4章　高齢者と経済的基盤

　老齢基礎年金と老齢厚生年金は，原則として65歳から受給する．ただし老齢厚生年金の支給開始年齢は，現在60歳から65歳へ移行中であるため，生年月日等によって異なる．支給開始年齢とは異なる時期に，年金を受給し始めることもできる．支給開始年齢よりも早く（最も早くて60歳）から受給し始めることを「繰り上げ受給」といい，支給開始年齢よりも遅く（最も遅くて70歳）から受給し始めることを「繰り下げ受給」という[10]．繰り上げ受給の場合は年金額が少なくなり，繰り下げ受給の場合は年金額が多くなる．

　在職老齢年金は，在職中にも老齢年金を受け取れる仕組みである．そもそも公的年金は稼得能力の喪失を補うものであり，1954年に現在の公的年金制度の原型が出来た際，老齢厚生年金の支給要件は一定年齢への到達と退職の両方だった．しかし，高齢の就業者は低賃金の場合が多く賃金だけでは生活が困難だったため，1965年に在職老齢年金が創設され，65歳以上の在職者に老齢厚生年金の8割が支給されることになった．以降は，高齢者の就業を阻害しない観点と現役世代の保険料負担を配慮する観点の両面のバランスをとりつつ，何度も改正されてきた．

　現在は，老齢厚生年金の支給要件から退職が除かれ，一定年齢へ到達すれば年金を受給できるのが原則になっている．ただし，一定以上の収入を得て働いている場合には年金額の一部もしくは全部が支給停止（すなわち減額）される仕組み（在職支給停止）になっている．例えば65歳以上の高齢者の場合，賃金（ボーナスを含んだ年間給与の12分の1）と年金月額（基礎年金は含まず厚生年金のみ）の合計が46万円を超える場合に，賃金の増加2に対して年金額が1だけ支給停止される．

　公的年金の年金額は，毎年度，改定されている．現在は年金財政を健全化している最中であるため，年金額の改定率は本則の改定率から年金財政健全化のための調整率を差し引いたものとなっている．

　本則の改定は，社会経済の変化に対応して年金額の実質的な価値を維持するために，財政健全化中か否かにかかわらず常に適用される．新しく受け取

---

[10]　2018年2月に閣議決定された高齢社会対策大綱には，70歳以降も繰り下げ可能にすることなどの検討が盛り込まれた．

第1節　高齢者の経済的基盤

り始める年金額は，常に1人あたり賃金の上昇率に連動して改定される[11]．これは，年金受給者の生活水準の変化を現役世代の生活水準の変化に合わせるためである．また，受け取り始めた後の年金額は，賃金上昇率と物価上昇率の低い方に連動して改定される．

年金財政健全化のための給付調整は，マクロ経済スライドとも呼ばれる．年金財政の健全化にむけては，従来は基本的に将来の保険料の引上げで対応されてきたが，労使双方の反対などをうけて，2017年度以降は保険料を実質的に引き上げないこと[12]が2004年の制度改正で決まった．そこで，保険料の引き上げに替わる対応策として，この給付調整が導入された．これらの改正で，将来世代の負担が予定より抑えられ，当面の高齢者は給付調整により痛みを分かち合う形になり，公的年金における世代間の公平性が改善された．

この調整によって年金財政のバランスは改善に向かうが，その一方で年金額の実質的な価値は目減りしていく．調整率は公的年金加入者の実績によって毎年度変動するが，おおむね1〜2％と見込まれている．年金財政が健全化するまでに年金額の実質的な価値がどの程度目減りするかは，今後の経済や人口の動向によって変化する．厚生労働省が2014年に公表した将来見通しでは，標準的な人口の見通しのケースで，基礎年金で29〜50％程度，厚生年金で2〜36％程度，実質的な給付水準（所得代替率）が2014年度と比べて目減りすると見込まれている．目減りの度合いは厚生年金より基礎年金で大きいため，現役時代の給与が低いほど，年金額全体の目減りが大きくなる．

遺族年金は，公的年金の加入者や受給者が死亡したことを理由に，加入者や受給者に扶養されていた遺族に給付される年金である．遺族基礎年金は，国民年金の加入者や受給者が死亡したときに，死亡した人に扶養されていた

---

11) 以下ここで述べる本則の改定率は，2016年12月に成立した制度改正に基づく．改正は2021年4月に施行予定であり，それ以前は賃金上昇率が物価上昇率を下回る場合に特例的な改定率が設定される．この特例的な改定率は，当面の年金受給者には恩恵があるが，年金財政の悪化要因となり将来の受給者に悪影響を与える可能性があるため，見直された．

12) 国民年金においては，2004年度の価格で月額16,900円に固定されるが，実際の保険料はその後の賃金上昇率に応じて毎年度改定される．厚生年金においては，総報酬に対する保険料率が18.3％に固定されるが，実際の保険料の金額は毎年度の報酬の変動によって変化する．

18歳未満の子がいる場合に支給される．遺族厚生年金は，厚生年金の加入者や受給者が死亡したときに，18歳未満の子の有無にかかわらず，死亡した人に扶養されていた妻や18歳未満の子などに支給される．遺族年金のうち高齢者の経済基盤となるケースが最も多いのは，老齢厚生年金の受給者である夫が死亡したときに遺された妻が受け取る遺族厚生年金である．

遺族厚生年金の金額は，厚生年金の受給者である夫が死亡したときに遺された妻が受け取る場合，(1) 亡くなった夫が受け取っていた老齢厚生年金の金額の4分の3，(2) 亡くなった夫が受け取っていた老齢厚生年金の金額の2分の1と妻自身の老齢厚生年金の金額の2分の1の合計額，のいずれか高い方から妻自身の老齢厚生年金の金額を差し引いた金額である．この差し引いた金額がマイナスとなる場合は，遺族厚生年金は受給せず，妻自身の老齢厚生年金を受給することになる．これらに加えて，妻自身の老齢基礎年金も受給できる．妻が65歳未満の場合は妻自身の老齢基礎年金を受け取れないため，その代替として，一定の要件を満たした場合に中高齢寡婦加算がある．なお，遺族厚生年金は課税対象とならない．

3　企業年金・退職一時金

企業年金とは，労使の合意に基づき，企業が従業員のために設けている私的な年金制度である．費用は企業のみが負担する場合が多いが，従業員が拠出できる場合もある．日本では，企業年金が普及する以前に退職一時金が広く普及していたため，企業年金であっても年金（一定期間にわたる定期的な受給）ではなく一時金での受給を選択できる場合が大半を占め，かつ従業員が一時金を選択する比率も高い．また，大企業では企業年金と退職一時金を併存しているケースや，中小企業では企業年金を実施せずに退職一時金のみのケースも多い．企業年金と退職一時金を総称して退職給付と呼ぶ．

企業年金は，給付建て（確定給付ともいう）と，拠出建て（確定拠出ともいう）に大別される．給付建て型の企業年金とは，企業が従業員に対して年金として給付する水準を約束し，それに必要な財源は企業の責任で準備する仕組みを指す．法律で要件が定められて掛金の損金算入などが認められている

第 1 節　高齢者の経済的基盤

　給付建て型の企業年金には，1966 年に始まった厚生年金基金制度と，2002 年に始まった確定給付企業年金制度がある[13]．厚生年金基金制度は，自社の従業員について公的年金である厚生年金の一部を代行し，それに企業独自の年金を上乗せする仕組みである．2014 年度以降は新設できなくなり，2018 年度末までの時限措置で特例的な解散が認められるなど，大幅に縮小する方向へ向かっている．確定給付企業年金制度は，厚生年金の代行部分がない，純粋な企業の年金制度である．また，税制の優遇はないが，企業が法律に基づかず独自に自由に実施する場合（いわゆる自社年金）もある．

　拠出建て型の企業年金とは，企業が従業員に対して年金のために拠出する水準を約束し，拠出した資金の運用は従業員の責任で行う仕組みを指す．拠出建て型の企業年金には，2001 年に始まった企業型確定拠出年金制度のみがある．拠出額は給与水準等に応じて企業が従業員ごとに設定するが，法律で上限が決まっている．また，上限の範囲内で，従業員による追加拠出（マッチング拠出）や個人型の確定拠出年金制度と組み合わせることも可能になっている．資産運用は，企業が用意した資産運用商品を組み合わせて，従業員が資産運用方法を決める．企業は，従業員に対して投資教育を行う義務を負う．受給額は，拠出額と運用成果，受給方法に応じて決まる．受給方法は，企業が用意した受給方法（一時金や各種の年金）の中から従業員が選択する．

　なお，税務上の扱いは次のとおりである．給付建て型（自社年金を除く）と拠出建て型のいずれにおいても，企業が社外積立のために拠出する掛金は企業において損金算入され，従業員には課税されない．資産運用の利益（運用益）は，厚生年金基金以外の制度では原則として特別法人税の対象となるが，1999 年から課税が凍結されている．受給額は，退職に伴って一時金で受け取った場合は退職所得として課税されるが[14]，退職所得控除や 2 分の 1 分離課税という税制優遇を受けられる．年金で受け取った場合は雑所得として

---

[13]　2013 年度末までは適格退職年金制度が存在した．制度廃止に伴い，確定給付企業年金制度や退職金一時金制度などに移行された．
[14]　確定給付企業年金制度では，課税対象から従業員が拠出した分が除かれる．年金で受け取った場合も同じである．

課税され，公的年金等控除の対象となる．

　企業年金と関連する制度に，中小企業退職金共済（中退共）がある．自社単独では退職金制度を持つことが困難な中小・零細企業を対象に，政府（独立行政法人）が運営している．給付は，企業年金と異なり，従業員本人に対する一時金のみである．

　企業年金は，給付建て型を中心に縮小傾向にある．企業年金を実施する企業の割合は低下傾向にあり，特に中小企業において低下が大きい．また，企業年金だけでなく退職一時金も実施していない企業の割合が上昇傾向にある．一方，拠出建て型の加入者数は増加傾向にある．高齢者の経済的基盤としての企業年金は，従来よりも不安定になりつつある．

4　個人年金

　個人年金とは，金融機関等が運営する制度に個人が掛金を拠出するタイプの年金である．税制の優遇がある制度には，国民年金基金，個人型確定拠出年金，個人年金保険，財形年金（勤労者財産形成促進制度）などがある．

　国民年金基金は，国民年金基金が運営する年金制度に加入する仕組みである．国民年金基金は厚生労働大臣の認可を受けた公的な法人で[15]，加入対象者は自営業者などの国民年金の第1号被保険者である．個人が選択した給付の型と口数に応じて掛金額と受給額が決まる，給付建て型の仕組みである．受給方法は選択した給付の型に応じて決まるが，1口目は必ず終身年金となる点や一時金での受給を選択できない点が特徴である．税制上の取扱いは，掛金にはそもそも拠出上限が設定されており，その上限まで全額が社会保険料控除の対象となり所得控除される．運用益に対する課税はない．退職に伴う年金受給は，雑所得として課税され公的年金等控除の対象となる．

　個人型確定拠出年金は，国民年金基金連合会を通じて金融機関（運営管理機関）が運営する制度に加入する仕組みである．加入対象者は，基本的に60歳未満の公的年金加入者だが，国民年金保険料の免除を受けている場合や企

---

[15]　現在は都道府県別の地域型基金と職種別の職能型基金があるが，3つの職能型基金以外は，2019年4月に単一の基金へ統合される予定である．

第 1 節　高齢者の経済的基盤

業型確定拠出年金に加入している場合などは対象外となる[16]．個人が掛金を拠出し，金融機関が用意した資産運用商品を組み合わせて個人が資産運用方法を決める．受給額は，拠出額と運用成果，受給方法に応じて決まる．受給方法は，金融機関が用意した受給方法（一時金や各種の年金）の中から個人が選択する．税制上の取扱いは，掛金にはそもそも拠出上限が設定されており，その上限まで全額が小規模企業共済等掛金控除の対象となり所得控除される．運用益は特別法人税の対象だが凍結されている．退職に伴う受給額は，一時金で受け取った場合は退職所得として課税され，年金で受け取った場合は雑所得として課税され公的年金等控除の対象となる．

個人年金保険とは，生命保険会社等が販売する個人年金保険に加入する仕組みである．契約内容に応じて，掛金や給付金額，受給方法が決まる．税制上の取扱いは，掛金のうち一定額までは，契約内容に応じて個人年金保険料控除もしくは生命保険料控除という所得控除を受けられる．運用益に対する課税はない．受給時は，拠出額を超えた分に対して，一時金で受け取った場合は一時所得として，年金で受け取った場合は雑所得として課税される．

この他に，財形年金を勤務先の企業が実施している場合には，従業員が一定の金融商品へ定期的に拠出して備えることができる．

このように，個人年金にはいくつかの種類があり，税制優遇が分立している．

5　金融資産

冒頭で述べたとおり，預貯金などの金融資産は高齢者の重要な経済的基盤の1つである．高齢者世帯の平均では月々の収支は赤字であり，これを預貯金の引出しなどで補っている．

高齢者世帯の預貯金は，若い頃からの積立に加え，定年退職に伴う退職一時金も大きな財源になっている．例えば，総務省統計局「2014年　全国消

---

[16]　従来は，国民年金の第1号被保険者（自営業者等）と企業型確定拠出年金に加入していない厚生年金加入者に限定されていたが，2017年からこのように広範な対象者となった．同時に，普及促進のため「iDeCo」（イデコ）という愛称がつけられた．

費実態調査」で2人以上世帯における世帯主の年齢階級別の貯蓄現在高を見ると，50代の勤労者世帯は843万円だったのに対し，60代の非勤労世帯は1460万円となっている．

　高齢者世帯では，現役世代と比べて有価証券の保有率や平均現在高が高いことも特徴である．同調査で2人以上世帯における世帯主の年齢階級別の有価証券保有率と保有世帯における平均現在高を見ると，50代の勤労者世帯は25.7％で647万円だったのに対し，60代の非勤労世帯は33.7％で1118万円となっている．また，2014年に導入された少額投資非課税制度（NISA）の利用状況を見ると，口座数の54％が60歳以上のものとなっている（2018年3月末）．なお，2018年からは，いわゆる積立NISAが開始された．積立NISAでは年間40万円までの投資に対する運用益が最大20年間非課税となる．長期投資が可能なため，老後資金の準備策として現役世代の活用が期待されている．

第2節　リバース・モーゲージ

1　リバース・モーゲージ（reverse mortgage）の意義

　第1節でも指摘されたように，日本の高齢者の公的年金への依存率は高く，公的年金のみを収入とする高齢者は全体の約6割にも及ぶ．しかし，公的年金のみで生活費全般を賄うことは難しいため，不足分を貯蓄の取り崩しによって補填することが必要となる．その一方で，日本の高齢者の持ち家率は高い[17]．現金収入（フロー）が乏しい一方で，持ち家（ストック）を有する状況を，英語で「キャッシュ・プア，ハウス・リッチ」と呼ぶことがあるが，日本の高齢者が置かれた経済状況にもよく当てはまる．

　持ち家などの親の不動産資産は，子ども世代が相続し，代々守るものだという観念も存在する．しかし，少子化や核家族化など社会の変化に伴い，子

---

17)　内閣府『平成28年版高齢社会白書』．

第 2 節　リバース・モーゲージ

ども世代による持ち家の相続は必ずしも期待できなくなっている[18]．相続と同時に売却されるならまだしも，近年問題となっているように，空き家となってしまう場合もある[19]．そのような結果が予想されるのであれば，高齢者が存命中に，持ち家を収入源として有効活用することが考えられる．公的年金に加えた収入確保の自助努力が期待される中で注目されているのが，リバース・モーゲージである[20]．

リバース・モーゲージとは，居住する持ち家を担保にして，金融機関や地方自治体から融資を受け，死亡時に持ち家を売却することで一括返済する仕組みである．通常の住宅抵当（フォーワード・モーゲージ）は，毎月返済が行われることで借入金（債務）が減少する．それに対し，リバース・モーゲージ（逆抵当）では，毎月融資が行われて借入金が増えていく．日本で利用されているリバース・モーゲージは，もともとアメリカにおけるリバース・モーゲージの枠組みを参考にして作られたが，後述のように日本特有の課題もある．

日本では，公的機関によるリバース・モーゲージと，民間企業が提供するリバース・モーゲージが存在する．特に民間のリバース・モーゲージには多種多様な商品があり，その種類も増えてきているが，なかなか利用が進んでいない．その背景には，中古不動産市場が未成熟なことや，持ち家を手放すことに対する心理的・文化的抵抗が存在する可能性も考えられる．しかし，日本のリバース・モーゲージに内在する法的な課題も，利用を阻害する一因となっている．そこで以下では，リバース・モーゲージの枠組みを説明したうえで，法的な視点からいくつかの問題点を指摘する．

---

[18]　中谷庄一『高齢者の生活資金捻出の切り札リバース・モーゲージ――持ち家があなたの老後を幸せにする』（神戸新聞総合出版センター，2017 年）59-62 頁．

[19]　2033 年までに 33％以上が空き家となるという試算もある．野村総合研究所 <https://www.nri.com/jp/news/2015/150622_1.aspx>（2018 年 9 月 30 日アクセス）．

[20]　日本の研究として，倉田剛『持家資産の転換システム――リバースモーゲージ制度の福祉的効用』（法政大学出版局，2007 年）や倉田剛『居住福祉をデザインする――民間制度リバースモーゲージの可能性』（ミネルヴァ書房，2012 年）がある．

第4章　高齢者と経済的基盤

2　リバース・モーゲージの設定方法

　リバース・モーゲージの設定にはいくつかの方法があるが，最も基本的な方法は，次のような契約によって行われるものである．まず高齢者は，金融機関や地方自治体と金銭消費貸借契約を締結する．それと同時に，当該高齢者が有する自宅及びその土地を担保目的物とする第一順位の根抵当権を設定する．その際，所有権移転の仮登記も同時に行われることが多い（あるいは信託を設定し，予め所有権を移転しておくなどの方法もある）．担保目的物となった土地建物は，債務者たる高齢者の死亡時に売却される．その売却益によって，借入金が一括返済される．

3　リバース・モーゲージの種類

　日本のリバース・モーゲージには，大きく分けて，(A) 公的機関が運営するものと，(B) 民間主体が運営するものの2つがある．さらに前者は，(1) 厚生労働省の主導により各都道府県に設置されている社会福祉協議会が運営する長期生活支援資金制度（不動産担保融資制度）と，(2) 自治体が独自に運営するものとに分けられる．自治体が運営するものについては，さらに①直接融資型（武蔵野方式）と②間接融資型（世田谷方式）とに分けられる[21]．

(1) 公的リバース・モーゲージ

　日本におけるリバース・モーゲージの先駆けは，1981年に武蔵野市が導入した制度である[22]．武蔵野市では，老人食事サービスを皮切りに，ケアセンター設立，入浴サービス，ショートステイ等の実施等，高齢者福祉を拡充していた．その一環として，1980年に有料在宅福祉サービスを提供する

---

21)　震災時に地方自治体が期間限定で行う不動産処分型特別融資制度もある．
22)　武蔵野市のリバース・モーゲージ制度は2015年3月に廃止された．民間リバース・モーゲージの発達に加えて，公的機関が持ち家保有者のみ優遇しているという批判が相次いだためと言われている．中田裕子＝松井孝太「持ち家を利用した高齢者の経済的基盤の強化――リバース・モーゲージの法的課題を中心に」『平成29年度杏林大学杏林CCRC研究所紀要』を参照．

武蔵野市福祉公社が設立された．その翌年，武蔵野市福祉資金貸付条例が施行され，リバース・モーゲージを含む福祉資金貸付事業が開始された．

　武蔵野市の事業は，高齢者が武蔵野市とリバース・モーゲージ契約を結び，自治体から直接融資を受けるというものであった．具体的には，高齢者が市と金銭消費貸借契約を結び，同時に市を第一順位とする根抵当権を設定するという方法がとられる．武蔵野市の事業が先鞭をつけたことから，この設定方法は武蔵野方式と呼ばれる．

　それとは異なり，自治体が金融機関（信託銀行等）との間で契約を結び，高齢者への融資自体は金融機関が行うという方法もある．自治体は，高齢者を提携金融機関に斡旋する窓口としての役割を果たすだけでなく，利子の肩代わり等を行う場合もある．このような間接融資の方式は，世田谷方式と呼ばれる．

　ただし，これらの自治体主体のリバース・モーゲージは，2003年に実質的に不動産担保型生活資金融資へ移行したため，現在では自治体によるリバース・モーゲージは少ない．公的なリバース・モーゲージという場合，社会福祉協議会が運営する不動産担保型生活資金融資を指すことが多い．

(2) 民間のリバース・モーゲージ

　民間のリバース・モーゲージは，2018年9月現在，49機関，60商品以上が存在する．その内容は，各金融機関により異なる．さらに，民間のリバース・モーゲージでは，融資契約とは別に，信託を利用するものもある．信託を利用すると，信託契約締結時に所有権自体を信託へ移転することができる．それによって，相続財産から当該不動産を除外できる場合があり，相続紛争の発生を予防するという利点がある．

4　リバース・モーゲージの利用資格等

　対象不動産は，土地・建物が一般的で，集合住宅はごく稀にしか対象にならない[23]．対象者には年齢要件があるが，公的リバース・モーゲージの方が，民間リバース・モーゲージの多くよりも高い年齢の申請者まで対象としてい

る．担保不動産評価額の下限も，民間リバース・モーゲージの方が厳しく設定されている．ただし融資額の使途については，公的リバース・モーゲージの方に，生活費や医療費に限定するなどの制限がある．

5　リバース・モーゲージの課題

　リバース・モーゲージには，いくつかの担保割れリスクが存在する．その中でも，①長生きリスク[24]，②金利変動リスク，③不動産担保価値下落リスクの3つが特に重要である．これらのリスクを誰が引き受けるべきかが問題となるが，日本では現在のところ，いずれのリスクも利用者に転嫁される形となっている．これが，日本におけるリバース・モーゲージの利用促進を阻害する1つの要因となっている．

　日本のリバース・モーゲージのモデルとなったアメリカのリバース・モーゲージでは，以下のように各リスクに対処している．

　①長生きリスクは，契約が標準化され，利用数が十分に多くなることで回避可能である．アメリカでは，非常に巨大なメンバーシップを有する全米退職者協会（American Association of Retired Persons, AARP）が中心となり，リバース・モーゲージの普及が進められた．現在では，Home Equity Conversion Mortgage（以下，HECM）と呼ばれるリバース・モーゲージが全国的に普及しており，多数の利用がある[25]．②金利変動リスクに対しては，証券化による問題解決が図られた．③不動産価額下落リスクについては市場的な解決が困難であったため，公的リバース・モーゲージであるHECMでは，政府がリスクを引き受けている．具体的には，住宅都市開発省（Housing and Urban Development, HUD）の一部局である連邦住宅局（Federal Housing Agency, FHA）が，リバース・

---

23)　集合住宅が対象となる場合も，首都圏都市部の相当額以上の評価額がある場合に限られることが多い．

24)　長生き自体を否定的に捉えているわけではなく，予想以上に長生きすることで貯蓄を使い果たすリスクを一般的に長生きリスク（longevity risk）と呼ぶ．リバース・モーゲージの文脈では，借入額が持ち家の評価額を超えてしまうことを指す．

25)　2009年のリーマン・ショック以降は，HECMの寡占状態になっている．西澤俊雄「各国のリバースモーゲージの歴史と制度的発展」中央大学経済研究所年報第45号（2014年）369-370頁．

モーゲージのための保険を提供したのである.

　日本でも，これらのリスクにどのように対応すべきかが問題となる．①については，アメリカと同様に利用件数を増やす努力が必要となろう．自治体レベルや個々の民間金融機関では標準化が難しい場合，アメリカのように国主導のリバース・モーゲージ拡充が望ましいかもしれない．②については，現在の固定金利型から変動金利型への移行や，証券化による対応が考えられる．最も問題となるのは，③不動産価額下落リスクである．日本と同様にリバース・モーゲージへの政府保証がないイギリスでは，専門の鑑定士による不動産価格査定が年に2回の頻度で行われている[26].

　アメリカの公的リバース・モーゲージであるHECMと比較して整理すると，さらに以下の5点が日本特有の課題として浮かび上がる．

(1) 利用者が限定的であるという問題

　長期生活資金支援制度では，低所得者（住民税非課税）に対する生活資金の補填を目的としているために，制度が利用可能な高齢者は限定されている．また，民間のリバース・モーゲージも，多くの場合に，その対象不動産を相当の評価額を有する土地（及び建物）に限定している．つまり，公的リバース・モーゲージは主に低所得者層を，民間リバース・モーゲージは相当額の資産を有する層を主たる対象としており，中間層向けのリバース・モーゲージがほとんど存在しない．その理由の1つは，日本では建物，特に中古の建物の価値がほとんどないとされているためである．国は，中古建物価値の向上を目指しているが[27]，現時点ではまだ課題は多い．

(2) 終身（年金）制と契約能力の問題

　リバース・モーゲージは，利用者が高齢者に限定されていることから，利

---

26) 篠原二三夫「英国のエクイティリリース及びフランスのヴィアジェ等の現状」『土地総合研究』2016年夏号（2016年）84頁．
27) 国土交通省「既存住宅・リフォーム市場活性化に向けた取組み」<http://www.mlit.go.jp/policy/tyukozyutaku.html>（2018年9月30日アクセス）．

用者の契約能力・判断能力の問題がある[28]．上述の通り，リバース・モーゲージを設定する契約はしばしば複雑であるため，契約に当たっては十分な理解のもとに行う必要がある．アメリカの公的リバース・モーゲージでは，契約前に専門家によるカウンセリングを行う制度がある[29]．

また，日本のリバース・モーゲージの多くは，毎月の融資が実施される年金型であるが，公的年金のように終身ではなく，融資を行う年齢に上限を設けている．死亡時に満期となる生命保険のように，リバース・モーゲージも平均余命に基づいて商品設計を行うことが可能だが，実際には一定年齢（典型的には85歳）を超えると融資が受けられないものも多い．その要因の1つは，融資が信用枠型で行われていることであり，高齢者の契約能力が低下する可能性が障壁となっている．

(3) リコース・ローンの問題

日本のリバース・モーゲージは，多くの場合にリコース・ローン（遡及型融資）であるため，保証人を立てる必要がある[30]．しかし，リバース・モーゲージに限らず，高齢者が保証人を確保することはしばしば困難である．

(4) 生存配偶者に関する規定の欠如

連帯債務者の規定がなく，連帯債務者に配偶者が指定されていない場合，債務者死亡時に債務者の生存配偶者が当該不動産に住み続けられない可能性がある．実はアメリカのHECMでも，この問題が2011年に裁判で争われた．そこで現在では，生存配偶者に関する規定が置かれている[31]．日本のリバ

---

28) 山北英仁「リバースモーゲージの現状と課題」月報司法書士 No. 727（2011年）29-31頁．
29) HUD Exchange "Housing Counselling" <https://www.hudexchange.info/programs/housing-counseling/>（2018年9月30日アクセス）．
30) リコース・ローンとは，担保の目的となっている資産（リバース・モーゲージの場合は高齢者の住宅）を売却しても不足額が生じる場合に，不足額について返済義務が残るタイプのローンである．
31) Consumer Financial Protection Bureau. "Snapshot of reverse mortgage complaints December 2011-2014" <https://assets.documentcloud.org/documents/2756372/201502-Cfpb-Report-Snapshot-Reverse-Mortgage.pdf>（2018年9月30日アクセス）．

ース・モーゲージについても，生存配偶者の取扱いが問題となる．2018年7月に相続法改正法案が可決されたため，配偶者居住権についても今後民法上規定される予定である．しかし，民法改正によって新設される「配偶者居住権」と，リバース・モーゲージ契約における配偶者居住権の関係性については，さらなる議論が必要である．

(5) 推定相続人の同意

リバース・モーゲージを利用していた高齢者が死亡した際に，推定相続人の同意が得られない場合が問題となる．日本の公的リバース・モーゲージでも，推定相続人の同意書を得るよう推奨しているが，実際はあらかじめ同意を得ていない事例も少なくないようである．そのような場合，例えば，高齢者を委託者兼受益者，融資主体を受託者とする信託を設定し，受託者に所有権を移転しておくことが考えられる．利用者（受益者）が死亡した時点で居住不動産を売却処分できるとする信託条項を挿入しておけば，相続人の同意を得ずとも当該不動産を処分できる可能性がある[32]．

第3節　経済的基盤をめぐる法的課題

1　高齢者法の視角

(1) 高齢者像の多様化

人生100年時代を控え，高齢者といわれる65歳以降の人生が長くなり，高齢者像が以前と比べてますます多様化している．そこで，対象とする高齢者を細分化して課題を検討する必要がある．例えば，首相官邸主導の人生100年時代構想会議は，高齢者雇用の推進策等をまとめたが，高齢者によって必要な対策は異なる[33]．高齢者が働き続けたい理由の第一は「収入がほしいから」(49%)であり，公的年金や貯蓄のみでは十分に生活を支えられ

---

32)　山北・前掲（注28）29頁．
33)　人生100年時代構想会議「人づくり改革　基本構想」(2018年6月)．

ない高齢者が多い[34]．とはいえ，これら高齢者の全てが働く場や必要な収入を得られているとはいえない．高齢期の生活は長い人生の延長線にあり，高齢者には，就労を継続する人，年金で生活しながら社会参加する人，生活保護を受給する人といった多様な人たちがいる．支える側，支えられる側，そして時によって双方の立場となる高齢者がおり，高齢者の生活の経済的基盤を支える法制度をめぐる課題は複雑化している[35]．

高齢者像の多様化から，時間軸によっても高齢者が抱える法的課題は異なりうる．就労してきた高齢者の多くは，再雇用等を通じて徐々に仕事から引退していく「引退過程」をへて，最終的には公的年金を中心とした社会保障の対象となりうる[36]．そして，就労からの引退過程にある者の生活は，他の高齢者と異なり，高年齢求職者給付や高年齢雇用継続給付によっても支えられる一方，在職老齢年金制度により年金給付が就労との関係で調整されている．また，徐々に社会貢献に活動の軸足を移していく高齢者もいる．

(2) 経済的基盤と高齢者像

働く高齢者は増加しており，2017年，60歳〜64歳で就業している男性の割合（就業率）は79%（男女計：66%），65歳〜69歳のそれは55%（男女計：44%），70歳〜74歳は34%（男女計：27%），75歳以上は14%（男女計：9%）である．

高齢世代は健康な人も多い一方，60歳を超えると，若・中年世代と比べて医療や介護ニーズ等が高まる．人によって，身体能力，適応能力，認知能力，判断能力等の低下がみられ，支援が必要となる．各種能力の老化は個人差が大きく，引退過程にある世代は，就労する若・中年世代と比べて多層化

---

34) 内閣府「平成27年度 第8回高齢者の生活と意識に関する国際比較調査結果（全体版）」105頁「図表3-5-エ-1「就労の継続を希望する理由」」．
35) 高齢者の経済的基盤について紙幅の関係から本節で取り上げられない点は，全般的に，関ふ佐子「特集・超高齢社会と法：高齢者の雇用・社会参加・所得保障」法の支配189号（2018年）60頁参照．
36) 引退過程にある被用者の所得保障については，関ふ佐子「引退過程世代の特徴と課題」，清水泰幸「引退過程と公的年金」，嶋田佳広「引退過程と雇用保険」，脇野幸太郎「引退過程と生活保護」日本社会保障法学会編『社会保障法』第32号（2017年）185-232頁参照．

第 3 節　経済的基盤をめぐる法的課題

した世代といえる．さらに，家族の介護に直面し，介護離職をする割合が高いといった，この世代ならではの社会的な特徴をもちあわせている．元気な高齢者は増えているものの，法制度の設計にあたっては年齢にもとづくハンディキャップも考慮し，ニーズのある者には安心できる社会保障制度の整備が望まれる．

　経済的基盤との関係では，高齢者が，働く意欲と能力があっても制度上就労が想定されていない主体であるか否かという点を考える必要がある．第一に，雇用保険法上，65 歳以上の高齢者は，就労を前提としていないため，失業状態に陥ると想定されてこなかった．1984 年の雇用保険法の改正で失業等給付を支給する雇用保険の被保険者に年齢要件が規定されたが，2016 年改正まで，65 歳以上の人は保険に新規加入できなかった[37]．さらに，同改正後も高齢者には失業等給付の基本手当が支給されず，高年齢求職者給付が支給されている．基本手当は 90 日から 360 日分の基本手当日額を 28 日分ずつ支給されるのに対して，高年齢求職者給付は 50 日もしくは 30 日分を一時金として一括で支給される，一回に限った給付となっている．

　第二に，生活保護の実務では，65 歳以上の高齢者には，稼働能力の活用が求められていない．なぜ高齢者になると，例えば，生活保護により自身の生活を社会に支えられながら，自身は働かず社会貢献や生きがいにつながる社会参加に時間を割くことが許されるのか．特定の年齢以上になると，働く努力をせずとも生活保護を受給しうるという各自治体での運用の根拠は明確ではない[38]．さらに，働かずともよい年齢があるとしても，何歳から何歳まで就労を求めるのかは厳密に検証されてきたとは言い難い．

　これらの理由の探求には，高齢者と障害者の相違点の分析が鍵となろう．医療・介護ニーズ等は障害者にもあるが，障害者は雇用保険の対象となり，生活保護においても稼働能力の活用が求められる．高齢者はより長い人生を

---

[37]　雇用保険制度と年齢との関係について，歴史的経緯も含めて詳しくは，嶋田・前掲（注 36）参照．

[38]　生活保護において，いつまで稼働能力の活用を求めるのかという点について，行政解釈にも明確な判断基準が示されておらず，あいまいな要素が多い．具体的には，脇野・前掲（注 36）参照．

歩んできた，終末期がより近い存在である．この点が，高齢者と障害者や若・中年者との特徴的な違いである．高齢者の生活を支える社会保障制度が整備されてきた理由の1つは，高齢者が「お疲れさま」と社会に引退を認められた人たちだからではないか．高齢者像を探る高齢者法の視角は，こうした問いの解明に資するものとなろう．

(3) 高齢者法の法理念

　以上の多様な高齢者像を前提に，複雑化した法的課題を整理・検討し，紐解くために有用な法理念が，第1章で検討した「差別禁止の法理」，「特別な保障」や「保護の法理」，「世代間公正」である．例えば，65歳以降も働く意欲と能力のある高齢者が年齢差別を受けた場合の対策としては，差別禁止法制の検討が求められよう．他方で，そうした高齢者の就労を実現するためには，高い音が聞こえづらいといった加齢性難聴や老眼等の身体機能の老化を補う配慮が有益となろう．とはいえ，高齢世代のみに特別な配慮を要請する場合，その費用の担い方，働く場のない若・中年世代との間の世代間公正が問われかねない．この点，自立した強い人間像を前提とする「差別禁止の法理」と各種の保障・配慮・取扱いを必要とする弱い人間像を前提とする「保護の法理」は対立するものではない．そして，差別を生まない高齢者特有の保障，配慮の合理性を検討するうえで，基軸となるのが「世代間公正」の理念であろう．「差別禁止の法理」と「特別な保障」や「保護の法理」とのバランス並びに世代間対立の回避（「世代間公正」）を考察する視角が，高齢者の経済的基盤をめぐる法的課題の検討に資することになる．

　本節では，第一に経済的基盤をめぐる法的課題の理解に資するよう高齢者法の視角を提示した．第二に雇用と社会参加について検討する．各所得保障制度の具体的な内容は本章の第1節と第2節で検討しており，ここでは第三に，高齢者特有の所得保障制度をめぐる法的課題を中心に取り上げる．最後に，人生100年時代の経済的基盤について総括する．

第3節　経済的基盤をめぐる法的課題

2　高齢者の雇用と社会参加

(1) 高齢社会対策の基本理念

　高齢社会対策の基本理念は，1995年に制定された高齢社会対策基本法が定めている．国民が生涯にわたって就業その他の多様な社会的活動に参加する機会が確保されるよう，高齢社会対策が進められている．本法のもと，2007年には高齢・障害・求職者雇用支援機構に「70歳まで働ける企業」推進プロジェクト会議が設置されるなど，生涯現役社会が推進されてきた．

　高齢社会対策の指針は，高齢社会対策大綱が定めている．大綱は2018年2月16日に改定され，「70歳やそれ以降でも，個々人の意欲・能力に応じた力を発揮できる時代が到来しており，「高齢者を支える」発想とともに，意欲ある高齢者の能力発揮を可能にする社会環境を整えることが必要である」点を策定の目的としている（一部抜粋）．若年者の雇用の場を奪わないかたちで高齢者が活躍する場の創出が模索されている．

(2) 経済的基盤の弱体化

　引退過程にある世代は，求職しても職がなく，再就職しても労働条件が以前より低下し，介護離職等で就労を継続できない場合等も増えかねない．高齢者の経済的基盤が脅かされかねない理由として，その就労が十分に想定されてこなかった点が考えられる[39]．働いても生活に必要な収入が得られないと，受給額が減少する公的年金の繰上げ受給や生活保護に頼ることになる．

　第1章でも触れた長澤運輸事件では，定年退職後に継続雇用制度により引き続き同じ仕事についた嘱託社員の総賃金が定年前と比べて20～24％減少した点が争われた．東京高裁は第一審の判決を覆し，賃金の引き下げ自体は不合理といえないと判断し，嘱託社員の請求を棄却した．学説は見解が分かれたところ，最高裁は精勤手当と超勤手当（時間外手当）を除く各賃金項目に係る労働条件の相違は，労働契約法20条にいう不合理と認められるもの

---

[39]　高年齢者雇用をめぐる一連の判例や課題について，より詳しく分析した研究として，柳澤武「人生100年時代の高年齢者雇用」ジュリスト1524号（2018年）90-95頁参照．

第 4 章　高齢者と経済的基盤

に当たらないと判断した．

　最高裁は同日，ハマキョウレックス事件で，定年前の有期契約労働者（契約社員）と無期契約労働者（正社員）の賃金格差についても判断した[40]．無期契約労働者に無事故手当，給食手当，通勤手当，皆勤手当等を支給する一方，有期契約労働者には支給しないという労働条件の相違は，住宅手当を除いて，労働契約法 20 条の「不合理と認められるもの」に当たると判断された．

　従来，男女や雇用形態等の差による賃金格差解消には「同一労働同一賃金」の原則が主張されてきた．しかし，2012 年に労働契約法が改正され，定年前の無期契約労働者と定年後の有期契約労働者の賃金格差についても，年齢や有期・無期による差別についてではなく，同法 20 条に反する不合理な労働条件の相違と認められるか否かが争点となっている．この点，長澤運輸事件では，老齢厚生年金の支給や，同年金の報酬比例部分の支給が開始されるまでの間，嘱託乗務員に支給される 2 万円の調整給の存在等が考慮された．そして，高齢者特有の法制度とは無関係の定年前の世代について争われたハマキョウレックス事件と判断を分けたのである．

　一般的に，再雇用高齢者の賃金減少は，次のような高齢者特有の事情を理由としている．まず，高年齢者雇用安定法が企業に高年齢者雇用確保措置を講じるよう義務付けている．企業は，高齢者を雇用せねばならない．この点，企業は，他世代の雇用や賃金についても考えねばならず，とりわけ年功賃金制を採用する企業では，高齢世代の高い賃金を維持しつつ，他世代の十分な賃金を確保するのが難しい．さらに，一定の要件を満たした高齢者は老齢厚生年金を受給しうるとともに，その支給開始年齢までは，60 歳以降の賃金が 60 歳時点の 75％未満であれば高年齢雇用継続給付を受給しうる．他方で，高齢者は在職老齢年金制度により賃金が増えると年金が減る場合がある．高齢者には就労や社会参加により社会を支える側面と，保障を必要とし社会から支えられる側面があり，双方の側面を加味した高齢者特有の法制度が整備されている．

---

40)　ハマキョウレックス事件・最 2 小判平 30・6・1 民集 72 巻 2 号 88 頁参照．

第 3 節　経済的基盤をめぐる法的課題

　雇用と年金とを接続すべく設けられた高年齢雇用継続給付だが，賃金の低下を前提とした給付の性格等，引退過程にある世代の就労支援策や所得保障策として十分に機能しているのかを検証せねばならない．また，賃金が増えても年金給付が減る在職老齢年金制度については，後述するとおり公的年金の性格が定まらず，制度改革の方針も定まっていない．老齢厚生年金と雇用保険給付の併給禁止も争点となっている．

(3) 雇用をめぐる各種の法的課題

　高齢者雇用をめぐっては，高齢者特有の法的課題がいくつも提起されている．具体的には，継続雇用期間中といった有期労働契約における年齢を理由とする雇止め，整理解雇の基準における年齢の使用，高年齢者雇用安定法に関わる継続雇用の手続き，継続雇用の労働条件等が問われている．

　高齢労働者に対する特別な配慮の是非や内容も，さらなる検討を要する．例えば，年をとると黒色と青色が見分けづらくなる，指が乾燥してタッチパネルが使いづらくなるといった，高齢者の身体能力の変化に配慮した職場環境の構築で，高齢者の雇用を促進できないかと模索されている．

　さらに，高齢者の判断能力は「ある」か「ない」かの二者択一ではなく徐々に低下していく．そこで，高齢者特有の働き方，例えば，能力に応じた段階的な引退を可能とする高齢者特有の労働法制は可能か，といった新しい論点も出てこよう．

　また，介護を理由とした介護休業は，その期間を通算93日としている．立法背景をみると，介護により女性の社会進出を阻まないよう休業期間は短く設定された．この点，老老介護による介護離職の問題から，介護休業期間の延長を考えた場合，40代以下と50代や60代以上とを分けた法制度の創設，年齢により制度設計を変えていく可能性を検討する意義もあろう．

(4) 社会参加と労働

　高齢者には，ボランティア等の社会参加による活躍が期待されている．近隣の助け合い等顔の見える相互扶助である「互助」の役割が，高齢者に適し

た支え合いの仕組みとして注目されている[41]．近所付き合いの少ない都会でのコミュニティづくり，退職前の若・中年期から参加する支え合いの仕組み等が問われている．時間のゆとりを活かしたボランティアでは，高齢者の特性が活かされている．例えば，高齢者による保育や高齢者施設の第三者評価は，丁寧な評価が施設の質の向上に役立っている．話を聴く傾聴ボランティアは，体力が低下しても時間があれば可能な活動である．

　高齢者の社会参加を促すものとして，実費相当額，謝金，交通費等として金銭，ポイント，時間等が付与される有償ボランティアがある．自身やその家族がボランティアに費やした時間分を後日利用できる仕組み等がある．有償ボランティアは，無償の場合よりも参加しやすいというメリットがある一方，他者への損害や自身が怪我をした場合等の備え，低賃金労働の隠れ蓑となりかねない点等が法的課題となっている．労働者であれば，他者への損害賠償責任を雇用主が担ったり，労災保険の給付を得られる場合があり，ボランティアと労働の関係は検討を要する．この点，金銭とは別の指標で活動を評価する，時間を貯蓄し交換する仕組みは，1つの解決策となる可能性がある．

　シルバー人材センターも，低賃金労働化しかねない点や偽装請負等が法的課題となっている．社会参加や生きがい，地域の活性化といった制度創設時の理念には意義があり，制度のあり方が探られている．高齢者が他の世代と差別なく処遇されるべき点と，他の世代とは異なる取扱いを必要としうる点をどうするかが，ここでも問われている．

3　高齢者の所得保障制度

(1) 所得保障制度全体における各制度の役割

　第1節で検討したとおり，高齢者の生活は，就労，公的年金，企業年金，私的年金，退職金，子ども等からの援助，財産の運用，生活保護等を組み合わせて賄われている[42]．高齢者の所得保障の中核は公的年金制度だが，受給

---

[41]　川島志保＝関ふ佐子編『家族と高齢社会の法』（放送大学教育振興会，2017年）169頁．

第 3 節　経済的基盤をめぐる法的課題

世帯全体の半分が高齢世帯である生活保護制度の果たす役割も大きい．さらに，公的年金のみに頼らず高齢期の経済的基盤を築けるよう，企業年金，私的年金，退職金，貯蓄等の役割を高めようと検討されている．また，年金生活者支援給付といった公的年金の少ない高齢者の所得保障策も探られている．

　高齢期の生計を支える各種の年金，退職金，そして生活保護に期待される役割は重なりあうとともに，時代とともに変化している[43]．そこで，それぞれの制度固有の法的課題の検討に加えて，各制度の性格や制度の趣旨・目的を明確化したうえで，所得保障制度全体における各制度の役割や制度間のポータビリティ等を検討すべきである．

(2) 公的年金制度

　公的年金制度をめぐる法的課題の第一は，賦課方式の是非や分配の程度である．世代間公正との関係から，高齢世代と比べて若・中年世代の負担となりすぎない制度設計が進められている．

　第二に，厳しい年金財政において世代間公正をはかり，現役世代の負担増を抑えた結果，公的年金の給付水準には一定のキャップが設けられた．この点，とりわけ基礎年金における所得保障として機能しうる給付水準の程度，給付水準の切り下げが可能な範囲が問われている．そして，公的年金の繰下げ支給による年金受給額の増加策等が進められているほか，不十分な公的年金を補う他の世代とは別建ての給付の必要性が提唱されている．ここでは，長生きリスクは，社会全体で保障せねばならないリスクなのかといった根本的な問いが改めて課題となる．

　第三に，「従前所得保障」という概念の考察が公的年金の保障水準の検討に資する．高齢者になったからといって生活水準を大幅に変えづらいため，

---

42)　所得保障制度，とりわけ年金制度をめぐる課題について，詳しくは，関ふ佐子「高齢者の所得保障」法時 89 巻 3 号（2017 年）46-53 頁，堀勝洋『年金保険法　第 4 版』（法律文化社，2017 年），菊池馨実「基礎年金と最低保障――近時の年金制度改革と今後の課題」論究ジュリ 11 号（2014 年）33-42 頁参照．この他，年金制度の概要と制度改革をめぐる論点全般について蓄積された法学研究については，関「高齢者の所得保障」注 2 参照．

43)　詳しくは，関・前掲（注 35）参照．

公的年金制度では従前の所得を一定の割合保障している．それぞれの生活に合わせて保障水準が異なることになり，その程度が法的課題となる．支払う保険料に応じたのだとしても，人によって年金の給付水準の異なる制度が公的に下支えされている点は，それまでの人生の延長線にある高齢期の所得保障の特質を示している．

　第四に，公的年金と就労との調整の是非から，在職老齢年金制度の改正が長らく争点となっている．公的年金の性質は高齢を理由に保障する「老齢年金」か，退職を理由に保障する，すなわち，所得喪失を保障する「退職年金」かが問われている．公的年金の性格を「老齢年金」と捉えると，就労収入は年金額を減らす理由とはならず，在職老齢年金制度は廃止すべきことになる．他方で，「退職年金」と捉えると，就労収入は年金額を減らす理由となる．

(3) 生活保護制度

　生活保護をめぐっては，前述した稼働能力のある高齢者に保護費を支給すべきかという論点に加えて，高齢者特有の保障の内容が正面から問われてきた．生活保護制度では，老齢加算が 1960 年に設けられ，70 歳以上の人を対象に支給されていた．1980 年の中央社会福祉審議会生活保護専門分科会の中間的取りまとめは，老齢加算で対応している特別需要について「老齢者は咀嚼力が弱いため，他の年齢層に比し消化吸収がよく良質な食品を必要とするとともに，肉体的条件から暖房費，被服費，保健衛生費等に特別な配慮を必要とし，また，近隣，知人，親戚等への訪問や墓参等の社会的費用が他の年齢層に比し余分に必要となる」とした．その後，70 歳以上の高齢者には特別な需要がないとする社会保障審議会福祉部会の専門委員会の意見を受け，保護基準が改定された．そして，2004 年と 2005 年に老齢加算が段階的に減額され 2006 年に廃止された点が争われ，最高裁が高齢者の請求を棄却した[44]．一連の訴訟では，高齢者特有の所得ニーズとは何かが問われた．この点，高齢者の孤立化防止が課題となる中，人との交際のための支出へのニーズは昨今さらに高まっており，例えば，冠婚葬祭における慶弔費の必要性

第 3 節　経済的基盤をめぐる法的課題

等が改めて問われている．高齢者特有の所得ニーズの存否に関する議論は十分になされたとはいい難く，さらなる検討が必要であろう．

4　人生 100 年時代の経済的基盤

人生 100 年時代，高齢者は働き活躍することが期待されている．他方で，以前は就労を求められなかったからか，中途半端な施策が高齢者の経済的基盤を不安定なものとしかねない．引退過程にある世代，引退後の高齢世代それぞれの特徴を捉えたうえで，その世代に適した法制度を整備していく必要がある．

高齢者の経済的基盤をめぐる考察では，各種の法的課題において，冒頭で検討した視角が有用となる．第一は，「差別禁止の法理」と「特別な保障」や「保護の法理」との関係を問う視角である．終身雇用制や定年制が合理的な制度として浸透している日本では，年齢差別の議論が進展しているアメリカとは異なるかたちで再雇用をめぐる議論が検討されつつある．第二は，高齢者の身体機能や判断能力が低下していく点への配慮等，高齢者への「保護の法理」や合理的な配慮を探る視角である．高齢者の特徴を捉えた働き方や配慮を支える法制度のあり方が模索されている．第三は，年金制度等における再分配の判断基準として，さらには「差別禁止の法理」と対立しない「特別な保障」や「保護の法理」の判断基準として「世代間公正」を重視する視角である．

人生 100 年時代には，平均寿命より長生きした場合の 100 歳を超えた人生を視野に入れた人生設計，収入の確保，働き方の見直し，法制度の改革が必要になる．65 歳で退職した場合，その後の人生は 100 歳まで 35 年間もある．第二・第三の人生に適した，さらには，何度も学び直し働き直すといったマルチステージの働き方や社会参加を可能とするためには，若・中年期から必

---

44)　生活保護老齢加算廃止訴訟（京都）・最 1 小判平 26・10・6 賃社 1622 号 40 頁．生活保護老齢加算廃止訴訟（北九州）差戻し後上告審・最 1 小判平 26・10・6D1-Law 判例 ID: 28224267，最 2 小判平 24・4・2 判時 2151 号 3 頁．生活保護老齢加算廃止訴訟（東京）・最 3 小判平 24・2・28 判時 2145 号 3-9 頁．高齢者の期待との関係で制度後退禁止原則について問うた点等について，詳しくは，第 8 章参照．

要な資格を取得し能力を開発するといった準備をして，自身に適した活躍の場を探し始めねばならない．そのためには，若・中年期からワーク・ライフ・バランスを実現し，働き方を60代までの短距離走型から，70代，80代までの長距離走型へと見直すことが肝要となろう．超高齢社会であると同時に人口減少社会への転換期だからこそ，人生100年時代の経済的基盤のあり方が問われている．

第5章
高齢者の財産管理と法

西森利樹　中田裕子

第1節　高齢者と財産管理——本人保護と自己決定の尊重

　加齢は私たちに様々な変化をもたらす．若年期（未成年を除く）においては，自己の意思に基づいて財産を管理することができ，自己が決定すること自体に対して法的な関与がなされることはほとんどない．これに対し，高齢期においては，若年期に比べると認知機能が相対的に低下する傾向があり，こうした加齢に伴う認知機能の変化は，高齢期に生じる特徴の1つである．そのため，高齢者をめぐる法においては，若年期と異なり，相対的に認知機能が低下しつつある高齢者に関して，その財産管理や意思決定に対して法的にどのように関与し，支援すべきなのかが課題となる．また，高齢期に生じやすい疾病として認知症があり，認知症により判断能力が大幅に低下することに備えた支援および実際に判断能力が大幅に低下した場合の法的支援のあり方も課題となる．判断能力の低下は，知的障害者や精神障害者においても問題となりうるものの，障害者の自己決定に対しては，本人の意思をできるだけ尊重するための支援が充実しているのに対し，高齢者の場合には，これまで自己決定を尊重することは必ずしも重視されてこなかったきらいがある．その要因としては，高齢者の財産管理やそれに必要とされる意思決定は，主に家族によって担われてきたことが考えられる．
　そのため，高齢者の財産管理においては，加齢にともなう認知機能の変化

第 5 章　高齢者の財産管理と法

の有無や変化の程度を前提としつつ，高齢者の自己決定を尊重しながらどのような法的支援がなされるべきかが問われる．そこで，本章では，高齢者の自己決定尊重の観点から，現在の財産管理をめぐる制度の内容を整理し，そこに現れている課題を検討する．

　高齢者の財産管理に関わりのある制度は，高齢者の判断能力の低下の有無や程度によって分類することができる．高齢者の判断能力が低下しておらず，自ら判断することができる場合には，自分で財産を管理する．財産について他者に管理を委ねたい場合には，高齢者は自己の財産に関して他者と財産管理契約を締結することができる．その際，任意後見契約と同時に契約する場合も多い．この場合は，財産管理を他者に委ねたほうがよい何らかの理由がある．また，財産管理の方法として信託を利用することもできる．これに対し，高齢者の判断能力が低下している場合において，たとえ能力の低下があったとしても契約の内容について判断ができる場合には，日常生活自立支援事業を利用することができる．判断能力の低下が著しい場合などには，法定後見制度の利用が可能である．

　財産管理契約では，高齢者と受任者との間で，預金の払戻しや賃貸物件の賃料の収受など，財産の管理方法をあらかじめ決めることができる．この場合において，財産管理契約のみを契約することもあるものの，後に触れる任意後見契約と同時に財産管理契約を締結し，移行型任意後見契約とするのが一般的である．任意後見契約は，将来，認知症になったときに支援して欲しい事項について，支援を頼みたいと思う相手と契約をするものである．この場合に，いわゆる見守りに関する事項も契約内容に盛り込み，財産の管理とともに，高齢者に判断能力の低下がないかどうか等の見守りをすることもありうる．高齢者に身寄りがない場合や一人暮らしの場合に，こうした契約により高齢者の財産および身上を保護することが可能となる．また，財産管理を他者に委ねる方法として，信託が用いられることがある．信託は，受託者が高齢者本人の財産を管理・運用して利益を上げ，本人にその利益をもたらすものである．信託については，第 3 節において触れる．

　日常生活自立支援事業は，本人と都道府県・指定都市社会福祉協議会等と

が契約をし，福祉サービスを適切に利用できるように支援を受け，日常的な金銭管理をしてもらうものである．この制度は契約を前提とすることから，利用者の判断能力が不十分であったとしても，少なくとも契約内容について判断することができるだけの能力が必要である．そのため，高齢者が軽度の認知症である場合などに利用することができる．その利用者数は事業開始以来，増加し続けているものの，実施主体間の格差が大きい．また，福祉サービスの利用や行政手続等にとどまらない支援がなされているのが実状である．高齢者が住みなれた地域での生活を継続するためには，切れ目の無い継続的な支援が行われることが求められる．そのため，日常生活自立支援事業における支援の範囲に関して見直しが図られる必要がある．

　法定後見制度は，当初から家庭裁判所において手続きを行うことで他者に財産管理等をしてもらう制度である．法定後見制度は，認知症などにより高齢者の判断能力の低下が著しい場合を想定しているともいうことができ，財産管理の方法としては，最後の手段に位置づけられるものともいえる．

　高齢者の判断能力が低下したとき，他者の関与の度合いは必然的に高まる．この場合の他者の関与において，関与した者の意思が優先され，高齢者の意思や自己決定が軽んじられるおそれがある．しかし，認知症などに罹患したことにより，そのままでは自己決定が困難であるような場合であっても，他者の関与は，困難となった自己決定を支援するためのものであるべきである．それゆえに，高齢者の自己決定をどのように尊重しつつ支援を行うべきかが大きな課題となる．そこで，第2節以下においては，高齢者の判断能力が低下している場合を想定して用意されている法定後見制度および任意後見制度（両者を併せて，成年後見制度という）を中心にあつかう．

第2節　成年後見制度

1　成年後見制度の概要

　成年後見制度は，従前の禁治産・準禁治産制度を改正したものである．禁

治産・準禁治産制度には，硬直的な二元的な制度であること，要件が重く厳格であること，禁治産・準禁治産宣告が戸籍に記載され差別的と捉えられがちであるなどの問題があった．そこで，急速に進展する高齢社会に対応し，制度を利用しやすくするために改正された[1]．そこでは，新しい理念として，自己決定の尊重，残存能力の活用，ノーマライゼーションの実現が掲げられ，これらの理念と従来の本人保護の理念との調和を旨として法改正を行うこととされた．この制度では，具体的な規定をどう捉えるのか，また，どう解釈するのかに関し，両者の調和をどのように図るのかが問題となる．特に，自己決定の尊重に関しては，高齢者が認知症などにより自己の意思を十分に表明することができない場合がありうることから，本人保護の観点から，他者の意思が高齢者の自己決定よりも優先されすぎていないか慎重に検討されるべきであろう．これは，私的自治の原則を本人の保護の観点からどこまで修正するかといった問題に加え，より積極的には，たとえ認知症により判断能力が低下したとしても，高齢者が尊厳ある生を全うするために法がどのように介入するべきなのかの問題でもある．成年後見制度により成年後見人が高齢者に関する事項を本人に代わり決定することとなった場合においても，その決定は，自らの意思を表明することが困難となった本人の自己決定を代弁し実現するための支援としてなされる必要があろう．制度利用により自己決定が奪われるのではなく，自己決定をより尊重するための制度利用となりうるような視点から制度を捉えていくことが求められる．

　成年後見制度は，制度利用時に判断能力が低下しているかどうかにより，法定後見と任意後見に分類され，さらに，能力の低下等に応じ，それぞれの類型にわかれている．以下では，まず，法定後見について触れ，その後，任意後見について説明する．また，両制度に共通した要素として，類型，審判手続き，成年後見人等の担い手，成年後見人等の義務，成年後見人等の報酬と低所得者の制度利用，後見監督，後見の終了等についてふれる．

---

1)　法務省民事局参事官室『成年後見制度の改正に関する要綱試案の解説——要綱試案・概要・補足説明』（金融財政事情研究会，1998年）1頁，小林昭彦＝大門匡＝岩井伸晃編著『新成年後見制度の解説［改訂版］』（金融財政事情研究会，2017年）6頁．

第 2 節　成年後見制度

2　法定後見制度

(1) 制度の類型

　法定後見制度は，すでに事理弁識能力（判断能力）が低下している場合に，家庭裁判所に制度の利用を申し立てる形で利用する．制度を利用する際における高齢者の能力の低下の程度により，後見，保佐，補助の 3 つに類型化されている．後見は判断能力が殆んどない（事理弁識能力を欠く常況にある）場合であり，保佐は能力が著しく低下している場合，補助は能力が低下している場合である．このように，能力の状況に応じて制度の類型をあらかじめ法定しておく構成を多元的構成という．これに対し，類型の区別自体を廃止し一本化したうえで，個別具体的な事案に応じて支援内容を決定していく構成を一元的構成という．成年後見制度の制定時の議論では，どの構成によるべきかに関し，多元論と一元論との間で盛んに議論がされた．立法においては，旧制度との連続性や実務での対応のしやすさなどから多元的構成を採ることとされ，後見，保佐の類型のほか，旧禁治産・準禁治産制度では対象とされていなかった軽度の判断能力の低下の場合を対象とする補助制度が新たに創設された．一元論の立場からは，現在においても，一元的構成へと制度改正をすべきとの主張がなされている．多元論および一元論のいずれの立場においても，利用する高齢者の状況に応じた弾力的な運用を図ろうとする点では同様である．ただし，制度の運用において後見に偏重した運用がなされ，本人の保護を重視する傾向にあることを考えれば，一元的構成により高齢者の状況に応じた制度利用をより一層図れるような方向での改正も 1 つの方法であろう．個々の高齢者がおかれている状況に応じ，その自己決定をより尊重しつつ支援することができるような制度構築が求められる．

(2) 審判手続

　法定後見の開始を申し立てる際には，上記の類型ごとに別個に申し立てる必要がある．申立人がどの類型により申し立てるのかは，申立ての際に必要とされる医師の診断書に基づいて判断することになろう．

申立権者は，本人，配偶者，4親等内の親族，検察官などである．そのほか，高齢者の福祉を図るために特に必要がある場合は，市町村長および特別区の区長が申し立てることができる．市区町村長申立ての要件に関しては，高齢者の体力の低下や認知症の診断を受けているにもかかわらず，高齢者の子の介護状況が極めて不適切であったことから本人の保護の必要性が高い状態であった場合に「高齢者の福祉を図るために特に必要がある場合」に該当するとした事例がある[2]．この事例は，親族による保護が不適正であった場合であるが，市区町村長申立てがなされる例としては，虐待などにより保護が不適正である場合の他に，高齢者が一人暮らしである場合などがある．近年，市区町村長申立ては増加傾向にあり，これは，財産管理のみならず福祉を図るために成年後見制度を利用する必要がある高齢者が増えていることを示すものといえよう．上述の裁判例は，本人の保護の必要性から福祉を図るために特に必要があると判示したものの，高齢期の居住形態が多様化しており，一人暮らしの高齢者が増加していることからすると，身寄りがないこと等から自己決定に対する支援がなされないままの状態におかれる高齢者が増加するおそれがある．成年後見制度は，制度利用を通じて高齢者の自己決定を尊重するものとも言うことができる．そのため，制度を利用することにより自己決定がより尊重されうる状況に高齢者を導くためにも，市区町村長申立ての積極的な活用が望まれる．

　高齢者本人以外の者が申し立てる場合，補助では本人の同意が必要である．これは，本人の判断能力の低下が後見や保佐よりも軽微であることから，本人の自己決定を尊重するものである．これに対し，後見および保佐では，本人の同意は不要とされている．ただし，裁判例には，保佐開始の審判を申し立てられた本人が保佐開始を不要としているために鑑定ができない場合について，法が本人の自己決定の尊重を求めていることは審理手続にも反映されるべきであり，手続の進行に当たっても可能な限り本人の意思を尊重すべきとして，保佐開始の申立てが却下されたものがある[3]．この事例は，本人の

---

2) 東京高決平成25年6月25日判タ1392号218頁．
3) 東京家審平成15年9月4日家月56巻4号145頁．

自己決定の尊重を重視した解釈を示した裁判例として注目に値する．

　申立てを受けた家庭裁判所は，本人の陳述を聴くほか，成年後見人，保佐人，補助人の候補者の意見を聴くなどにより審判を行うかどうかに関して各種の調査を行う．本人の陳述を聴くのは，自己決定の尊重の観点から本人の意思を考慮しなければならないとしたものである．また，後見および保佐の場合には，明らかにその必要がないときを除き，原則として本人の精神鑑定をしなければならない．補助では，鑑定は不要である．実際の運用では，この「明らかにその必要がないとき」に該当するとされる例が多くみられる．ただし，成年後見制度は，高齢者本人を支援し，保護するための制度ではあるものの，制度を利用することに伴い本人の自己決定に大幅な制限が課せられるものでもある．そのため，本人が植物状態であるなどの極めて例外的な場合を除き，精神鑑定はなされるべきであろう．審判手続きを経た結果，家庭裁判所が後見開始，保佐開始，または補助開始の審判をした場合は，本人は成年被後見人，被保佐人，または被補助人となり，家庭裁判所は，それぞれ，成年後見人，保佐人，または補助人を選任する．

(3) 成年後見人等の担い手

　成年後見人，保佐人，補助人となることができるのは，自然人または法人である．一人が単独でなる場合のほか，複数人がなることもできる．家庭裁判所は，本人にとって適切な成年後見人，保佐人，補助人を選任するため，選任にあたって本人の状況や成年後見人などになる者と本人との間の利害関係などを考慮しなければならない．また，高齢者の自己決定を尊重するため，成年後見人等を選任する際，家庭裁判所は本人の意見を考慮しなければならない．

　これらの担い手に関する規定は，禁治産・準禁治産制度から大幅に改正された部分である．以前は，禁治産者の配偶者が当然に後見人となるとされており（配偶者法定後見制度），また，後見人は一人でなければならないとされていた．しかし，制度を利用する高齢者の配偶者も高齢であることが多く，複数人であれば職務分担により効率的な後見事務処理を図ることが可能であ

る[4]．そこで，現行制度では配偶者法定後見制度が廃止され，複数人が成年後見人等になることができるようになった．また，高齢者の多様なニーズに対応するため，現行制度においては，成年後見人等の体制について選択肢を広げる観点から法人が成年後見人等になることが明文で許容された[5]．これらの改正により，従来の家族による支援を前提とした制度から支援することができる者の範囲は拡大され，このことは，成年後見の社会化とも称される．

　制度が施行されて以来，成年後見人，保佐人，補助人は，本人の配偶者，成人した子などの親族が選任される場合が多かった．しかし，親族の割合は年々減少の一途をたどり，現在は，親族以外の第三者の割合が親族の割合を上回っている．親族以外の第三者の割合は増加し続けており，実態からすれば，成年後見人等は，親族以外の第三者によって担われるものへと変化している．今後もこの傾向が続く場合，認知症などの高齢者に対する成年後見制度による財産管理の多くは，親族以外の者が行うものとなっていく可能性が高い．そのため，親族以外の第三者が財産管理を行うとの観点から，成年後見人等の権利義務などを中心に制度を見直していく必要があろう．

　成年後見制度においては，支援の担い手となる成年後見人等の存在が必要不可欠である．高齢者が制度を利用する必要があったとしても，担い手が見つからない場合は，本人は制度を利用することができない．担い手の確保は，制度施行時から課題とされていたものの，この問題は今後さらに深刻になっていく．現在は，法律や福祉の専門家および一定の研修を経た市民後見人によって親族以外の成年後見人等が担われているものの，制度に対する需要の拡大に伴い，人的資源をどのように確保するのかが課題となる．また，成年後見人等による横領などの不正が多発しており，成年後見人の質の確保も課題である．成年後見制度は，人材の確保と質の確保の両方が求められている状況にある．さらに，成年後見人等の多くは，従来，一人ないしは複数人の個人によって担われてきた．本人の利益保護の観点からは，親族等の身近な

---

[4] 於保不二雄・中川淳編『新版注釈民法（25）親族（5）[改訂版]』（有斐閣，2004年）304頁．
[5] 西森利樹「立法過程からみた法人後見の制度趣旨——成年後見小委員会審議を中心として」横浜法学22巻2号（2013年）231-255頁．

者が後見人としてふさわしいとも考えられるところである．しかしながら，支援体制のあり方が本人に対する支援の質にも関わることからすれば，チームによる対応などの組織的な支援が可能となる法人後見の活用なども含めた，より安定的な支援体制の構築が必要である．チーム対応などに関しては，後に挙げる成年後見制度利用促進委員会の意見書に関する箇所においても触れる．

(4) 成年後見人等の職務

家庭裁判所により選任された成年後見人，保佐人，補助人は，本人に対し善管注意義務を負い，本人の意思を尊重し，その心身の状態および生活状況に配慮しつつ，本人のために財産管理および身上監護をする．そのための権限として，成年後見人には包括的代理権と取消権，保佐人には重要な財産上の行為について同意権と取消権，補助人には上記の重要な財産上の行為の一部について同意権と取消権がある．また，保佐人と補助人には，特定の法律行為について代理権を付与されることがあり，本人以外の者の請求によって代理権を付与する場合は，自己決定の尊重の趣旨から本人の同意が必要である．また，後見，保佐，補助のいずれにおいても，本人の日用品の購入その他「日常生活に関する行為」は取消権の対象から外されており，もっぱら本人の自己決定に委ねることとされている．これは，本人の自己決定を尊重するとともに，相手方の取引の安全に資するため，現行の制度制定時に新たに定められたものである．

成年後見人等の職務に関しては，親族である成年後見人等が本人の財産を横領した場合において，親族相盗例の準用はなされず，また，親族関係があることを量刑上酌むべき事情として考慮するのは相当ではないとした判例がある[6]．たとえ親族が成年後見人等となった場合であっても，その職務は公共的な性格を有するものとされている点に留意が必要である．

財産管理には，家屋の修理，賃貸，建物の増築のほか，預金，証券，およ

---

6) 最二小決平成 24 年 10 月 9 日刑集 66 巻 10 号 981 頁．

び預金通帳の保管などがある．ただし，本人の居住用の建物や土地といった不動産を売却したり賃貸したりする場合には家庭裁判所の許可が必要である．居住環境は精神医学的に本人の精神の状況に多大な影響を与えるものとされており，居住用の不動産の処分は本人の身上面への影響が大きいからである[7]．また，成年後見人，保佐人，補助人の財産横領を防止するため，本人の財産のうち，日常的な支払いをするのに必要十分な金銭を預貯金等として成年後見人等が管理し，通常使用しない金銭を信託銀行等に信託する後見制度支援信託が利用されることがある．今後，家庭裁判所により後見制度支援信託が積極的に活用されるものと思われる．横領等の不正が多発していることからすれば，信託によって成年後見人による本人の財産利用に制限を課すことはうなずけるところではある．しかし，この制度は保佐，補助及び任意後見では利用できない．また，信託の費用の支払いが強制されることや，身上監護に配慮せずに一方的に財産利用を制限されるおそれがあること，信託先の銀行が限られていることから本人意思に合致するのかなど，後見制度支援信託には今後克服されるべき課題があるといえよう．さらに，本人の金銭を大口預金口座と小口預金口座において管理する後見制度支援預貯金がある．

　身上監護とは，生活の維持や医療，介護等身上の保護に関する事務であるとされ，条文においては，生活，療養看護の事務として表されている．この事務には，①医療，②住居の確保，③施設の入退所，④介護・生活維持，⑤教育・リハビリの各項目に関する契約の締結・相手方の履行の監視・費用の支払い・契約の解除，⑥（前記5項目に対する法律行為に関する）異議申立て等の行為および⑦アドヴォカシーがあるとされる．身上監護は，本人の生活における比較的幅広い事項を対象とするものの，介護などの事実行為は含まれないとされる．そのため，④の介護・生活維持に関する身上監護は，本人の介護に関する手配と見守りに限定される．ただし，事実行為としての介護義務を肯定する見解もある[8]．また，手術などの医的侵襲に関する同意権はないとされる[9]．成年後見人の医療の同意権に関しては，実務上は，医療機関

7）　小林＝大門・前掲（注1）158頁．

第 2 節　成年後見制度

から成年後見人が手術や予防接種などの同意書への署名を求められることも少なくない．その場合に，本人に判断能力がない以上，医師ないしは第三者がなんらかの形で医的侵襲の決定（同意を与えること）をしない限り，本人は治療を受けることができないまま放置される結果となりかねない．そのため，成年後見人の医療の同意権は否定されるものの，社会通念のほか，緊急避難や緊急事務管理などの法理を用いて対処していくほかないとされる．これに対し，近年では，成年後見人の医療の同意権を認めるべきとの見解が主張されている[10]．これらの見解には，医療の同意権の対象範囲に関し，ほぼ全面的に肯定すべきとする見解や限定的に肯定すべきとする見解等がある．高齢者は若年層に比べ医療への依存度が高く，かつ，終末期に向かっていく点で特徴があり，認知症になった場合においても高齢者に対する適切な医療を確保することは重要である．その際に本人の自己決定をどのように尊重するのかは課題ではあるものの，医療において本人の意思や利益を代弁する者がいないまま放置されることを避けつつ妥当な結論を導くような立法的解決が望まれる．このことに関し，成年後見制度利用促進法にもとづき策定された成年後見制度利用促進基本計画では，成年後見人等が医療関係者等から意見を求められた場合等において，他職種や家族などと相談し，十分な専門的助言に恵まれる環境整備が重要であり，その上で所見を述べる等の態度をとることが社会的に受け入れられるような合意形成が必要であり，また，医療・介護等の現場において関係者が対応を行う際に参考となるような考え方を指針の作成等を通じて社会に提示し，成年後見人等の具体的な役割等が明らかになるよう，できる限り速やかに検討を進めるべきであるとされている[11]．

　ところで，認知症高齢者が線路内に立ち入ったことにより轢死した場合に，

---

8)　上山泰『専門職後見人と身上監護［第 3 版］』（民事法研究会，2015 年）124 頁．ただし，この見解は，成年後見人の解任事由および損害賠償の責任要件に限定する形で事実行為としての介護の抽象的義務も生じうるとする．
9)　樋口範雄『超高齢社会の法律，何が問題なのか』（朝日新聞出版，2015 年）86 頁．
10)　見解の詳細については，赤沼康弘編著『成年後見制度をめぐる諸問題』（新日本法規，2012 年）188 頁以下を参照のこと．
11)　内閣府「成年後見制度利用促進基本計画」26 頁，内閣府 HP <http://www.cao.go.jp/seinenkouken/keikaku/pdf/keikaku1.pdf>（2017 年 10 月 31 日アクセス）．

鉄道会社が，介護に関与した認知症高齢者の遺族に対して損害賠償を請求したところ，監督義務者責任等が認められないとして棄却された判例がある[12]．本件に関連し，仮に親族等がすでに成年後見人等に選任されていた場合に責任の有無がどのように解されるのかといった点が今度の課題となろう．

(5) 成年後見人等の職務と自己決定の尊重

　成年後見人等は，職務を行うにあたり，本人の意思を尊重しなければならない．自己決定尊重の理念の表れである．他方，成年後見人等には身上配慮義務があり，本人の意思と客観的な本人の福祉とが相いれない場合に本人の意思や自己決定をどこまで尊重すべきかが問題となる．例えば，飲酒，喫煙，公営ギャンブル，風俗産業の利用などが挙げられる．こうした場合に，本人の意思を尊重することが客観的な福祉に反すると考えられた場合，成年後見人等はどうすべきか．本人の保護と自己決定の尊重との調和が鋭く問われる場面である．本人保護を重視するのであれば，本人のためにならないと思われるような行為については本人の意思よりも保護が優先されることになろう．上記に挙げた例では，いずれについても否定的に捉えることもありうる．他方，自己決定の尊重を最大限重視するのであれば，可能な限り本人の意思を尊重すべきことになる．上記の例では，そのほとんどを肯定することにもなりうる．

　一般の成年者は，判断能力の低下がない高齢者も含め，上記のような行為をするかどうかについて，その意思に基づいて決定し，自らの行為を選択することができる．そうした自己決定は，判断能力の低下がある場合でも最大限尊重されるべきであろう．そのため，成年後見制度を利用する高齢者は，一般の成年者と同様に，たとえ社会的には否定的に評価されがちな行為（他者から「愚行」と評価されるような行為）であったとしても，それが合法的行為であると評価される限りは，自らの自己決定に基づき，あえてその行為を選択する自由が保障されるというべきであろう．そうした行為が本人の客観的

---

12) 最判平成28年3月1日裁時1647号1頁．本件に関しては本書第2章および第8章を参照されたい．

第 2 節　成年後見制度

な福祉に合致しない場合（例えば，生命に関わるような場合）に，成年後見人等による介入がなされる余地はあるものの，その際には，成年後見人等の個人的な価値観の押し付けとならないような注意が必要である．成年後見人等と本人との価値観が対立する恐れがある場合には，まずは本人意思尊重義務の点から職務の方向性を検討すべきである[13]．それに対応して，成年後見人は取消権の行使を謙抑的に行使すべき場合がありえよう．

(6) 成年後見人等の報酬と低所得者の制度利用

家庭裁判所は成年後見人，保佐人，補助人に対し，本人の財産の中から相当な報酬を与えることができる．「与えることができる」ため，成年後見人，保佐人，補助人には報酬請求権が認められず，家庭裁判所に対し報酬付与の審判を申し立てる．報酬額は，家庭裁判所の裁量により算定され，具体的な基準は法定されていない．本人の資力や後見事務の難易度などに応じて算定されるとされる[14]．報酬は本人の財産の中から支払われるため，本人の資産状況により成年後見人等の報酬が左右されることになる．成年後見人等の担い手が親族から親族以外の専門職などへ変化している状況では，専門職後見人に対し，その職務内容に見合った適正な報酬を確保できているのかは問題となろう．報酬に関する新たな法整備も含め，今後，検討が求められる．

本人が報酬を支払うだけの財産を有していない場合は，どうすべきであろうか．そもそも成年後見制度が財産管理のための制度であるとすれば，管理するだけの財産を有しない場合は，制度の対象とならないとも考えられる．しかしながら，判断能力が低下した場合に，財産の管理のみならず意思決定に対する支援を受ける必要性や，自己決定が尊重されるべき状況は，本人の財産の有無や多寡に関わらない．財産の有無に関わるとすれば，財産がない高齢者は認知症になったとしても意思決定の支援を受けられず，自己決定が尊重されないまま生活を送ることを余儀なくされ，妥当ではない．また，高

---

13)　上山・前掲（注 8) 99 頁．
14)　赤沼康弘＝池田恵利子＝松井秀樹編集代表『Q&A 成年後見実務全書　第 2 巻』(民事法研究会，2015 年) 656, 659 頁．

齢者の多くは，管理するほどの多くの財産を有しないまでも一定程度の財産を有している．成年後見制度が相当の財産を有する者のみを対象とすると解する場合，高齢者の大多数が制度対象から外れるおそれもある．

　現在，本人が申立て費用や報酬を支払うだけの財産を有していない場合のために，成年後見制度利用支援事業が設けられており，成年後見制度を利用する際の申立て費用や成年後見人の報酬を補助する．この事業は，厚生労働省が平成13年度から実施しているものであり，その後，高齢者に関しては介護保険法の地域支援事業の任意事業として実施されている．実際に事業を実施するのは市町村であり，実施するかどうかは市町村の判断にゆだねられていることから，すべての市町村において実施されている状況にはない．そのため，生活保護法に後見扶助を創設することも検討の余地があろう．そのほか，国や市町村などの地方自治体が成年後見人等に就任する制度（公的後見制度とも称される）の導入が考えられる．この制度は現在の日本では制度化されていないものの，ドイツ，オーストラリア等，諸外国の公的後見に該当する制度の研究を通じ，日本においても上記の公的後見制度に相当する制度を構築すべきとの指摘がある．アメリカにおいても，各州が比較的古い時期から公的後見制度を導入している．今後，日本においても，公的後見制度の導入の是非をめぐる議論が活発になされることが期待される．財産の有無にかかわらず成年後見制度の利用を通じ高齢者の自己決定が尊重される状況を確保することができるような制度の構築が求められる．

(7) 後見監督と不正防止

　成年後見人，保佐人，補助人の職務が適正であるかどうかは，本人の生活に重大な影響を及ぼすため，成年後見人等に対する監督が重要な意味をもつ．また，成年後見人等の権限が濫用ないし悪用された場合には，本人の財産等に対して深刻な損害を及ぼすことにもなりかねない．そこで，本人の利益を保護するために成年後見人，保佐人，補助人に対する監督の規定が定められている．法定後見では，家庭裁判所が広範な一般的監督権を有する．家庭裁判所は，いつでも成年後見人，保佐人，補助人に対し，事務の報告，財産目

録の提出を求めることができ，自ら事務または財産の状況を調査することができる．また，財産管理その他の後見の事務について必要な処分を命ずることができる．必要な処分とは，後見事務に関して監督上必要な一切の措置を意味する[15]．さらに，家庭裁判所は，適当な者に，成年後見の事務や成年被後見人の財産状況について調査させ，臨時に財産管理をさせることができる．この調査または臨時の財産管理をした者に対しては相当な報酬を与えることができる．

　後見監督に関しては，成年後見人が横領などの不正を行い，本人に財産上の損害を及ぼした場合に，横領行為を認識した家庭裁判所家事審判官が横領を防止する監督処分をしなかったことには，成年後見人に対する監督に違法・過失があるとして，国家賠償請求が認められた事例がある[16]．また，成年後見人の横領などの不正の頻発に対処するため，先述の後見制度支援信託制度や後見制度支援預貯金がある．

(8) 成年後見の終了

　法定後見が終了する事由には，絶対的終了事由（①後見等開始審判の取り消し，②本人の死亡）および相対的終了事由（①成年後見人，保佐人，補助人の死亡，②辞任，③解任，④資格喪失）がある[17]．辞任には，正当事由および家庭裁判所の許可が必要である．これは，成年後見人の職務は公共的性格を有することから，自由な辞任を許さない趣旨であるとされる．何が正当事由に当たるかは家庭裁判所が判断するものの，公表された審判例はわずかである．辞任規定に関しては，いったん成年後見人等を受任すると，本人の死亡などにより成年後見が終了するまで原則として辞任することができないとすることが妥当なのかどうかが問題となりうる．正当事由について柔軟に判断し，成年後見人等の交代をしやすくすべきとの見解がある[18]．後見の期間が長期に

---

15) 於保＝中川・前掲（注4）441頁．
16) 広島高判平成24年2月20日判タ1385号141頁，金商1392号49頁．
17) 新井誠＝赤沼康弘＝大貫正男編『成年後見制度　法の理論と実務［第2版］』（有斐閣，2014年）138頁．
18) 上山・前掲（注8）239頁．

わたるような場合には，成年後見人等の交代がより可能になることは，本人の利益の保護にも資するものといえる．今後，運用においても柔軟な交代等がなされるとも考えられる．ただし，成年後見人等の交代が本人の支援のあり方に影響を及ぼすことからすれば，本人の利益に資するような安定的な支援体制の確立は，法人後見の活用などによって実現することも考えられる．解任は，成年後見人等に「不正な行為」，「著しい不行跡」または「その他後見の任務に適しない事由があるとき」に家庭裁判所の審判によりなされる．

3　任意後見制度

(1)　任意後見契約の意義と類型

　任意後見制度は，将来，判断能力が低下した場合に備え，実際に判断能力が低下した場合の支援のあり方などを内容とした契約（任意後見契約）を締結する形で利用される（任意後見契約に関する法律）．任意後見契約とは，委任者が受任者に対し，精神上の障害により事理を弁識する能力が不十分な状況における自己の生活，療養看護及び財産の管理に関する事務の全部又は一部を委託し，その委託に係る事務について代理権を付与する委任契約であり，任意後見監督人が選任された時からその効力を生ずる旨の特約を付したものをいう（任意後見2条1号）．高齢者本人に判断能力がある段階において，判断能力が低下した状況における支援内容などを契約で決定することができるようにし，本人の自己決定を尊重するものである．この契約は，停止条件付委任契約であり，任意後見法は，委任契約に関する民法の特別法として制定された．任意後見監督人の選任を契約の効力発生の条件としているのは，任意後見人は任意後見監督人の監督の下においてのみ代理権を行使しうるとすることにより，任意後見人による権限の濫用を防止するためである．この契約は公正証書によらなければならない．これは，公証人の関与により適法かつ有効な契約が締結されることを担保することを趣旨とする．任意後見契約が締結された場合は，委嘱または申請により契約内容などが登記される．任意後見契約は原則として法定後見に優先し，任意後見契約の登記がされている場合は，本人の利益のために特に必要がある場合に限り，家庭裁判所は後

第 2 節　成年後見制度

見開始等の審判をなしうる[19]．

　任意後見契約の類型には，①移行型，②即効型，③将来型があるとされる[20]．①移行型とは，通常の任意代理の委任契約から任意後見契約に移行する場合をいう．通常の委任契約および任意後見契約を同時に締結し，本人の判断能力が低下する前の段階では委任契約により財産管理等の事務を処理し，判断能力が低下した後は，任意後見監督人等の監督を伴う任意後見契約により処理する類型である．先述の財産管理契約と同時に締結されることが多い．財産管理契約のほかに見守り契約をも締結することで，判断能力が十分である段階から高齢者に対する財産および身上面の支援を行うために利用される．②即効型は，任意後見契約の締結の直後に，直ちに本人または任意後見受任者の申立てにより任意後見監督人を選任し，契約の効力を発生させる場合である．軽度の認知症を伴う場合など本人の判断能力が不十分な状態であったとしても，契約締結の段階において意思能力を有する限り，任意後見契約を締結することが可能である場合に利用しうる．ただし，即効型に関しては，本人が任意後見契約の段階で契約に必要な判断能力を有していたかどうか問題となる可能性がある．また，任意後見受任者となる者の都合を優先した契約となるおそれもあることから，即効型の利用は特段の事情がない限り慎重になされる必要がある．本人が法定後見制度よりも任意後見制度の利用を選択する場合には，契約締結直後に契約の効力を発生させることを前提としたうえで，本人自らが任意後見契約を締結することができる．また，③将来型とは，十分な判断能力を有する本人が，契約締結の段階では受任者に財産管理などの事務を委任せず，将来自己の判断能力が低下した段階で家庭裁判所が任意後見監督人の選任をし，任意後見人による支援を受けようとする場合である[21]．この類型が任意後見契約の基本的な形態であり，利用数も多いものの，任意後見契約締結後，本人の判断能力の低下をどのように把握するのかといった点が課題となる．本人の判断能力が低下したにもかか

---

[19]　赤沼ほか・前掲（注10）357頁．
[20]　小林＝大門・前掲（注1）225頁．
[21]　小林＝大門・前掲（注1）226頁．

わらず任意後見受任者が任意後見監督人の選任を請求しないまま放置されるおそれもある．そのため，任意後見契約と同時に見守り契約が締結されることが望ましい．

(2) 任意後見監督人の選任手続

任意後見契約が登記された場合において，本人が，精神上の障害により事理を弁識する能力が不十分な状況にあるときは，家庭裁判所は，本人，配偶者，4親等内の親族又は任意後見受任者の請求により，任意後見監督人を選任する（任意後見4条）．本人以外の者が請求する際には，自己決定の尊重の趣旨から，本人の同意を得なければならない．任意後見受任者または任意後見人の配偶者，直系血族および兄弟姉妹は任意後見監督人となることはできない．任意後見監督人の選任により，任意後見人は，任意後見契約において付与された代理権の内容に基づき，本人に対する支援を行う．事後的措置としての法定後見制度に対し，任意後見制度は事前的措置としての制度であるとされている[22]．

(3) 任意後見人の職務

任意後見人の事務は，生活，療養看護および財産の管理に関する事務の全部または一部である（同2条1項）．その際，任意後見人は本人の意思を尊重し，その心身の状態および生活の状況に配慮しなければならない．

任意後見契約は委任契約であるため，任意後見人が報酬を得るためには，報酬について契約で定めなければならない．

(4) 任意後見監督人と後見監督

任意後見制度では，任意後見監督人による監督を通じてその適正さを確保しようとする点が特徴である．任意後見監督人は，任意後見人の事務を監督し（任意後見7条1項1号），その事務に関し家庭裁判所に定期的に報告する

---

[22] 新井ほか・前掲（注17）167頁．

ほか，急迫の事情がある場合には，任意後見人の代理権の範囲内で，任意後見監督人は必要な処分をすることができる．家庭裁判所は任意後見監督人に対し，任意後見人の事務や本人の財産状況の調査を命じ，その他任意後見監督人の職務について必要な処分をすることができる．任意後見監督人が報酬を得るには，家庭裁判所に対し報酬付与審判を申し立てる．

(5) 任意後見の終了

任意後見契約を解除するには，①任意後見契約の発効前は公証人の認証を受けた書面の作成が必要であり，②発効後は正当な事由の存在および家庭裁判所の許可を要件とする．また，任意後見人に「不正な行為，著しい不行跡その他その任務に適しない事由」があるときに家庭裁判所は任意後見人を解任することができる（但し家裁による職権解任はできない）．この解任事由として，任意後見人受任者の段階およびそれ以前の事由の主張は許されないとされる[23]．

(6) 法定後見と任意後見の関係

任意後見契約が登記されている場合，家庭裁判所は，本人の利益のために特に必要があると認めるときに限り，後見開始の審判などをすることができる．本人の自己決定の尊重の理念からは，任意後見による保護を優先し，原則として法定後見開始の審判をすることができないとするものである．例外となる「本人の利益のために特に必要があると認めるとき」に関しては，立法担当者は，①本人が任意後見人に授権した代理権の範囲が狭すぎるため，他の法律行為について代理権の付与が必要であるが，本人の精神の状況が任意の授権の困難な状態にある場合，②本人について同意権・取消権による保護が必要な場合などを挙げている．裁判例として，例外事由について，諸事情に照らし，任意後見契約所定の代理権の範囲が不十分である，合意された任意後見人の報酬額が余りに高額である，所定の任意後見を妨げる事由があ

---

23) 名古屋高判平成22年4月5日裁判所ウェブサイト．

る等，要するに，任意後見契約によることが本人保護に欠ける結果となる場合を意味するとするものがある[24]．

4 制度の利用促進に向けて

(1) 成年後見制度利用促進法と円滑化法

2016年4月，成年後見制度の利用の促進に関する施策を推進することを目的として成年後見制度利用促進法（以下，「利用促進法」とする）が制定され，また，成年後見人の郵便物および死後事務に関する権限の明確化を図るための民法および家事事件手続法の改正（以下，「円滑化法」とする）がなされた．

利用促進法は，基本理念および基本方針を定めるとともに，基本計画および体制に関して定めており，基本方針は基本理念に対応する形で規定されている．基本理念として，①成年後見制度の理念（ノーマライゼーション，自己決定の尊重，身上の保護）の尊重，②地域の需要への的確な対応，③制度利用のための必要な体制整備が掲げられている[25]．基本方針は，①について，保佐および補助の利用促進，成年被後見人等の権利制限規定の見直し，医療等に係る意思決定が困難な者への支援等の検討，任意後見制度の積極的な活用などが掲げられ，②については，地域における成年後見人等の人材確保，成年後見実施機関に対する支援などである．③については，関係機関等の体制の充実強化および機関相互の連携の確保である．また，成年後見制度利用促進基本計画案の作成や，成年後見制度の利用の促進に関する施策における関係行政機関相互の調整等を行うための機関として，内閣府に，内閣総理大臣を会長とする成年後見制度利用促進会議が設置された．さらに，成年後見制度利用促進基本計画案の作成に当たっての意見具申や，成年後見制度の利用の促進に関する基本的な政策に関する重要事項に関して調査審議等を行うための機関として，有識者で組織される成年後見制度利用促進委員会が設置された．同委員会は，2018年4月1日をもって廃止され，新たに成年後見

---

[24] 大阪高決平成14年6月5日家月54巻11号54頁．
[25] 大口善徳＝高木美智代＝田村憲久＝盛山正仁『ハンドブック成年後見2法　成年後見制度利用促進法，民法及び家事事件手続法改正法の解説』（創英社／三省堂書店，2016年）53頁．

第 2 節　成年後見制度

制度利用促進専門家会議が設置されるとともに，同会議の事務局は厚生労働省に置かれた．

　円滑化法のポイントは，①成年後見人が家庭裁判所の審判を得て成年被後見人宛郵便物の転送を受けることができるものとしたこと，および，②成年後見人が成年被後見人の死亡後も一定の事務を行うことができるものとしたことである[26]．このうち，②のいわゆる死後事務に関しては，現行制度制定時より議論があり，成年後見は本人の死亡により終了するものの，本人の身寄りがない場合や相続人に対する引継ぎが円滑にできない場合には，成年後見人が本人の公共料金や医療費，葬祭費用の支払いなどをせざるを得ないといった実情があった[27]．そこで，円滑化法は立法的解決を図り，成年被後見人の死亡後も成年後見人が一定の事務を行うことができるようにしたものである．ただし，成年後見人のみが対象とされており，保佐人，補助人は対象外である点に留意が必要である．

(2)　成年後見制度利用促進基本計画

　成年後見制度利用促進委員会は，2017 年 1 月，成年後見制度利用促進基本計画に盛り込むべき事項に関する意見書を公表した[28]．意見書においては，①利用者がメリットを実感できる制度・運用の改善として，財産管理のみならず，意思決定支援・身上保護の重視や適切な後見人等の選任と後見開始後の柔軟な後見人等の交代などが挙げられている．また，②権利擁護支援の地域連携ネットワークづくりとして，権利擁護支援が必要な人の発見と早期からの相談，後見人等と福祉等の関係者がチームとなって本人を見守ること，協議会などによるチーム支援などが挙げられている．さらに，不正防止に関連し，③不正防止の徹底と利用しやすさとの調和が掲げられ，後見制度支援信

---

26)　大口ほか・前掲（注 25）77 頁．
27)　赤沼康弘「郵便物および死後事務に関する民法等の改正」実践成年後見 63 号（2016 年）24 頁．
28)　成年後見制度利用促進委員会「成年後見制度利用促進基本計画に盛り込むべき事項についての成年後見制度利用促進委員会の意見について」内閣府 HP <http://www.cao.go.jp/seinenkouken/iinkai/pdf/iken.pdf>（2017 年 10 月 8 日アクセス）．

託に並立・代替するような新たな方策の検討が挙げられている．いずれも，従来から成年後見制度の問題点として挙げられてきた事柄である．特に，チーム対応の重視は，本人にとって利益となると思われるだけでなく，これまで後見人の大部分が個人として本人に対応してきたことから，真摯に職務に取り組む成年後見人であればあるほど職務の困難さが生じやすい状況が打開されることも期待される．その後，成年後見制度利用促進委員会によるこれらの意見を踏まえ，2019 年 3 月 24 日，成年後見制度利用促進基本計画が閣議決定された[29]．そこでは，平成 29 年度から 33 年度までの 5 年間において基本計画の内容を達成するための工程表が示されている．今後の施策の目標として，①利用者がメリットを実感できる制度・運用への改善を進めること，②全国どの地域においても必要な人が成年後見制度を利用できるよう，各地域において，権利擁護支援の地域連携ネットワークおよび中核機関の構築を図ること，③不正防止を徹底するとともに，利用しやすさとの調和を図り，安心して成年後見制度を利用できる環境を整備すること，④成年被後見人等の権利制限に係る措置を見直すことが掲げられている．①に関連し，従来の医師の診断書の書式が改定され，また，福祉関係者が本人の生活状況等に関する情報を記載し，医師にこれを伝えるためのツールとして，新たに「本人情報シート」が作成されることとなった．この本人情報シートは，審判申立て時，審判時，審判後の成年後見事務の遂行のいずれにおいても活用されることが想定されている．本人の生活状況やその変化を把握することを通じ，本人の自己決定がより尊重されるような支援がなされることが求められる．また，市町村は上記の基本計画を勘案し，当該市町村における成年後見制度の利用促進に関する施策についての基本的な計画を定めるよう努め，成年後見等実施機関の設立等にかかる支援その他の必要な措置を講ずるよう努めるものとされている．現在，各市町村の実情に応じた取り組みが進められている[30]．地域における社会資源が異なるなか，今後，各地域において新たなモデルとも称されるような支援体制が作られ，さらに，その取り組み

---

29) 内閣府「成年後見制度利用促進基本計画」内閣府 HP <http://www.cao.go.jp/seinenkouken/keikaku/pdf/keikaku1.pdf>（2017 年 10 月 9 日アクセス）．

第3節　信託による財産管理

　高齢者の財産管理の方法は，前節の成年後見制度以外にも，委任契約を締結して財産管理を第三者に委任する方法，生前贈与，遺言（第6章参照）等の制度が用いられている．

　しかし，これらの制度にはそれぞれデメリットがある[31]．成年後見制度については，高齢者本人の自己決定権が完全に奪われてしまう点，費用が高く後見人にとっても負担が大きい点，誰を後見人として指定するかで家族間の紛争となり得る点などが挙げられる[32]．また，委任契約については，たとえ委任契約を結んでも不動産等財産の所有権は高齢者本人に帰属するので，認知症などで判断能力が低下した場合の意思確認が難しい．生前贈与も，贈与税がかかるだけでなく，一度，生前贈与をしてしまうと後に気が変わっても撤回できない．遺言による相続をしたとしても，遺留分（民法1028条以下）が請求されたら，さらなる争いが起こる可能性がある．

　これらの弱点を補ってくれる財産管理制度として，近年，家族信託が注目され始めている．信託を設定することで，成年後見制度と同様に高齢者の財産を管理・処分することが可能となる．また，成年後見制度は高齢者本人一代限りの財産管理となるが，信託は，本人の死後の財産を管理・処分することもできる．つまり，遺言と同様の効果を期待することができる．信託によ

---

30)　市町村が中核機関を設置する際の手引きとして，成年後見制度利用促進体制整備委員会『地域における成年後見制度使用促進に向けた体制整備のための手引き』厚生労働省HP <https://www.mhlw.go.jp/file/06-Seisakujouhou-12000000-Shakaiengokyoku-Shakai/taisei_seibi_tebiki_1.pdf>（2018年12月28日アクセス）．また，中核機関の設置状況等に関しては，厚生労働省社会・援護局地域福祉課成年後見制度利用推進室「成年後見制度利用促進施策に係る取組状況調査結果（詳細版）」厚生労働省HP <https://www.mhlw.go.jp/content/12000000/000489347.pdf>（2019年4月8日アクセス）．

31)　島田雄左『家族信託の教科書［第2版］』（税務経理協会，2017年）第3章．

32)　樋口・前掲（注9）．

る財産管理によって，高齢者の存命中の財産管理から死後の財産の処遇に至るまで，一貫継続して管理ないし処分が可能となるのである．

1 信託について

そもそも信託とは，特定の者が一定の目的に従い財産の管理処分およびその他の当該目的達成のために必要な行為をすべきものとすることをいうと規定されている（信託法2条1項）[33]．委託者たる高齢者が，信託行為によって，信頼できる人（この者を受託者と呼ぶ）に財産を移転し，受託者は信託目的にしたがって，受益者のためにその財産（この財産を信託財産と呼ぶ）を管理・処分する制度である[34]．この際，受託者は善良なる管理者の注意義務をもって（信託法29条），委託者たる高齢者の定めた目的の範囲内で，信託財産を管理処分することとなる．

日本における信託は，商事信託と民事信託に大別され，前者は商事的な取引の手段として，後者は家族や親族間の財産移転の手段として利用されている[35]．民事信託の内でも，委託者（高齢者）の財産管理や処分，承継の権限を本人の親類者に信託する場合を家族信託と解し[36]，以下で紹介する．

2 家族信託の設定とその実例[37]

〈事例1〉 高齢者Aさんには，知的障害のある長男Bと遠方に暮らす次男Cがおり，現在は障害のあるBと2人で暮らしている．Aさんには，収益不動産があり，現在はそこからの家賃収益で生活しているが，自身が亡くなった後は同居Bの将来の生活安定のために収益不動産の家賃を渡したい．また，

---

33) 信託一般については，樋口範雄『入門 信託と信託法［第2版］』（弘文堂，2014年），道垣内弘人『信託法入門』（日経文庫，2007年），神田秀樹＝折原誠『信託法講義』（弘文堂，2014年）などを参照．
34) 信託協会「信託の基本」<http://www.shintaku-kyokai.or.jp/trust/base/>（2019年4月2日アクセス）．
35) 樋口・前掲（注9）103頁．
36) 家族信託の定義規定は法律上置かれていないため，一般社団法人家族信託普及協会の定義等を参考にした．<http://kazokushintaku.org/whats/>（2018年9月30日アクセス）参照．
37) ここで述べる事例は，島田・前掲（注31），176頁以下及び185頁以下の例を一部改変した．

第3節　信託による財産管理

　Aさんが認知症になり施設へ入居した後，自宅に帰る見込みがなくなった場合には，自宅を処分してほしいが，当面はBと共に自宅に住み続けたいと考えている．このような場合にどうすればよいか．

　AさんがBに対して遺言で，財産を残すことは可能であるが，B自身に財産管理能力がないため成年後見制度を活用することになる可能性が高い．その場合，財産の柔軟な運用は難しくなる．そこで，委託者A，受託者に次男C，第一受益者をA，第二受益者をBとする信託契約を結ぶ．信託財産を不動産と金銭として，Aさんの死後に収益不動産の家賃収入をBに渡すよう信託契約の内容に設定しておく．さらに，自宅不動産を受託者Cの権限で売却できるように予め設定すれば，Aさんの意思を実現できる．

　〈事例2〉　高齢者Aさんと妻Bには，長男Cと次男Eがいる．Aさんは，自分たち夫婦が亡くなった後には自宅をCに継がせたいと考えている．しかし，C夫婦には子どもがおらず，Cが自宅を相続するとC亡き後にAさんと不仲なCの妻Dに相続されてしまう．自宅は血のつながった家族に引き継いでもらいたいと考えているAさんは，Cの死後は，次男Eに自宅を引き継いでほしいと希望している．

　このような場合には，AさんだけでなくCも遺言を書く必要がある．しかし，Cがどのような遺言を残すかはCの気持ち次第なので，Aさんの意向が必ずしも実現できるとは限らない．そこで，信託を利用することが考えられる．例えば，委託者A，受託者E，第一受益者C，第二受益者Eと設定しておけば，Aさんの意向を実現できるのである．

　このように，家族信託にはいくつかの優れた機能がある．
　第一に，判断能力の低下した高齢者の財産管理を行う機能である．この機能は前節の成年後見制度にもある．しかし，成年後見制度は高齢者の判断能力が低下した時点から開始されるため，高齢者の財産管理においては事後的救済方法である．それに対し，高齢者が元気なうちに設定することが可能な信託は事前救済方法と言える．また成年後見制度においては，成年後見人の判断で財産管理がなされるため，高齢者本人の意思に反した財産管理がされ

る可能性もある．信託では，高齢者本人の意思を貫徹できる．

第二に，相続紛争回避ないし遺言代替手段としての機能である．近年，「争族」と揶揄されるほど[38]，相続をめぐる紛争が頻発している．その中で，信託によって財産を承継する方法が注目されている．信託を用いれば，家族形態が多様化する中で，現行民法上の相続人になりえない人（例えば，自分の世話をしてくれている子どもの配偶者など）に財産を承継させることも可能である．また，信託は，通常の相続とは異なり，財産を年金のように毎月与えるといった柔軟な方法で承継させることもできる．

その他にも，信託財産の所有権を受託者に完全に移転させることで，悪徳商法から高齢者の財産を守るという機能もある．遠方に暮らす親族等は，高齢者を犯罪被害から未然に防ぐ手段として信託を利用することができる[39]．

3　家族信託に関する問題点

上記のように，信託を利用するメリットは多いが，利用がまだそれほど進んでいない．その理由については以下の点を指摘できる[40]．

(1) 受託者の選定

家族信託においては受託者が重要なアクターとなるが，受託者を誰にするのかという点が問題になることが多い．家族信託では親族が受託者となることが想定されているが，信託業従事者でない一般の人が信託に関する正確な知識（例えば，分別管理義務，帳簿作成，報告および保存義務など）を有していない可能性がある．

また，信託では受託者に所有権が移るため，高齢者の財産権が濫用される

---

38) 樋口・前掲（注9）．
39) 新井誠『高齢社会と信託』（有斐閣，1995年）34頁．一方で，自分の財産を他の者に移転することに対して抵抗感を覚える高齢者も多く，この点が信託促進を阻害しているとの指摘もある．日本弁護士連合会『高齢者・障害者の財産管理と福祉信託』（三協法規出版，2008年）143頁．
40) トラスト未来フォーラム「家族信託の現状と課題」（2016年）<http://trust-mf.or.jp/business/pdf/download/20160804164009.pdf>（2018年9月30日アクセス）．

第 3 節　信託による財産管理

恐れもある．信託法は，受託者に上記の分別管理義務の他にも，忠実義務（同 30〜32 条），公平義務（同 33 条）等の様々な義務を課し，委託者の財産が受託者によって不適切に処分・濫用されるのを防止している．

(2) 委託者の判断能力

信託は判断能力がない場合には設定できないため，高齢者の認知症の程度次第では信託成立が否定される可能性がある．信託設定に必要な判断能力の程度は，信託の内容に依存する．例えば，遺言信託や遺言代用信託であれば，遺言能力のみで足りるかもしれない．その一方で，不動産を含む複雑な信託となると，その内容や結果を十分に理解できる程度には高度な意思能力が求められる可能性がある[41]．

(3) 高齢者の身上監護

信託には，信託財産に対する処分・管理権限しか認められておらず，成年後見人に認められているような身上監護権は付与されていない．もっとも，成年後見人の身上監護権も，法律上はそれらに関する法律行為の権限であるから，実際に，介護等を成年後見人が行う義務があるわけではない．海外の信託では，財産管理に関連して，身上監護に関する同じような権限を委ねる場合もあるので，本来的な相違ではないが，わが国では，そのような運用がなされない可能性がある．また，アメリカ等では，信託とともに持続的代理権を設定し，本人の心身の能力が衰えた場面に対処するが，それもまたわが国で同じような法律実務が発展するかは未知数であり，結果的に，身上監護の面で不十分な結果となる可能性がある．

(4) 遺留分減殺請求権

すでに，信託設定に関し，遺留分減殺請求権について争われた裁判例が出ている．信託制度においても遺留分を侵害することは許されないから，信託

---

41) 福島直樹「認知症患者の不動産取引をめぐる最近の判例動向」(REITO 2011.1 NO. 8) <http://www.retio.or.jp/attach/archive/80-076.pdf> (2018 年 6 月 30 日アクセス)．

の設定の仕方によっては，遺留分減殺請求（民法1031条）が適用される場合がある．特に，跡継遺贈型受益者連続型信託[42]と呼ばれる信託に関して，受益権承継の際に他の相続人の遺留分に十分留意した信託条項を定めておかないと，せっかく信託を設定しながら，相続に関する争いが生じてしまう可能性がある．

　家族信託の設定のためには，判断能力が低下した場合から相続に至るまでの財産管理について，高齢者が元気なうちに，家族・親族間で話し合う必要がある．しかし，高齢者が存命中に死後の相続等を話し合う習慣はわが国ではまだ根付いていない．上述の要因もあり，利用がまだまだ進んでいないのが現状である．

---

42) 現受益者（例えば高齢者本人）の有する信託受益権が受益者死亡により複数の世代の予め指定されていた者に順次承継される旨の定めのある信託をいう．

第6章
高齢者と家族・相続

牛嶋 勉　宮本誠子

第1節　高齢者と家族に関する法律問題

　高齢者にとって家族の存在は重要である．かつて高齢期が短かった時代，すなわち退職後の残された時間がそれほどなかった時代における高齢者の典型的イメージは，経済的には年金生活者であり，人生において仕事も子育ても終えて，同居または近居の孫の世話をすることを楽しみにしているようなものだった．介護が必要になれば配偶者や子どもなどに頼ることになる．まさに「余生」だったのである．

　ところが，現代の高齢者のイメージは一変したといってよい．寿命が格段に延びて，高齢期が長期になったこと，家族の関係においても，独居高齢者が増加し，介護を配偶者や子どもに頼れない高齢者が増えた．本章では，このような新たな超高齢社会における高齢者と家族に関する法律問題を取り上げる．ただし，その内容は，高齢者に家族がいる場合の問題となる．

　高齢者に関することであるからといって，適用される家族法が他の世代と異なるわけではない．例えば，高齢者が離婚する際にも，他の世代にも適用される離婚の法が適用される．ただ，高齢者が最も関心を寄せる，家族に関する法律問題といえば，相続の問題だといってよいだろう．それは，高齢者は，若い世代の人とは異なり，人が死すべき存在であることを意識するようになっているためである．

そこで，本章では，その大半（第2節から第8節まで）において，相続法の基本的内容を記述する．まず，第2節において，相続の基本的考え方を述べたうえで，第3節において，本来，高齢者が相続問題を考えるなら当然作成すべきと思われる遺言について説明する．第4節では，遺言の自由を制約する遺留分制度について，第5節では相続人による遺産分割をとりあげる．わが国の実態においては，この遺産分割協議が重要になっている．さらに第6節では，相続と同等の機能を果たし得る贈与について説明する．なお，民法の相続編について，2018年に40年ぶりの相続法改正が成立したので，主に配偶者の相続権に関わる部分について第7節で記述する．その後，第8節では相続問題について実質的に大きな影響を及ぼす高齢者の税の問題を概説する．

第9節では，相続法が抱える課題について，法制度上の問題と運用上の課題に分けて概観する．

本章の最後の部分，第10節では，高齢者の離婚・再婚という課題をとりあげる．特に離婚は独居高齢者の増加の一因でもあり，高齢者に心理的にも経済的にも大きな影響を及ぼす．高齢者は，それに関する法制度の基本がどのようなものであるかを知っている必要がある．

第2節　相　続

1　法定相続と遺言の関係

一般的には，「遺産は法律で定められた割合（法定相続分）で相続するものであるから，相続人はその割合の財産をもらえる」と考えている人が多い．しかし，これは遺言の効力を念頭に置いていない．

遺言による相続（遺言相続）は法定相続に優先するから，遺言によって，法定相続分と異なる分配ができる．遺言がない場合に，はじめて法定相続によることになる[1]．しかし，遺言がある場合でも，相続人全員の話し合い（遺産分割協議）により相続人間の遺産の分配について（相続人以外への遺贈は除

く）全員の合意が得られれば，それに従って遺産を分配できることも多い．

また，遺言によって，法定相続人でない人にも遺産を分配することができる．法定相続人は一定の親族であるが，遺言をすればだれに対しても財産を与えることができる．例えば，学校や施設など，各種の団体に遺産を交付することも可能である．

しかし，遺言は，万能ではなく，遺留分によって制約される．後述するとおり，一定の相続人は，遺言等があっても一定割合（遺留分）の相続を保障されている．

2 相続人と相続分

相続人は，以下の各場合に応じて，民法で決められた割合（法定相続分）で遺産を相続する（民法900条）．なお，相続の放棄をした者は，初めから相続人とならなかったものとみなされ（民法939条），上記の相続人には含まれない．

①**配偶者と子（または孫等）がいるとき**

配偶者が遺産の2分の1を，子が2分の1を相続する．子が2人以上いるときは，2分の1を均等に分ける．実子も養子も均等である．子が先に死亡して孫がいるときは，死亡した子の子（孫）全員が代襲して相続する（民法887条2項，901条）．

②**子等がなく，配偶者と父母（または祖父母等）がいるとき**

配偶者が3分の2，父母が3分の1を相続する．父母の両方が生存していれば6分の1ずつ相続する．養父母がいれば，実父母と均等に分ける[2]．父母が全員死亡して祖父母がいるときは，祖父母が3分の1を均等に分けて相続する．

③**子等，父母等がなく，配偶者と兄弟姉妹（またはその子）がいるとき**

配偶者が4分の3，兄弟姉妹が4分の1を相続する．兄弟姉妹が2人以上いるときは，4分の1を均等に分ける．ただし，父母の一方のみを同じくす

1） 内田貴『民法Ⅳ　親族・相続［補訂版］』（東京大学出版会，2004年）327頁．
2） 内田・前掲（注1）378頁．

る兄弟姉妹の相続分は，父母の双方を同じくする兄弟姉妹の相続分の半分とされる．兄弟姉妹が死亡してその子がいるときは，死亡した兄弟姉妹の子全員が代襲して相続する（民法889条2項, 901条）．

④配偶者のみがいるとき

配偶者が全部を相続する．

⑤配偶者がなく，子（または孫等）がいるとき

子（または孫等）が全部を相続する．

⑥配偶者も子もなく，父母（または祖父母等）がいるとき

父母が全部を相続する．父母が全員死亡して祖父母がいるときは，祖父母が全部を相続する．

⑦配偶者，子・孫等，父母・祖父母等がなく，兄弟姉妹またはその子がいるとき

兄弟姉妹が相続する．兄弟姉妹が死亡してその子がいるときは，死亡した兄弟姉妹の子全員が代襲して相続する．

第3節　遺　言

1　遺言とは

民法における遺言の制度は，一定の事項について，遺言者の死後の法律関係が遺言で定められたとおりに実現することを法的に保障する制度である[3]．前述したとおり，遺言は法定相続に優先し，遺言がない場合に，はじめて法定相続によることになる．

2　遺言事項

遺言の内容として法的に効力を持つ事項は，法律で定められており，それは次に列挙するとおりである．したがって，遺言を書く際には，これらの項目に該当するかを確かめる必要がある．

3）　内田・前掲（注1）461頁．

第 3 節　遺　言

①**相続分の指定，または指定の委託**（民法 902 条）

法定相続分と異なる割合で相続させたいときは，遺言で相続分を指定する必要がある．その指定を，遺言でだれかに委託することもできる．

②**特別受益分控除の免除**（民法 903 条 3 項）

相続人が被相続人から生前に特別の贈与を受けたり，遺贈を受けたりした分は，遺産分割の際に，相続分の前渡しとみるのが原則であるが，相続分とは別に与えた旨の意思表示をすることができる．

③**遺産分割方法の指定，または指定の委託**（民法 908 条）

遺言で相続人のうちのだれに，どの財産を取得させるか，具体的に指定することができる．

④**遺産分割の禁止**（民法 908 条）

遺言で，5 年以内の期間，分割を禁止することができる．

⑤**相続人相互の担保責任の変更**（民法 914 条）

分割した遺産を取得した相続人に対して，他の共同相続人は担保責任を負うが（民法 911 条以下），遺言でその責任を軽くしたり，重くしたりすることができる．

⑥**遺言執行者の指定，または指定の委託**（民法 1006 条）

遺言書どおりに実行させるために，遺言で遺言執行者を指定しておくことができる．

⑦**相続人の廃除，またはその取消し**（民法 893 条，894 条）

推定相続人を相続人でなくすることが廃除である．相続人の廃除やその取消しを家庭裁判所に請求することは，生前にもできるが，遺言でその意思を示すこともできる．

⑧**祭具等の承継者の指定**（民法 897 条）

仏壇やお墓などの承継者を指定することができる．

⑨**遺贈**（民法 964 条）

贈与は生前に受贈者との間で契約を締結して，財産を無償で与えることである（民法 549 条）が，これを遺言で行えば「遺贈」になる．

⑩**一般財団法人設立の意思表示**（一般社団法人及び一般財団法人に関する法律 152

条2項)

遺言で一般財団法人を設立する意思を表示することができる．

⑪**信託の設定**（信託法3条2号）

遺産を第三者に託して，一定の目的のために管理または処分させる旨の信託を設定することは，生前にもできるが，遺言でもできる．

⑫**認知**（民法781条2項）

認知は，婚姻外で生まれた子を自分の子として認めることである．これは，生前にもできるが，遺言でもできる．

⑬**未成年後見人・未成年後見監督人の指定**（民法839条，848条）

親権者が1人である場合，当該親権者は，遺言で自己の死亡後の未成年の子の後見人や後見監督人を指定することができる．

3 遺言の方式

遺言の方式は，民法で厳格に定められており，民法に定める方式に従わなければ無効である（遺言の要式性．民法960条）．遺言の方式は，普通方式と特別方式に，大きく分けることができる．普通方式は，一般的に用いることのできるもので，特別方式は，死にかけているときや船に乗っているときなど，特別の状況のもとで用いるものである．

普通方式の遺言は，次の3種類に限られており，遺言をする者は，この中から自分に適した方式を選ぶ必要がある．

(1) 自筆証書遺言

自筆証書遺言は，遺言する人が自分自身で遺言の全部の内容と日付を書き，署名して印を押すものである（民法968条1項）．印は認印でも良い．全文を自書することは遺言者の負担が大きいので，後述する平成30年7月6日に成立した改正民法（以下，改正民法という）により，相続財産目録の全部または一部を添付する場合には，その目録は自書を要しないこととなった（改正民法968条2項)[4]．ただし，自書によらない財産目録の各頁に遺言者が署名・押印しなければならない．また，加除等の変更についても厳格な方式を

守らなければ変更の効力がないので（同条3項），注意を要する．

(2) 公正証書遺言

公正証書遺言は，遺言する人が公証役場へ行き，2人以上の証人の立会いのもとに，遺言の内容を口頭で公証人に述べ，公証人がそれを筆記して作成するものである（民法969条）．

(3) 秘密証書遺言

秘密証書遺言は，遺言する人が遺言の内容を書き，署名して印を押し，封筒に入れて同じ印で封印し，これを公証役場に持参し，公証人と証人2人以上の前に提出して，公証人が日付等を書き，遺言者，証人，公証人が署名・押印して遺言者に渡すものである（民法970条）．

　自筆証書以外の方法の遺言では，それぞれの方式に従って証人または立会人が必要である．証人は，遺言が真意に基づくことを証明する者であり，立会人は，遺言作成に立会い，遺言成立の事実を証明する者である[5]．
　次の者は遺言の証人または立会人になることができないから（欠格事由．民法974条），注意を要する．
　①未成年者
　②推定相続人，受遺者，及びその配偶者・直系血族
　③公証人の配偶者・4親等内の親族・書記・使用人

4　3つの普通方式の遺言の特徴[6]

(1) 自筆証書遺言の特徴

　長所は，簡単に作成できること，秘密を守ることができること，費用がか

---

4) 法務省ウェブサイト「民法及び家事事件手続法の一部を改正する法律について（相続法の改正）」のうち「遺言制度の見直し」，松嶋隆弘『法務と税務のプロのための改正相続法　徹底ガイド』（ぎょうせい，2018年）68頁以下．
5) 中川善之助ほか『相続法［第四版］』（有斐閣，2000年）507頁．

からないことである．公正証書遺言や秘密証書遺言と異なり，公証人に依頼したり証人を用意したりする必要がなく，自分ひとりで作成できる．したがって，いつでも，どこでも，簡単に作成できる．だれの手もわずらわす必要がないので，自分で漏らさないかぎり秘密を保つことができ，費用も特にかからない．

短所は，だれかに変造・隠匿・破棄されたり，紛失したりするおそれがあること，方式違反や内容不明などで無効になるおそれがあること，死後，家庭裁判所で検認を受ける必要があることである．

方式違反や内容不明などで無効とされないよう，弁護士などにチェックしてもらうことが望ましい．

(2) 公正証書遺言の特徴

長所は，変造・隠匿・破棄されたり，紛失したりするおそれがないこと，公証人が作成するので方式違反や内容不明などで無効となるおそれがないこと，家庭裁判所で検認を受ける必要がないことである．

短所は，公証人に依頼し，証人2人以上を用意するなど手数がかかること，公正証書作成手数料などの費用がかかること，証人から秘密が漏れるおそれがあることである．

注意すべき点は，公証人は，遺言者の意向に従って遺言を作成するものであり，遺言者にとってどのような内容の遺言が最も適切であるかについて相談に乗る立場にはないことである．公正証書遺言をする場合は，公証役場に行く前に，弁護士や税理士などに相談して，自分にとってどのような内容の遺言をするのが最も良いかを検討し，内容を確定しておくことが大切である．その検討を怠ったために，せっかく公正証書遺言を作成したにもかかわらず，遺言者の意思が生かされなかった例が見受けられる．

可能であれば，公正証書遺言を作成することが望ましい．特に，病床にある場合や認知症の可能性がある場合は，後になって遺言の効力が争われる可

---

6) 日本税理士会連合会『民法・税法からみる相続・贈与実務ハンドブック』（東林出版社，2000年）38頁以下．

能性があるので，遺言する時点で，公証人によって遺言能力の確認が通常行われる公正証書遺言は，争いの防止に役立つことが多い．公証人に自宅や病院に出張してもらって公正証書遺言を作成することも可能である．また，検認が不要で直ちに遺言の執行に着手できることもメリットである．

(3) 秘密証書遺言の特徴

　長所は，秘密を守ることができること，自筆証書遺言より変造・隠匿・破棄のおそれが少ないことである．短所は，公正証書遺言と同じく公証人に依頼し，証人2人以上を用意しなければならないので手数と費用がかかること，自筆証書遺言と同じく方式違反や内容不明で無効になるおそれがあること，変造・隠匿・破棄・紛失のおそれがあること，家庭裁判所の検認を要することがある．短所が多く，実務上は，あまり使われていない．

5　遺言の撤回・変更

　遺言の内容を変更するには，いろいろな方法がある．

(1) 新遺言による変更

　まず，新たな遺言をして前の遺言を変更することができる．前の遺言内容に反する新たな遺言をした場合は，後の遺言が優先し，前の遺言は撤回されたものとみなされる（民法1023条1項）．新たな遺言は，どういう方式の遺言でもかまわない．

(2) 遺言と抵触する行為

　遺言をした後で，その遺言内容と抵触する法律行為がなされた場合は，抵触部分は撤回されたものとみなされる（民法1023条2項）．

(3) 遺言書の破棄

　遺言者が故意に遺言書を破棄した場合は，その部分については遺言を撤回したものとみなされる（民法1024条）．「破棄する」とは，遺言書を破り捨て

ることだけでなく，焼却する，あるいは読めないようにしてしまうことなども含む．

(4) 目的物の故意による破棄

遺言書で遺贈した目的物を故意に破棄した場合は，その目的物については遺言を撤回したものとみなされる（民法1024条）．

6 遺言書の保管

遺言書をどのように保管するかは，きわめて重要である．せっかく遺言書を作成しても，保管が悪くて紛失したり，あるいは，死後に破棄・隠匿されたりしてしまっては役に立たず，また遺言書が相続人の目に触れなければ，執行されないからである．

最もよい方法は，信頼できる人を遺言執行者に指定して，遺言執行者に遺言書を預けることである．仮に遺言執行者を定めない場合でも，信頼できる第三者に遺言書を預けることが望ましい．また，だれにも遺言書を預けない場合は，死後間違いなく発見される保管の仕方をしておく必要がある．

「法務局における遺言書の保管等に関する法律」が成立し，2020年7月10日に施行される[7]．これにより，法務局において自筆証書遺言に係る遺言書を保管する制度が新設された．

公正証書遺言の場合は，原本[8]が公証人の管理下で原則20年保管される（公証人法施行規則27条）．通常は，遺言者が公正証書遺言の正本を保管し，正本または謄本を遺言執行者，あるいは信頼できる人に預けておくケースが多い．公正証書遺言の正本を紛失等した場合には，改めて再交付を受けることができる[9]．

---

7) 法務省ウェブサイト「法務局における遺言書の保管等に関する法律について」．
8) 日本公証人連合会編『新訂公証人法』（ぎょうせい，2012年）によれば，「原本とは，法律行為の内容を表示するために確定的なものとして作成された文書であり，正本や謄本の基本となるもの」（115頁）であり，「正本とは，原本の正規の複製証書で，正本である旨の公証人の認証があるものをいい，原本と同じ効力を有するもの」（116頁）である．
9) 前掲（注8）118頁参照．

遺言公正証書については遺言検索システムがある．すなわち，公証人は，公正証書で遺言をした嘱託人の氏名，生年月日，遺言公正証書作成年月日等を，日本公証人連合会に報告し，データベース化されている．遺言者が死亡した後，相続人等の正当な利害関係人から，いずれかの公証人に対し，遺言の有無等について照会があったときに，同連合会に遺言の検索を依頼し，照会者に回答できる．

7　遺言書の検認・開封

(1) 遺言書の検認

　遺言者が死亡した場合，遺言書の保管者または遺言書を発見した相続人は，遅滞なく遺言書を家庭裁判所に提出して，検認手続きを受けなければならない（民法1004条1項）．この検認手続きは，公正証書遺言以外のすべての方式の遺言について要求される（民法1004条2項）．

　検認とは，遺言書の形式や態様などを調査し，確認して，偽造や変造などを防止しようという手続きである．したがって，検認を受けたとしても，遺言が有効であると決定されるものではない．危急時遺言についても，検認の手続きが必要だとされているから，「確認」の手続きが要求される危急時遺言についても，重ねて検認の手続きをとる必要がある．

(2) 遺言書の開封

　封印のある遺言書については，家庭裁判所で，相続人またはその代理人の立会いのもとでなければ開封してはならない（民法1004条3項）．

(3) 罰　則

　検認のために遺言書を家庭裁判所に提出する手続きを怠ったり，検認を受けないで遺言を執行したり，あるいは家庭裁判所に提出しないで封印のある遺言書を開封したりした場合は，5万円以下の過料に処せられる（民法1005条）．

8　遺言の執行

　遺言の内容には，遺言者が死亡して，直ちに実現されるものと，そうでないものとがある．直ちに実現される遺言には，例えば，相続分の指定がある．こういう事項については，特に遺言を実現するための手続きは必要ない．しかし，直ちに実現されない遺言については，遺言の内容を実現する手続きが必要である．この手続きを遺言の執行という．

　法律上，遺言執行者が執行しなければならない場合がある．それは，子の認知（民法781条，戸籍法64条），相続人の廃除及び廃除の取消し（民法893条，894条2項）である．遺言で遺言執行者を指定するか，指定の委託をしていない場合には，家庭裁判所に対して遺言執行者の選任を申し立てなければならない（民法1010条）．

　遺言で不動産を遺贈した場合は，遺言執行者が登記手続をするか，法定相続人全員の協力を得て登記手続をすることになる．法定相続人全員の協力を得ることができないけれども，遺言で遺言執行者が指定されていない場合は，家庭裁判所に遺言執行者の選任を申し立て，選任された遺言執行者が登記手続を行うことになる．

　最判平成3年4月19日（民集45巻4号477頁）は，「遺言書において特定の遺産を特定の相続人に「相続させる」趣旨の遺言者の意思が表明されている場合……特段の事情のない限り，何らの行為を要せずして，被相続人の死亡の時……に直ちに当該遺産が当該相続人に相続により承継されるものと解すべきである」と判示した．ある法定相続人に対して不動産を「相続させる」との遺言がある場合は，その相続人が単独で相続の登記をすることができる．

　改正民法1014条2項は，特定の財産を共同相続人の1人または数人に承継させる旨の遺言（特定財産承継遺言）があったときは，遺言執行者はその共同相続人が改正民法899条の2第1項の対抗要件を備えるために必要な行為をすることができると規定した[10]．

　預金や株式等については，相続させる旨の遺言（特定承継遺言）があっても，

第 4 節　遺留分

銀行や証券会社等は，法定相続人全員の承諾がなければ相続によって承継した旨の名義書換えを行わないという慎重な取扱いをしているのが通常である．この点について，改正民法1014条3項は，預貯金債権について特定財産承継遺言があったときは，遺言執行者は，預貯金の払戻しの請求及び解約の申入れをすることができると規定した[11]．

第 4 節　遺留分

1　遺留分の範囲

(1) 遺留分権利者の範囲

遺留分制度とは，相続財産の一定割合を一定の範囲の相続人に留保する制度である[12]．遺留分権利者は，兄弟姉妹を除く法定相続人，すなわち配偶者，子，直系尊属である（改正民法1042条）．相続欠格，廃除，相続放棄によって相続権を失った者には，遺留分はない．

胎児は，生きて生まれれば，子としての遺留分を有する（民法886条）．子の代襲相続人は，被代襲者である子と同じ遺留分を有する（改正民法1042条，887条2項）．

(2) 遺留分の割合

①総体的遺留分の割合

まず，遺留分権利者全員についての，遺産全体に対する遺留分の割合が定められている（改正民法1042条）．この割合は相続人の構成によって異なる．

　ア　直系尊属のみが相続人であるときは，3分の1

　イ　その他の場合は，2分の1

---

10) 松嶋・前掲（注4）107頁以下．
11) 松嶋・前掲（注4）116頁．
12) 内田・前掲（注1）504頁，神谷遊「遺留分および遺留分侵害額の算定方法」『遺言と遺留分　第2巻　遺留分』（日本評論社，2011年）39頁．

②個別的遺留分の割合

遺留分権利者が複数いる場合は，総体的遺留分の割合に，各遺留分権利者の法定相続分の割合を乗じたものが，各人の遺留分の割合である（改正民法1042条2項，900条，901条）．

(3) 遺留分の算定
①遺留分算定の基礎となる財産
ア 遺留分の額を算出するためには，まず，算定の基礎となる被相続人の財産の額を確定する必要がある．その財産額は，被相続人が相続開始の時において有した財産の価額にその贈与した財産の価額を加え，その中から債務の全額を控除した額である（改正民法1043条1項）．
イ 相続開始の時において有した財産とは，相続財産中の積極財産である．遺贈された財産は，相続財産のなかに含まれると解されている．死因贈与財産を遺贈として扱うか生前贈与として扱うかは学説が分かれており，裁判所における実務も定まっていない[13]．
ウ 次のとおり，一定の贈与が加算される．

　相続開始前の1年間になされた贈与は遺留分の価額を算定するための財産の価額に加算される（改正民法1044条1項前段）．当事者双方が遺留分権利者に損害を加えることを知ってなした贈与は，1年より前になしたものでも加算される（改正民法1044条1項後段）．ただし，相続人に対する贈与については，「1年」は「10年」と，「価額」は「価額（婚姻若しくは養子縁組のためまたは生計の資本として受けた贈与の価額に限る）」とされる（改正民法1044条3項）．

　「損害を加えることを知って」とは，客観的に損害を加えるという事実関係を認識していれば足り，加害の意図は必要でない[14]．

　負担付贈与は，その目的の価額の中から負担の価額を控除して加算

---

13) 梶村太市「遺留分および侵害額の算定と減殺の順序——実務上の留意点」『遺言と遺留分　第2巻　遺留分』（日本評論社，2011年）23頁．
14) 大判昭和4・6・22民集8巻618頁．

する（改正民法 1045 条 1 項）．不相当な対価をもってした有償行為は，当事者双方が遺留分権利者を害することを知ってしたものに限り，その対価を負担の価額とする負担付贈与とみなして加算する（改正民法 1045 条 2 項）．

エ　債務を控除するのは，相続人の純取分額を算出するためである．控除されるべき債務には，私法上の債務のみでなく，公法上の債務（税金や罰金など）も含まれる[15]．

オ　財産評価の基準時は相続開始時である．条件付権利または存続期間不確定の権利は，家庭裁判所が選定した鑑定人が評価する（改正民法 1043 条 2 項）．

②各人の遺留分額の算定

各遺留分権利者の遺留分の額は，遺留分算定の基礎となる財産額に，各人の遺留分の割合を乗じたものである．

2　遺留分侵害額の請求

(1) 遺留分侵害額請求権

遺留分をもつ相続人が被相続人から得た純財産額が，その遺留分額に達しない場合は，遺留分侵害額請求権が成立する．

改正前の民法では，減殺請求により当然に物権的効果が生ずるとされていた．しかし，改正民法はこれを見直し，遺留分を侵害された者は，受遺者または受贈者に対して遺留分侵害額に相当する金銭の支払いを請求することができるとする制度に変更された[16]（改正民法 1046 条 1 項）．

遺留分侵害額は，改正民法 1046 条 2 項に従って算出する．遺留分侵害額の請求を受けた受遺者または受贈者の負担額は，改正民法 1047 条によって定まる．

---

[15]　松原正明『全訂判例先例相続法Ⅴ』（日本加除出版，2012 年）351 頁，松川正毅＝窪田充見編『新基本法コンメンタール相続』（日本評論社，2016 年）253 頁〔潮見佳男〕．

[16]　松嶋・前掲（注 4）120 頁以下．租税実務への影響について，牛嶋勉「遺留分制度の見直しと実務への影響」税研 2016 年 11 月号 60 頁以下．

(2) 減殺請求権の期間の制限

① 1年の短期消滅時効

ア　遺留分侵害額請求権は、遺留分権利者が、相続の開始及び遺留分を侵害する贈与または遺贈があったことを知った時から、1年間行使しないときは時効によって消滅する（改正民法1048条前段）。

イ　短期消滅時効の起算点は、遺留分権利者が、相続開始及び遺贈または贈与があったことを知っただけではなく、それが遺留分を侵害するものであることを知った時である[17]。

② 10年の除斥期間

相続開始から10年経過したときは、遺留分侵害額請求権は消滅する（民法1048条後段）。これは時効ではなく、除斥期間である[18]。

第5節　遺産分割

1　遺産分割協議

共同相続人は、遺言によって遺産分割の禁止が指示されていない限り、いつでも協議によって遺産の分割ができる（民法907条1項）[19]。協議は、共同相続人全員が一堂に会してなされるべきであるが、全員が集合できないような場合には、持ち回りで行ってもよい。協議が有効になされるためには、その前提として、人的には、相続人となるべき者の全員が確認されていることが必要であり、物的には、対象となる遺産の範囲が把握されていることが必要である。

相続人の確認は戸籍によって行う。被相続人の死亡時の戸籍から遡っていくわけであるが、被相続人が子供を持つ可能性のある年齢まで遡る必要があ

---

[17]　大判明治38・4・26民録11輯611頁、大判昭和13・2・26民集17巻275頁、最判昭和57・11・12民集36巻11号2193頁。

[18]　松川正毅＝窪田充見編・前掲（注15）265頁〔潮見佳男〕。

[19]　日本税理士会連合会・前掲（注6）58頁以下。

る．相続人が 1 人でも欠ければ，協議は無効となる[20]．

相続人が未成年者の場合には，その親権者が子の法定代理人として協議に加わる．しかし，相続人中に，未成年者とその親権者がいる場合や，同一親権者の親権に服する複数の子がいる場合は，親権者が法定代理人として協議に加わると，親権者と子，あるいは子ら相互間の利益相反行為になる．そのような場合は，家庭裁判所に請求して子のために特別代理人を選任してもらい（民法 826 条），特別代理人が協議に加わる．特別代理人を選任しないでなされた協議は無権代理行為であり，子が成年に達した後追認することができる[21]．同じことは，相続人が被後見人の場合，その後見人との間でも起きる（民法 860 条．ただし，後見監督人が選任されている場合は別である）．

相続人が行方不明の場合は，家庭裁判所に申し立てて，その者につき財産管理人を選任し（民法 25 条），当該財産管理人に協議に加わってもらう必要がある．

遺産を確定するには，不動産登記簿の確認，銀行や証券会社に対する照会等が必要となる．遺産の全部が把握できない場合等には，その一部について分割協議をすることも可能である（改正民法 907 条 1 項）．分割協議は口頭の合意でも成立するが，協議成立の証として書面に残すのが普通である．特に，遺産中に不動産がある場合は，相続登記のために遺産分割協議書が必要となる．

2　遺産分割の方法

具体的な遺産の分割方法には，次のような種類がある[22]．

(1) 現物分割

遺産分割の原則的な方法である．現物分割をするにあたっては，遺産の評

---

20) 松川正毅 = 窪田充見編・前掲（注 15）111 頁〔松川正毅〕．
21) 最判昭和 46・4・20 家月 24 巻 2 号 106 頁．
22) 片岡武ほか『家庭裁判所における遺産分割・遺留分の実務［第 3 版］』（日本加除出版，2017 年）403 頁以下．

価が必要となる．厳密な評価を得ようとすれば，不動産鑑定等の鑑定によることになる．

相続財産が借地権である場合，これを相続人の共有（準共有）とするだけならば土地所有者の承諾は要らないが，各相続人が対象地の一部につき独立した借地権を取得するには，土地所有者の承諾を要する．

(2) 代償分割

共同相続人の1人または数人に，相続分を超える額の遺産を現物で取得させ，その代わりに相続分に満たない遺産しか取得できない他の共同相続人に対する不足分相当額の債務を負担させる方法である．このような分割が相当とされるのは，現物分割が不可能な場合，現物分割が可能であっても，分割してしまうと財産の経済的価値が著しく損なわれるような場合（例えば，遺産が面積の狭い土地であるような場合），特定の遺産に対する特定の相続人の利用を保護する必要がある場合（例えば，家業が農業であるときの農地）等であるが，同時に債務を負担する相続人に支払能力があることも必要である．家庭裁判所における遺産分割の審判でも，このような「特別の事由がある」場合に代償分割が可能とされている（家事法195条）．

分割協議や調停では，当事者の合意により債務負担の方法も任意に定めることができるが，審判でも，代償金の支払いを猶予したり，分割払いとすること，その代わりに支払い済みまで利息を付加することあるいは代償金の支払い確保のために担保権を設定すること等が可能であるとする見解がある．

(3) 換価分割

遺産を換価処分して，その代金を分割する方法である．現物分割が困難な場合や，分割によって遺産の価格が著しく損なわれるような場合には，代償分割のほかこの換価分割による．特に，相続人に資力が乏しく債務負担に耐えられない場合には，換価分割によるほかない．

分割協議や調停であれば，相続人の合意により遺産を任意に売却処分することができる．審判手続では，家庭裁判所が遺産分割の審判をするために必

要があると認めるときは，遺産の全部または一部につき競売または任意売却を命ずることができる（家事事件手続法 194 条 1 項，2 項）．ただし，任意売却とするには相続人全員の同意が必要である．

(4) 共有とする方法による分割

審判では，遺産の全部または一部を相続人の全員または一部の者に共有取得させるという方法も，分割方法として認められている．この場合，共有状態を解消するには，共有物分割訴訟によることになり，果たして終局的な解決といえるか問題である[23]．

(5) 用益権の設定による方法

遺産が不動産である場合，ある相続人に所有権を取得させ，他の相続人のために賃借権，使用借権等の用益権を設定するという方法が考えられる．協議や調停による場合はもちろん，審判でもこのような分割方法が認められるとする説がある[24]．

3 遺産分割の効力

遺産分割の協議，調停，審判が成立すると，その効力は相続開始時（被相続人の死亡時）に遡って生ずる（民法 909 条）．相続人が，分割によって取得した遺産を被相続人から直接承継したように扱うわけである．ただし，遺産分割前に登場した第三者（例えば，遺産の共有持分を譲り受けた者や担保権を設定した者等）の権利を害することができない（同条但書）．

---

23) 大阪高決平成 14・6・5 家月 54 巻 11 号 60 頁は，現物分割，代償分割，さらに換価分割さえも困難な状況にあるときに選択させるべきとする．
24) 野田愛子『遺産分割の実証的研究』（司法研修所，1962 年）129 頁．審判例として，盛岡家審昭和 42・4・12 家月 19 巻 11 号 101 頁（使用借権を設定），高松高決昭和 45・9・25 家月 23 巻 5 号 74 頁（賃借権を設定）等がある．ただし，有力な否定説がある（松原正明『全訂判例先例相続法Ⅱ』（日本加除出版，2006 年）348-349 頁）．

4 調停による遺産分割

(1) 調停の開始

①調停が開始される場合

遺産の分割について，共同相続人間に協議が調わないときは，各共同相続人は，遺産分割調停を裁判所に申し立てることができる（家事法244条）．

最初から審判を申し立てることも可能ではあるが，まず調停を申し立てるのが普通である．また，審判が申し立てられた場合でも，裁判所は，職権で調停に付すことができ（家事法274条），実際上の取扱いにおいても，最初から審判を申し立てた場合であっても，裁判所が職権で調停に回すことが多い．

②調停の申立て

遺産分割調停は，各共同相続人等の申立権者が管轄のある家庭裁判所に所定の方式に従って調停を申し立てることにより開始する．申立てをなし得るのは，各共同相続人である（民法907条2項）．また，包括遺贈の受遺者も相続人と同一の権利義務を有するから調停を申し立てることができる（民法990条）．遺言執行者も遺言執行に必要であれば調停を申し立てることができる場合がある（民法1012条1項）．

申立人以外の共同相続人は相手方となる．共同相続人の中に行方不明者がある場合，家庭裁判所に対して不在者財産管理人の選任を請求し，不在者財産管理人が不在者の代わりに調停に参加する（民法25条）．管轄裁判所は，相手方の住所地を管轄する家庭裁判所または当事者が合意して定める家庭裁判所である（家事法245条1項）．

調停の申立ては，管轄する家庭裁判所に対し，申立書を提出してしなければならない（家事法255条1項）．調停機関は，原則として調停委員会であるが，裁判官のみで調停を行うこともできる（家事法247条1項）．実際には，2人の調停委員（通常，男性及び女性各1名）が，裁判官と協議しながら調停を進め，裁判官は，必要に応じて調停に出席している．

第 5 節　遺産分割

(2) 調停の進行

　調停委員会は，各当事者から事情を聴取して各当事者の主張を整理し，事実の調査及び証拠調べを行い，調停成立に向けて，各当事者に対して説得を行い，必要な譲歩を求めて意見を調整する．

　状況により，調停委員会から調停案を提示することがある．調停委員会が，それまでの各当事者の主張及び事実の調査，証拠調べに基づいて，適当と判断される案を提示するものである．

(3) 調停の終了

①調停の成立

　調停において当事者間に合意が成立し調書に記載された時に調停は成立する（家事法 268 条）．調停調書の記載は確定した審判と同一の効力を有する．

②調停の不成立

　調停委員会は，当事者間に合意が成立する見込みがない場合または成立した合意が相当でないと認める場合は，調停が成立しないものとして事件を終了させることができる（家事法 272 条 1 項）．

　調停が不成立の場合，その調停が当事者の申立てによって開始されたものであれば，調停の申立てがあった時に審判の申立てがあったものとみなされ，審判に移行する（家事法 272 条 4 項）．

　また，当初，審判の申立てがなされたものについて裁判所が職権で調停に付したものであれば，元の審判手続きに戻る．

③申立ての取下げ

　申立てにより開始された調停については，申立人が申立てを取り下げることによって調停を終了させることができる（家事法 273 条）．この場合，相手方の同意は不要とされている．

5　審判による遺産分割

(1) 遺産分割の前提問題

　遺産分割を行う前提として，相続人の範囲，遺産の範囲，遺言の存否ない

し有効性，すでに遺産分割協議がなされている場合その有効性等が決まらなければならない．そこで，これらについて争いがある場合，どのようにして決すべきかが問題となる．このような前提事項について対立がある場合，常に別に訴訟を提起して判決を待たなければ審判できないのか，それとも審判手続の中で審理判断することができるのかが問題となる[25]．

この問題について，最大決昭和41年3月2日（民集20巻3号360頁）は，「遺産分割の請求，したがって，これに関する審判は，相続権，相続財産等の存在を前提としてなされるものであり，それらはいずれも実体法上の権利関係であるから，その存否を終局的に確定するには，訴訟事項として対審公開の判決手続によらなければならない．しかし，それであるからといって，家庭裁判所は，かかる前提たる法律関係につき当事者間に争があるときは，常に民事訴訟による判決の確定をまってはじめて遺産分割の審判をなすべきものであるというのではなく，審判手続において右前提事項の存否を審理判断したうえで分割の処分を行うことは少しも差支えないというべきである．けだし，審判手続においてした右前提事項に関する判断には既判力が生じないから，これを争う当事者は，別に民事訴訟を提起して右前提たる権利関係の確定を求めることをなんら妨げられるものではなく，そして，その結果，判決によって右前提たる権利の存在が否定されれば，分割の審判もその限度において効力を失うに至るものと解されるからである」と判断した．

すなわち，前提事項については，審判手続きの中でも判断できるが，審判手続においてした前提事項に関する審判については既判力が生じないから，これを争う当事者は，別に民事訴訟を提起して前提たる権利関係の確定を求めることができ，その結果，判決によって前提たる権利の存否が否定されれば，分割の審判もその限度において効力を失うことになる．

そこで，前提問題の性質，対立の程度その他の事情を考慮して，審判手続を進めるか，訴訟を提起してその結果を待つかなど，以後の手続の進め方を選択することになる．調停や審判手続が行われている場合は，進め方は家庭

---

[25] 片岡ほか・前掲（注22）53頁以下．

裁判所と当事者が協議して決することになる．

(2) 審判の開始

　審判が開始されるのは，審判が申し立てられた場合及び調停が不成立に終わり審判に移行した場合である．もともと審判が申し立てられ，職権で調停に付されていたがその調停が不調になった場合にも審判手続に戻ることになる．

　管轄裁判所は調停の場合と異なり，相続開始地の家庭裁判所である（家事法191条1項）．ただし，調停が不調により審判に移行する場合は，相続開始時の家庭裁判所で手続きが行われていなかったときは，管轄裁判所に移送するか，自庁処理の裁判をすることになる．

(3) 審判における審理

　家事審判手続は，民事訴訟と異なり，国家が後見的見地から積極的に介入し，具体的妥当な解決を目指す手続きである．家庭裁判所は，職権で事実の調査をし，かつ，申立てによりまたは職権で必要と認める証拠調べをしなければならない（家事法56条1項）．ただし，実際の審理においては，職権主義を原則としつつも，かなり当事者主義的に進められている．したがって，各当事者は，積極的に自己の主張を行い，それを裏付ける証拠を提出する必要がある．

　審判手続において，当事者の主張の確認，争点の整理並びに証拠調べがほぼ終了した段階で，裁判所が調停案を示して，再度調停に付すことがある．この段階で調停が成立すれば，遺産分割手続は終了する．

(4) 審判手続の終了
①審　判

　遺産分割審判手続において，審理が終了すると，家庭裁判所が判断を下す．これを審判という．審判は，これを受ける者に告知することによってその効力を生じる．ただし，即時抗告をすることができる審判は，確定しなければ

その効力を生じない（家事法74条2項）．

遺産分割審判に対しては，即時抗告ができるから，即時抗告の期間（2週間）の満了により確定する（家事法74条4項）．

②審判の取下げ

遺産分割審判を申し立てた者が申立てを取り下げた場合は，審判手続は終了する．ただし，相手方が書面を提出しまたは期日において陳述をした後は，相手方の同意を得なければ取下げの効力を生じない（家事法199条，153条）．

(5) 審判に対する不服申立て

審判に対して不服がある者は，2週間以内に即時抗告をすることができる（家事法85条，86条）．抗告裁判所（高等裁判所）は，抗告が不適法である場合には即時抗告を却下し，抗告自体は適法であっても理由がない場合は棄却し，抗告に理由があると認める時は，審判を取り消して審判に代わる裁判（決定）をする（家事法93条3項）．この自判が原則である．

申立てを不適法として却下した審判を取り消す場合及び原審判を取り消してさらに原審に審理させる必要がある場合は，原審に差し戻して審理させる（家事法93条3項）．

第6節　贈　与

1　贈与契約

(1) 贈与契約の意義

贈与契約は，ある人（贈与者）が相手方（受贈者）に無償で財産を与える契約である．贈与は，「諾成契約」とされており（民法549条），贈与者と受贈者間の無方式の合意のみで効力を生ずる．

(2) 書面による贈与

贈与契約には方式は必要でないが，書面によらない場合には当事者がこれ

を解除することができる（民法550条）．ここでいう「書面」に，贈与者が贈与する旨を明記して署名・押印した「贈与契約書」が当たることは当然であるが，「書面」は，緩やかに解されており，贈与者の贈与の意思が文書から判読できるものであれば「書面」と解される傾向にある．

(3) 書面によらない贈与

書面のない贈与を「書面によらない贈与」といい，各当事者は贈与契約を解除することができる（民法550条本文）．贈与契約の解除は相手方に対する意思表示によってなされる．書面によらない贈与であっても，履行の終わった部分は解除することができない（民法550条但書）．

不動産の引渡しがあれば登記が済んでいなくても履行の終了と認められ，受贈者からの移転登記請求が認められる[26]．また，不動産の移転登記がなされた場合も履行があったとされる．しかし，信義則によって，書面によらない贈与の取消しを制限したり，逆に，書面または履行があっても取消しを肯定すべき場合があると解されている（最判昭和53・2・17判タ360号143頁）．

2 贈与の効力

贈与者は，贈与契約によって負担した義務を，債務の本旨に従って履行する義務がある．贈与の目的物の引渡し，不動産の移転登記，債権譲渡の通知などである．他人の物の贈与契約を結んだ場合は，贈与者が目的物を取得したうえ受贈者に移転するという契約であれば，そのように履行する義務がある．

贈与者は，贈与の目的である物または権利を，贈与の目的として特定した時の状態で引き渡し，または移転することを約したものと推定される（民法551条1項）．

---

26) 最判昭和31・1・27民集10巻1号1頁．

3 特殊な贈与

(1) 定期贈与

定期贈与は，継続的に一定の財産を与える契約である．定期贈与は，贈与すべき期間を限定する場合と限定しない場合とがある．定期贈与は，特別の意思表示がない限り，当事者の一方の死亡によって効力を失う（民法552条）．

(2) 負担付贈与

負担付贈与とは，贈与契約において受贈者に一定の給付義務を負担させる契約である．受贈者の負担によって利益を受ける者は，贈与者の場合と，第三者の場合がある．

負担付贈与については，贈与の節の規定のほか，その性質に反しない限り双務契約に関する規定が準用される（民法553条）．

(3) 死因贈与

死因贈与とは，贈与者の死亡によって効力を生ずる贈与である．死亡によって効力を生ずる点は，遺贈（民法964条）と同様であるが，遺贈が遺言という単独行為でなされるのと異なり，死因贈与は両当事者の契約である．死因贈与には遺贈に関する規定が準用される（民法554条）．

死因贈与については，「遺言の取消に関する民法1022条がその方式に関する部分を除いて準用される」（最判昭和47・5・25民集26巻4号805頁）．ただし，負担付の死因贈与契約が締結され，受贈者が贈与者の生前に負担を履行した場合には，やむを得ないと認められる特段の事情のない限り，死因贈与の撤回（解除）は認められない（最判昭和57・4・30民集36巻4号763頁）．

第7節　民法（相続関係）等の改正の成立

1　改正法の公布・施行

　平成30年7月6日に「民法及び家事事件手続法の一部を改正する法律」が成立し，同月13日に公布された[27]．改正法の主な内容は，①配偶者の居住権を保護するための方策，②遺産分割に関する見直し，③遺言制度に関する見直し，④遺留分制度に関する見直し，⑤相続の効力等，⑥相続人以外の者の貢献を考慮するための方策である．

　その中で，配偶者の相続権に直接関わる改正として，「配偶者居住権」「配偶者の短期居住権」「配偶者保護のための方策（持戻し免除の意思表示の推定規定）」がある[28]．

　改正法は2019年7月1日から施行されたが，「配偶者居住権」「配偶者の短期居住権」については，2020年4月1日から施行される．

2　配偶者居住権（改正民法1028条）

　配偶者が相続開始時に居住していた被相続人の所有建物を対象として，終身または一定期間，配偶者にその使用または収益を認めることを内容とする法定の権利を新設した．遺産分割における選択肢の1つとして，配偶者は，配偶者居住権を取得することができるほか，被相続人が遺贈によって配偶者に配偶者居住権を取得させることができる．

3　配偶者短期居住権（改正民法1037条）

　ア　居住建物について配偶者を含む共同相続人間で遺産の分割をすべき場

---

[27]　法務省ウェブサイト・前掲（注4）．
[28]　松嶋・前掲（注4）28頁以下，水野紀子「日本相続法の構造的問題と配偶者相続権の見直し」税研2016年11月号48頁以下，牛嶋勉「夫婦財産関係と税制」金子宏ほか編『租税法と民法』（有斐閣，2018年）518頁以下．

合

　　配偶者は，相続開始の時に被相続人所有の建物に無償で居住していた場合には，遺産分割によりその建物の帰属が確定するまでの間または相続開始の時から6ヵ月を経過する日のいずれか遅い日までの間，引き続き無償でその建物を使用することができる．
イ　遺贈などにより配偶者以外の第三者が居住建物の所有権を取得した場合や，配偶者が相続放棄をした場合など，ア以外の場合

　　配偶者は，相続開始の時に被相続人所有の建物に無償で居住していた場合には，居住建物の所有権を取得した者は，いつでも配偶者に対し配偶者短期居住権の消滅の申入れをすることができるが，配偶者はその申入れを受けた日から6ヵ月を経過するまでの間，引き続き無償でその建物を使用することができる．

4　配偶者保護のための方策（持戻し免除の意思表示の推定規定）

　婚姻期間が20年以上である夫婦の一方配偶者が，他方配偶者に対し，その居住用建物またはその敷地（居住用不動産）を遺贈または贈与した場合については，民法903条3項の持戻しの免除の意思表示があったものと推定し，遺産分割においては，原則として当該居住用不動産の持戻し計算を不要とする（当該居住用不動産の価額を特別受益として扱わずに計算をすることができる）（改正民法903条4項）．

第8節　高齢者の税に関する問題

1　高齢者と税に関する主な問題

　高齢者とその家族にとって一番気がかりな税は，相続税であろう．平成27年1月1日以降の相続または遺贈については，相続税の基礎控除が従来の6割に縮小され，それによって課税範囲が大幅に拡大されるとともに，最高税率も引き上げられた[29]．その相続税を回避するために，いわゆる生前

贈与を行うと贈与税が課税される．贈与税は，相続税を補完する税であるとされ，その税率は，相続税より高く設定されている．

高齢者は，毎年の収入に課税される所得税も気がかりであると思われるが，年金等については所定の課税方法が定められている．

2　相続税の概要

相続税の概要を述べる．相続税は複雑なので，税理士等に相談して対処することが望ましい．

(1) 相続税とは

相続税は，人の死亡によって財産が移転する機会にその財産に対して課される租税である[30]．遺贈とは，被相続人の遺言によってその財産を移転することをいい，死因贈与は，相続税法上，遺贈として取り扱われる．相続時精算課税とは，贈与時に贈与財産に対する贈与税を納付し，贈与者が亡くなったときにその贈与財産の価額と相続や遺贈によって取得した財産の価額とを合計した金額を基に計算した相続税額から，既に納付した贈与税に相当する金額を控除した額をもって納付すべき相続税額とする制度（相続時に精算）である．贈与により財産を取得した人が，この制度の適用を受けるためには，一定の要件の下，原則として贈与税の申告期限までに贈与税の申告書とともに「相続時精算課税選択届出書」を税務署に提出する必要がある．

特に注意を要するのは，相続税の多寡に大きく影響する配偶者の税額軽減と小規模宅地等の特例である．これらの措置の適用を受けられるのは，遺産分割がなされた財産だけであるから，遺産分割協議が未了の状態では，これらの措置の適用を受けることができず，相続税の申告期限までに多額の納税をせざるを得ない場合がある．遺産分割協議を行う上で，この点は十分留意

---

29)　吉沢浩二郎ほか『改正税法のすべて――平成 25 年度国税・地方税の改正点の詳解』（日本税務協会，2013 年）564 頁以下．

30)　金子宏『租税法［第 23 版］』（弘文堂，2019 年）671 頁．相続税の概要については「相続税のあらまし」（国税庁ウェブサイト），相続税の申告・納付の詳細については，「相続税の申告のしかた」（国税庁ウェブサイト）を参照．

(2) 相続税の申告をする必要がある人

被相続人から相続，遺贈や相続時精算課税に係る贈与によって財産を取得した各人の課税価格の合計額が，遺産に係る基礎控除額を超える場合，その財産を取得した人は，相続税の申告をする必要がある．

したがって，課税価格の合計額が，遺産に係る基礎控除額以下である場合には，相続税の申告をする必要はない．ただし，小規模宅地等の特例などの特例を適用することにより課税価格の合計額が遺産に係る基礎控除額以下となる場合には，相続税の申告をする必要がある．「遺産に係る基礎控除額」＝3000万円＋（600万円×法定相続人の数）の算式で計算する．

上記算式における「法定相続人の数」は，相続の放棄をした人があっても，その放棄がないとした場合の相続人の数をいう．また，被相続人に養子がある場合には，「法定相続人の数」に含める養子の数は，次のそれぞれに掲げる人数までとなる（相続税法15条2項）[31]．

　ア　被相続人に実子がある場合　1人
　イ　被相続人に実子がない場合　2人

(3) 相続税の申告書は，いつまでに，どこに提出するのか

①相続税の申告書の提出期限

相続税の申告書の提出期限（申告期限）は，相続の開始があったことを知った日（通常の場合は，被相続人の死亡の日）の翌日から10ヵ月目の日である（相続税法27条1項）．申告期限が日曜日・祝日などの休日または土曜日に当たるときは，これらの日の翌日が相続税の申告期限となる．なお，申告書の提出期限に遅れて申告と納税をした場合には，原則として加算税及び延滞税がかかる．

---

[31]　相続税の回避を目的として近親者を養子とする例が頻発したため，昭和63年の相続税法改正で，「法定相続人の数」に含める養子の数を制限する規定が設けられた．ただし，民法上の特別養子または配偶者の連れ子養子等は実子と同様に扱われる（相続税法15条3項）．

②相続税の申告書の提出先

被相続人の死亡時における住所地を所轄する税務署長に提出する（相続税法27条1項）．

③相続税の申告書の提出方法

相続税の申告書は，同じ被相続人から相続，遺贈や相続時精算課税に係る贈与によって財産を取得した人が共同で作成して提出することができる（相続税法27条5項）．しかし，これらの人の間で連絡がとれない場合やその他の事由で申告書を共同で作成して提出することができない場合には，別々に申告書を提出しても差し支えない．

被相続人の所得税及び復興特別所得税・消費税の申告については，被相続人の相続の開始があったことを知った日（通常の場合は，被相続人の死亡の日）の翌日から4ヵ月以内にその相続人が，被相続人の死亡の時における納税地を所轄する税務署長に提出する（所得税法124条1項，消費税法45条2項）．なお，これにより納めることとなった所得税及び復興特別所得税・消費税の額は，相続税がかかる財産の価額から差し引くことができる．

（4）相続税の課税対象となる財産

①相続税の課税対象となる財産の概要

ア　相続や遺贈によって取得した財産（本来の相続財産）（相続税法2条1項）

相続税の課税対象となる財産は，被相続人が相続開始の時において有していた土地，家屋，立木，事業用財産，有価証券，家庭用財産，貴金属，宝石，書画骨とう，電話加入権，預貯金，現金などの金銭に見積もることができる全ての財産をいう．そこで，日本国内に所在するこれらの財産はもちろん，日本国外に所在するこれらの財産も相続税の課税の対象となる．

問題となることが多いのは，家族名義の預金である．名義にかかわらず，被相続人が取得資金等を拠出していたことなどから被相続人の財産と認められるものは相続税の課税対象となる．実質的に被相続人の預貯金，金融資産などで家族名義や無記名のものなども，相続税の

課税対象となる．

イ 相続や遺贈によって取得したものとみなされる財産（みなし相続財産）（相続税法3条）

　　・死亡保険金等（死亡に伴い支払われる生命保険金，損害保険金，農業協同組合などの生命共済金や傷害共済金のうち，被相続人が負担した保険料や共済掛金に対応する部分の金額）

　　・死亡退職金等（死亡に伴い支払われる退職金，功労金，退職給付金など）

　　・生命保険契約に関する権利（被相続人が保険料を負担し，被相続人以外の人が契約者となっている生命保険契約で，相続開始時において，まだ保険金の支払事由が発生していないもの）

ウ 相続開始前3年以内に被相続人から暦年課税に係る贈与によって取得した財産

　　被相続人から相続，遺贈や相続時精算課税に係る贈与によって財産を取得した人が，相続開始前3年以内にその被相続人から暦年課税に係る贈与によって取得した財産の価額（贈与の時の価額）は，相続税の課税価格に加算され，相続税がかかる（相続税法19条）．暦年課税による贈与とは，相続時精算課税ではなく，贈与時に贈与税を納付することにより課税関係が完結する贈与である．

エ 相続時精算課税適用財産

　　相続時精算課税適用者が被相続人から取得した相続時精算課税適用財産の価額（贈与の時の価額）は，相続税の課税価格に加算され，相続税がかかる（相続税法21条の15）．被相続人から取得した相続時精算課税適用財産は，相続または遺贈により取得したものとみなされ，相続税がかかる．

②住宅取得等資金の贈与税の非課税の適用を受けた金銭贈与

相続税の課税価格には加算されない．

③教育資金の一括贈与に係る贈与税の非課税の適用を受けた金銭等贈与

相続税の課税価格には加算されない．

④結婚・子育て資金の一括贈与に係る贈与税の非課税の適用を受けた金銭等贈与

第8節 高齢者の税に関する問題

被相続人の死亡の日における結婚・子育て資金管理契約に係る非課税拠出金額から結婚・子育て資金支出額を控除した残額（管理残額）については，被相続人から相続または遺贈により取得したものとみなされ，相続税がかかる．

⑤**相続税がかからない財産（非課税財産）の概要**（相続税法12条）

相続や遺贈によって取得した財産であっても，次のものには相続税はかからない．

ア 墓地等：墓地，墓碑，仏壇，仏具など

イ 死亡保険金等の一部：相続人が受け取った保険金のうち，次の算式によって計算した金額までの部分（非課税限度額）

（500万円×法定相続人の数）×その相続人の受け取った保険金の合計額÷相続人全員の受け取った保険金の合計額

ウ 死亡退職金等の一部：相続人が支給を受けた退職手当金等のうち，次の算式によって計算した金額までの部分（非課税限度額）

（500万円×法定相続人の数）×その相続人が支給を受けた退職手当金等の合計額÷相続人全員が支給を受けた退職手当金等の合計額

エ 心身障害者共済制度に基づく給付金の受給権

オ 宗教，慈善，学術その他公益を目的とする事業を行う一定の人が取得した財産で，その公益を目的とする事業の用に供することが確実なもの

カ 相続税の申告期限までに，国，地方公共団体，特定の公益法人，認定特定非営利活動法人に寄附した一定の財産（相続税の申告書に一定の書類を添付）

キ 相続税の申告期限までに，特定公益信託の信託財産とするために支出した一定の金銭（相続税の申告書に一定の書類を添付）

⑥**控除できる葬式費用**

被相続人の葬式に際して相続人が負担した費用は，相続財産の価額から差し引かれる（相続税法13条1項）．葬式費用とは，①お寺などへの支払い，②葬儀社，タクシー会社などへの支払い，③お通夜に要した費用などである．墓地や墓碑などの購入費用，香典返しの費用や法要に要した費用などは，葬

式費用に含まれない．

(5) 相続税の計算
①相続税額の計算方法
各人の納付すべき相続税額の計算方法は，次の手順で計算する．

ア　各人の課税価格の計算

相続，遺贈や相続時精算課税に係る贈与によって財産を取得した人ごとに各人の課税価格を計算する．

相続や遺贈によって取得した財産の価額＋相続時精算課税適用財産の価額－債務・葬式費用の金額＋相続開始前3年以内の贈与財産の価額＝各人の課税価格

イ　課税遺産総額の計算

課税遺産総額は，各人の課税価格の合計額（課税価格の合計額）から遺産に係る基礎控除額を差し引いて計算する．

課税価格の合計額－遺産に係る基礎控除額＝課税遺産総額

ウ　相続税の総額の計算（相続税法16条）

相続税の総額の計算は，まず，相続人等が遺産を実際にどのように分割したかに関係なく，「法定相続人の数」に算入された相続人が課税遺産総額を法定相続分に応じて取得したものと仮定し，各人ごとの取得金額を計算する．

次に，この各人ごとの取得金額にそれぞれ相続税の税率を掛けた金額（法定相続分に応じる税額）を計算し，その各人ごとの金額を合計する．この合計した金額を相続税の総額という．

エ　各人の納付すべき相続税額または還付される税額の計算

相続税の総額を課税価格の合計額に占める各人の課税価格の割合で按分して計算した金額が各人ごとの相続税額となる（相続税法17条）．

相続，遺贈や相続時精算課税に係る贈与によって財産を取得した人が，被相続人の一親等の血族（代襲して相続人となった直系卑属を含む）及び配偶者以外の人である場合には，その人の相続税額にその相続税

額の2割に相当する金額が加算される（相続税法18条）．

次に，各人ごとの相続税額から「贈与税額控除額」，「配偶者の税額軽減額」，「未成年者控除額」，「障害者控除額」などの税額控除の額を差し引いた金額が，各人の納付すべき相続税額または還付される税額となる．

②税額控除の概要

税額控除には，次のものがあり，その控除は次の順序に従って行う．

ア　暦年課税分の贈与税額控除（相続税法19条）

　　相続，遺贈や相続時精算課税に係る贈与によって財産を取得した人に相続開始前3年以内に被相続人から贈与を受けた贈与財産について課せられた贈与税がある場合には，その人の相続税額からその贈与税額を控除する．

イ　配偶者の税額軽減（相続税法19条の2）

　　相続や遺贈によって財産を取得した人が被相続人の配偶者である場合には，その配偶者の相続税額から，次の算式によって計算した金額を控除する[32]．

　　配偶者の税額軽減を受けることによって納付すべき相続税額が「0」となる人であっても，相続税の申告書の提出が必要である．

　　配偶者の税額軽減額＝相続税の総額×次のⅰまたはⅱのうちいずれか少ない方の金額÷課税価格の合計額

　　　ⅰ　課税価格の合計額に配偶者の法定相続分を掛けて計算した金額または1億6千万円のいずれか多い方の金額

　　　ⅱ　配偶者の課税価格（相続税の申告期限までに分割されていない財産の価額を除く）

　　相続税の申告期限までに分割されていない財産であっても，次のⅰまたはⅱに掲げる場合に該当することとなったときは，改めて配偶者の税額軽減の適用を受けることができるが，この場合は，遺産分割が

---

[32]　国税庁ウェブサイト「タックスアンサー No.4158　配偶者の税額の軽減」．

行われた日の翌日から4ヵ月以内に更正の請求書を提出する必要がある．

  i 相続税の申告期限後3年以内に財産が分割された場合
  ii 相続税の申告期限後3年を経過する日までに財産の分割ができないやむを得ない事情があり，税務署長の承認を受けた場合で，その事情がなくなった日の翌日から4ヵ月以内に分割されたとき（税務署長の承認を受けようとする場合は，相続税の申告期限後3年を経過する日の翌日から2ヵ月以内に，財産の分割ができないやむを得ない事情の詳細を記載した承認申請書を提出する必要がある）

ウ 未成年者控除（相続税法19条の3）

 相続や遺贈によって財産を取得した人が，満20歳未満の相続人である場合には，その人の相続税額から，10万円に相続開始の日からその人が満20歳に達するまでの年数（1年未満の端数は切り上げる）を掛けて計算した金額を控除する．

 未成年者控除額がその人の相続税額を超える場合には，その超える金額を，その人の扶養義務者の相続税額から控除することができる．

エ 障害者控除（相続税法19条の4）

 相続，遺贈や相続時精算課税に係る贈与によって財産を取得した人が，日本国内に住所を有する障害者で，かつ，相続人である場合には，その人の相続税額から，10万円（特別障害者は20万円）に相続開始の日からその人が満85歳に達するまでの年数（1年未満の端数は切り上げる）を掛けて計算した金額を控除する．

 障害者控除額がその人の相続税額を超える場合には，その超える金額を，その人の扶養義務者の相続税額から控除することができる．

オ 相次相続控除（相続税法20条）

 今回の相続開始前10年以内に被相続人が相続，遺贈や相続時精算課税に係る贈与によって財産を取得し相続税が課せられた場合には，その被相続人から相続，遺贈や相続時精算課税に係る贈与によって財

第8節 高齢者の税に関する問題

産を取得した人（相続人に限る）の相続税額から一定の金額を控除する．
カ 外国税額控除（相続税法20条の2）
　相続，遺贈や相続時精算課税に係る贈与によって外国にある財産を取得したため，その財産について外国で相続税に相当する税金が課せられた場合には，その人の相続税額から一定の金額を控除する．
キ 相続時精算課税分の贈与税額控除（相続税法21条の15第3項）
　相続時精算課税適用者に相続時精算課税適用財産について課せられた贈与税がある場合には，その人の相続税額からその贈与税額に相当する金額を控除する．
ク 医療法人持分税額控除

(6) 小規模宅地等の特例（租税特別措置法69条の4）

　個人が相続や遺贈によって取得した財産のうち，その相続開始の直前において被相続人若しくは被相続人と生計を一にしていた被相続人の親族（被相続人等）の事業の用に供されていた土地若しくは土地の上に存する権利（宅地等）または被相続人等の居住の用に供されていた宅地等のうち一定の面積までの部分（小規模宅地等）については，相続税の課税価格に算入すべき価額の計算上，表6-1に掲げる区分ごとにそれぞれに掲げる割合を減額する[33]．ただし，相続時精算課税に係る贈与によって取得した宅地等については，この特例の適用を受けることはできない．

3　贈与税の概要

(1) 贈与税とは

　贈与税は，贈与によって財産が移転する機会に，その財産に対して課される租税である[34]．会社など法人から財産をもらったときは贈与税はかからないが，所得税がかかる．

---

33) 国税庁ウェブサイト「タックスアンサー No. 4124　相続した事業の用や居住の用の宅地等の価額の特例（小規模宅地の特例）」．
34) 金子・前掲（注30）671頁．

表 6-1　小規模住宅等の特例

相続開始の直前における宅地等の利用区分				要　件	限度面積	減額割合
被相続人等の事業の用に供されていた宅地等	貸付事業以外の事業用の宅地等		①	特定事業用宅地等に該当する宅地等	400 m²	80%
	貸付事業用の宅地等	一定の法人に貸し付けられ，その法人の事業（貸付事業を除く）用の宅地等	②	特定同族会社事業用宅地等に該当する宅地等	400 m²	80%
			③	貸付事業用宅地等に該当する宅地等	200 m²	50%
		一定の法人に貸し付けられ，その法人の貸付事業用の宅地等	④	貸付事業用宅地等に該当する宅地等	200 m²	50%
		被相続人の貸付事業用の宅地等	⑤	貸付事業用宅地等に該当する宅地等	200 m²	50%
被相続人等の居住の用に供されていた宅地等			⑥	特定居住用宅地等に該当する宅地等	330 m²	80%

　また，自分が保険料を負担していない生命保険金を受け取った場合や，債務の免除などにより利益を受けた場合などは，贈与を受けたとみなされて贈与税がかかる．ただし，死亡した人が自分を被保険者として保険料を負担していた生命保険金を受け取った場合は，贈与税でなく相続税の対象となる．前述したとおり，死因贈与は，相続税法上，遺贈として取り扱われ，相続税の対象となる．

　贈与税の課税方法には，「暦年課税」と「相続時精算課税」の2つがあり，一定の要件に該当する場合に「相続時精算課税」を選択することができる．

(2) 暦年課税

　贈与税は，1人の人が1月1日から12月31日までの1年間にもらった財産の合計額から基礎控除額の110万円を差し引いた残りの額に対してかかる（相続税法21条の2，租税特別措置法70条の2の4）．したがって，1年間にもらった財産の合計額が110万円以下なら贈与税はかからない．

表 6-2 速算表・一般贈与財産用（一般税率）

この速算表は，「特例贈与財産用」に該当しない場合の贈与税の計算に使用する．

基礎控除後の課税価格	200万円以下	300万円以下	400万円以下	600万円以下	1000万円以下	1500万円以下	3000万円以下	3000万円超
税率	10%	15%	20%	30%	40%	45%	50%	55%
控除額	—	10万円	25万円	65万円	125万円	175万円	250万円	400万円

表 6-3 速算表・特例贈与財産用（特例税率）

この速算表は，直系尊属（祖父母や父母など）から，その年の1月1日において20歳以上の者（子・孫など）への贈与税の計算に使用する．

基礎控除後の課税価格	200万円以下	400万円以下	600万円以下	1000万円以下	1500万円以下	3000万円以下	4500万円以下	4500万円超
税率	10%	15%	20%	30%	40%	45%	50%	55%
控除額	—	10万円	30万円	90万円	190万円	265万円	415万円	640万円

贈与税の計算は，その1年間に贈与によりもらった財産の価額の合計額から基礎控除額110万円を差し引き，その残額に税率を乗じて税額を計算する[35]（表6-2，6-3）．

(3) 相続時精算課税

「相続時精算課税」を選択した贈与者ごとにその年の1月1日から12月31日までの1年間に贈与を受けた財産の価額の合計額から2500万円の特別控除額を控除した残額に対して贈与税がかかる[36]（相続税法21条の12）．この特別控除額は贈与税の期限内申告書を提出する場合のみ控除することができる．

前年以前にこの特別控除の適用を受けた金額がある場合には，2500万円からその金額を控除した残額がその年の特別控除限度額となる．

(4) 申告と納税

贈与税がかかる場合及び相続時精算課税を適用する場合には，財産をもら

---

35) 国税庁ウェブサイト「タックスアンサー No. 4408 贈与税の計算と税率（暦年課税）」．
36) 国税庁ウェブサイト「タックスアンサー No. 4103 相続時精算課税の選択」．

った人が申告と納税をする必要がある．申告と納税は，財産をもらった年の翌年2月1日から3月15日の間に行う必要がある（相続税法28条）．

　相続時精算課税を適用する場合には，納税額がないときであっても財産をもらった年の翌年2月1日から3月15日の間に申告する必要がある．

　贈与税については，特別な納税方法として延納制度がある（相続税法38条3項）．

第9節　相続法が抱える課題

　相続は，人の死亡を原因として帰属主体を失った財産の承継である．被相続人の有していた財産（財産上の地位）を誰にどのように承継させるかは，法秩序のもとで定められており，「国家による制度選択・政策決定の問題」[37]と言える．わが国の民法等が，相続による財産承継について，どのような制度を選択しているのか，その概略が第8節までで紹介された．民法が現在選択している相続の制度は，うまく機能している面もあるが，困難な課題を含む面も少なくない．そこで，本節では，現在の相続の制度が抱える課題をいくつか概観したい．

　民法における相続の制度（相続法）は，幾度かの変遷を経験している．まず，明治民法では，家督相続と遺産相続の2制度が用意されたが，戦後の「家」制度廃止に伴い，家督相続は廃止された．相続は財産の承継に集約され，共同相続を原則とすることになった．その後，1962（昭和37）年に特別縁故者の分与制度（民958の3）が新設され，1980（昭和55）年には配偶者の法定相続分が引き上げられ，寄与分制度（民904条の2）が導入される等の改正がなされた．さらに，2018（平成30）年7月には，「民法及び家事事件手続法の一部を改正する法律」（平成30年7月13日法律第72号）の成立による，相続法改正もなされた（以下では，「2018年改正」という）．

　現在の相続制度が抱える課題には，これらの変遷の中で解決されずに残っ

---

[37]　潮見佳男『詳解相続法』（弘文堂，2018年）1頁．

第9節　相続法が抱える課題

ているものと，社会の変容によって新たに生じているものとがあり，2018年改正においても，相続法が抱える問題を網羅的に検討することはなされておらず[38]，相続法にはなお多くの課題が残されている．以下では，これらの課題を，相続法という法制度自体が抱えている問題（1）と，相続法がその運用上抱えている問題（2）とに分けてみていこう[39]．

1　法制度上の問題

(1) 共同相続への未対応

相続法が戦後の改正以降抱え続けている問題としては，共同相続に十分対応した制度を有していない点が挙げられる．相続は，明治民法下では，家督相続が中心であった．家督相続は，「家」制度における戸主の地位を承継するもので，単独相続であり，「家」の財産が戸主の地位に伴って承継されたから，遺産の分配という問題が生じなかった．戸主以外の者の有する財産は，フランス法を母法とする遺産相続によることとされたが，当時の財産は「家」に集中しており，遺産相続は実際には問題とならなかった．

戦後，相続は財産の承継に集約され，共同相続が原則となった．しかし，戦後の改正の際には，共同相続ゆえに生じる問題について検討する余裕がなく，明治民法における遺産相続の規定を最小限修正したにとどまった．そのため，相続法は，共同相続を原則としたにもかかわらず，相続人が複数いるからこそ生じる遺産共有の規律を持たず，遺産分割での諸要素に配慮する方法に関する規律も不十分なままである．また，遺産分割は今なお，積極財産の分配の場ととらえられがちで，債務の扱いに関する理論はあまりに不十分なままであり，紛争解決を困難にしている．

---

[38]　沖野眞已＝堂薗幹一，道垣内弘人「対談　相続法の改正をめぐって」ジュリ1526号（2018年）34－35頁〔沖野〕．

[39]　相続法が抱える課題については，水野紀子「日本相続法の形成と課題」同編著『相続法の立法的課題』（有斐閣，2016年）3頁以下，吉田克己「相続法の現代的課題——歴史的視点から」民商法雑誌154巻5号（2018年）1頁以下．

(2) 相続人の事情等に応じた遺産分割への未対応

　遺産分割に関しては，「法定相続」によると，相続人の事情や遺産に含まれる財産の特徴に対応できないとの指摘も古くから見られる．例えば，被相続人の営む農業を，相続人の1人のみが承継する場合には，農地は当該相続人に与えるべきであり，遺産の分配として細分化すべきではない．わが国では，農地を承継する相続人以外の者が相続放棄をしたり，事実上の相続放棄[40]をしたりという対応がなされてきたが，共同相続における平等が実現できていないとして当事者に不満も多い．

　また，中小企業の事業承継でも同様の問題が生じる．中小企業の場合には，経営者の個人資産の大部分を，自社株式や事業用資産が占め，当該経営者の死亡時には，自社株式等の相続が問題となる．自社株式等は，事業を承継する者に集中させるべきであり，2009（平成21）年には，中小企業における経営の承継の円滑化に関する法律が施行され，この問題に一定程度対応しようと試みられた．しかし，利用状況は芳しくなく，共同相続人間の調整をしながら，事業承継等の事情に配慮することの難しさがうかがえる．

　「相続人の事情等に応じた」という観点からは，最近では，家族のあり方の多様化に対応できないという問題も生じている．婚姻する年齢の多様化，離婚の増加，再構成家族の増加等により，家族のあり方が多様化している．例えば，相続人である子の中に，生存配偶者の子ではない者が含まれることも増えており，このようなケースでは，共同相続人間の関係が類型的に対立を生みやすい．それにもかかわらず，相続法の制度がこうしたケースに対していくらかの配慮を見せているという場面は見当たらない．

　以上のような問題について，母法であるフランス法は，1804年に民法典を編纂した後，時代の変化に合わせて相続の制度も見直してきた．例えば，農地が細分化されないようにするための工夫，家族経営の事業承継をスムーズになすための工夫を，相続の制度の中に組み込んでいる．また，例えば，

---

40) 遺産分割協議において，特定の相続人に遺産を集中させること，他の相続人について，相続分皆無証明書が作成されることもある．窪田充見『家族法［第3版］』（有斐閣，2017年）379-380頁参照．

生存配偶者の相続分は，他の相続人である子が自らの子のみである場合とそうではない場合とで区別して定められており，当事者間に対立が生じやすい場面では権利競合をあらかじめ回避する制度設計となっている．

　これらの問題は，わが国では，遺言で対応すべき問題だと捉えられており，例えば，2018年改正の審議においても，法定相続のルールをそのまま当てはめると実質的な不公正が生ずる場合には，遺言によりルールを修正するべきだと指摘されている．しかし，実質的な平等の実現は，被相続人の意思のみによって実現されるものではなく，できる限り「法定相続」の制度の中に組み込んでいく必要があると思われる[41]．複雑で困難な課題ではあるが，より柔軟で，多様性に配慮した「法定相続」の提供を検討していく必要があるだろう．

（3）夫婦財産制との関係

　配偶者相続権の位置づけもなお課題である[42]．わが国では，配偶者の相続分に，実質的夫婦共同財産の清算の意味を含めているが，それは，わが国の夫婦財産制に，配偶者の一方が死亡した場合の夫婦財産の分配についての定めがないからである．2018年改正の際には，配偶者相続権のあり方の見直しが検討された．そして，遺産分割手続きに先行して夫婦財産の清算をし，死亡した配偶者の分が相続財産になるという考え方も提示されたが，実現には至らなかった．相続法の抱える問題は，相続法以外の制度の問題でもあることの一例である．

2　運用上の課題

　運用面では，「遺産分割を安定的に行う制度的な条件を欠いており，すべてを私的な合意に委ねている」という不備が指摘される[43]．遺産分割は，

---

41) 2018年改正による配偶者居住権及び配偶者短期居住権が新設され（民1028条以下），高齢の生存配偶者の居住確保に一定の配慮をする制度が1つの選択肢として用意されたと言える．
42) 浦野由紀子「配偶者の居住権保護・相続分見直し」論究ジュリスト20号（2017年）5頁に詳しい．

多種多様な財産を，複数の共同相続人間に分配する作業であり，しかも実質的な平等を旨とすべきである．わが国では，このあまりに複雑な手続きを，遺産分割協議や家庭裁判所での調停といった，当事者の合意に依存してしまっている．

　西欧諸国では，相続は，裁判所や公証人が関与する手続きである．フランスでは，遺産に不動産が含まれている場合，遺言がある場合，被相続人が生前贈与をしていた場合には，公証人（ノテール）の関与が必須とされる[44]．また，遺言の作成段階でもほとんどの場合に公証人がアドバイスをし，贈与契約や夫婦財産契約の作成も公証人が行う．公証人は，依頼者の意思を実現する者ではなく，中立的立場にある．依頼者に対してのみならず当事者全員に対して公正で公平，かつ中立的な助言をする義務を負い，非常に重い責任が課されている．それゆえ，公証人は，遺留分を侵害するような遺言を作成させないし，特定の相続人のみに財産を集中させ，他の相続人が不公平だと感じるような遺産分割はさせない．このような運用上のしくみが，法制度自体を支えており，当事者間の紛争を予防している．

　わが国では，遺言は，画一的な「法定相続」を避けるため，いわば不平等を実現するために用いられていることも多いが，そのような遺言を作成すれば，どのような問題が生じるのかアドバイスする専門家の存在が必要であろう．法制度としては，画一的な処理を避けつつも実質的な平等を図ることができるように設計し，専門家が関与することで，複雑な制度を運用できるようにすることが現代社会においては理想的だと思われる．

　相続法の抱える課題は，相続法だけが負うべき課題ではない．他の法制度の課題でもあり，制度をいかに運用するかという課題でもあり，相続による財産承継を，社会のしくみとしてどう制度設計するのかという課題だと言える[45]．

---

43) 水野紀子「相続法の分析と構築」法律時報89巻11号（2017年）7頁．
44) 詳細は，金子敬明「相続財産の重層性をめぐって（五）」法学協会雑誌121巻6号（2004年）744頁以下，ジャック・コンブレ「相続処理におけるフランス．公証人の役割：相続登記未了問題解決のために」小柳春一郎訳，獨協法学98号（2015年）89頁以下．

第 10 節　高齢者の離婚・再婚と法的問題

1　高齢者の離婚に伴う法的問題

(1) 離婚制度

高齢者の場合も，一般と同様に，離婚の制度としては次の5つがある．

①協議離婚

離婚しようという意思の合致と離婚届の提出があれば，離婚が成立する（民法763条）．

②調停離婚

調停前置主義がとられているので，離婚訴訟を提起しようとする者は，まず家庭裁判所に家事調停の申立てをしなければならない（家事法257条）．調停において，離婚の合意が成立すれば，調書が作成され，それによって離婚が成立する．調書の記載は，確定判決と同一の効力を有する（家事法268条）．

③審判離婚

家庭裁判所は，調停が不成立になった場合において，相当と認めるときは，当事者双方のために衡平に考慮し，一切の事情を考慮して，職権で，離婚の審判（調停に代わる審判）をすることができる（家事法284条）．しかし，2週間以内に適法な異議の申立てがあったときは，調停に代わる審判は，その効力を失う．このように効力が弱いので，審判離婚はほとんどない[46]．

④裁判上の離婚

夫婦の一方は，次に掲げる場合に限り，離婚の訴えを提起することができ（民法770条1項），裁判所が判決で離婚を認めれば，離婚が成立する．

　i　配偶者に不貞な行為があったとき．

---

[45]　その他，家族間での介護の問題を相続法の中でどれほど配慮すべきなのかという問題や，人々が重視する財産の種類が変化していることが相続の場面でどう影響しているかなど，多くの問題が重なりあっている．

[46]　大村敦志『家族法［第3版］』（有斐閣，2010年）148頁．

ii 配偶者から悪意で遺棄されたとき．

iii 配偶者の生死が3年以上明らかでないとき．

iv 配偶者が強度の精神病にかかり，回復の見込みがないとき．

v その他婚姻を継続し難い重大な事由があるとき．

しかし，裁判所は，iからivまでの事由がある場合であっても，一切の事情を考慮して婚姻の継続を相当と認めるときは，離婚の請求を棄却することができる（民法770条2項）．

⑤訴訟上の和解離婚

離婚訴訟中に，当事者間で離婚の合意が成立し，調書を作成したときは，その記載は確定判決と同一の効力を有する（人事訴訟法37条，民事訴訟法267条）．

(2) 財産分与

①財産分与とは

財産分与とは，離婚に際して，夫婦間で行われる財産上の給付である[47]（民法768条）．財産分与には，清算的要素，扶養的要素，及び損害賠償的要素が含まれるとされている．しかし，裁判実務上，財産分与の判断においては，清算的要素に重きが置かれており，扶養的要素や損害賠償補償的要素はほとんど考慮されていないと言われている[48]．

高齢者が離婚する場合，財産分与は，より若い夫婦が離婚する場合よりも重要であることが多い．高齢者は，婚姻期間が長くなっている場合が多く，婚姻中に夫婦で得た財産の清算が特に大きな意味を有する．

②財産分与の清算的要素

婚姻中夫婦の協力で得た財産の清算を行うものである．基本的には，婚姻中夫婦の協力で得た財産に各人の寄与割合を乗じて分与額を決めるという考え方によっている．将来の退職金も清算の対象になり得る（名古屋高判平成

---

[47] 牛嶋・前掲（注28）510頁以下「Ⅳ 離婚に伴う財産分与と課税」参照．
[48] 大門匡＝木納敏和「離婚訴訟における財産分与の審理・判断の在り方について（提言）」家庭の法と裁判第10号（日本加除出版，2017年）6頁以下．

12・12・20 判タ 1095 号 233 頁).

　また，平成 19 年 4 月から離婚時年金分割制度が実施され，当事者の合意に基づいて厚生年金を分割して受給することが可能になった（厚生年金保険法 78 条の 2）．さらに，平成 20 年 4 月以降の期間については，厚生年金や共済年金に夫婦の一方が加入し，他方が被扶養配偶者である場合は，一方の請求により，当然に 2 分の 1 の割合で分割して受給することが可能になった（厚生年金保険法 78 条の 14）．

　③財産分与の扶養的要素

　財産分与の扶養的要素は，判例・通説によって肯定されている．清算的要素の財産分与が大きくない場合は，より重要な意味をもつ．

　④損害賠償的要素

　相手の有責行為によって離婚に至った場合は，不法行為に基づく損害賠償請求が可能である（民法 709 条）．財産分与と損害賠償請求権の関係について，最高裁昭和 46 年 7 月 23 日判決（民集 25 巻 5 号 805 頁）は，両者の性質は必ずしも同じではなく，既に財産分与がなされた後に，別途，不法行為を理由として慰謝料の請求をすることは妨げられず，他方で，裁判所が，財産分与の額及び方法を，損害賠償のための給付も含めて定めることもできる趣旨を判示した．

2　高齢者の再婚に伴う法的問題

　高齢者が再婚した場合は，再婚相手である配偶者と，前婚の子とが推定相続人となり，血縁関係のない者たちの間で複雑な問題が生じやすい．これを回避するために，正式な婚姻を行わずに事実婚にとどめ，高齢者が死亡した後の他方の生活を維持する手立ては別途講じるという方法も考えられる．

　高齢者が正式に再婚する場合は，生前贈与，遺言等によって，高齢者の死亡後に配偶者とその他の相続人間でトラブルが生じないように備えておくことが望ましい．

第7章
高齢者と虐待・犯罪

髙橋脩一

第1節　高齢者虐待に対する法的取り組みとその問題点

　近年，高齢者虐待が大きなニュースとなることもしばしばである．例えばこれは極端な例ではあるが——2016年，川崎市幸区の有料老人ホームで入所者3人が相次いで転落死し，元施設職員が殺人容疑で逮捕されるという事件が大きく報道された[1]．

　以下，高齢者虐待に関する法的枠組みについて，その中心となる高齢者虐待防止法を概説する．その上で，同法の問題点と今後の課題について検討を試みる．高齢者虐待に対する現行の法的枠組みにはまだまだ問題点も多く，今後の改善の余地は大きい．

1　高齢者虐待の現状

　2018年に厚生労働省が公表した2016年度の高齢者虐待に関する調査結果からは次のような現状が見えてくる（表7-1，図7-1，図7-2）[2]．

　①この10年間，通報された養介護施設の従事者等による虐待件数も，養

---

[1]　2016年2月17日毎日新聞東京朝刊3頁．
[2]　厚生労働省「平成28年度『高齢者虐待の防止，高齢者の養護者に対する支援等に関する法律』に基づく対応状況等に関する調査結果（以下平成28年度調査結果）」<https://www.mhlw.go.jp/stf/houdou/0000196989.html>（2018年10月5日アクセス）による．表7-1，図7-1，図7-2も，同資料より引用している．

表 7-1 高齢者虐待の判断件数，相談通報（平成 27 年度対比）

	養介護施設従事者等（※1）によるもの		養護者（※2）によるもの	
	虐待判断件数（※3）	相談・通報件数（※4）	虐待判断件数（※3）	相談・通報件数（※4）
28 年度	452 件	1,723 件	16,384 件	27,940 件
27 年度	408 件	1,640 件	15,976 件	26,688 件
増減（増減率）	44 件（10.8％）	83 件（5.1％）	408 件（2.6％）	1,252 件（4.7％）

※1 介護老人福祉施設など養介護施設又は居宅サービス事業など養介護事業の業務に従事する者
※2 高齢者の世話をしている家族，親族，同居人等
※3 調査対象年度（平成 28 年 4 月 1 日から平成 29 年 3 月 31 日）に市町村等が虐待と判断した件数（施設従事者等による虐待においては，都道府県と市町村が共同で調査・判断した事例及び都道府県が直接受理し判断した事例を含む）
※4 調査対象年度（同上）に市町村が相談・通報を受理した件数

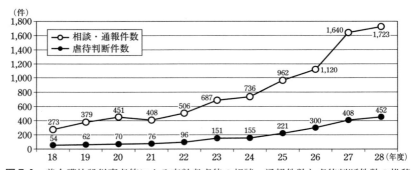

図 7-1 養介護施設従事者等による高齢者虐待の相談・通報件数と虐待判断件数の推移

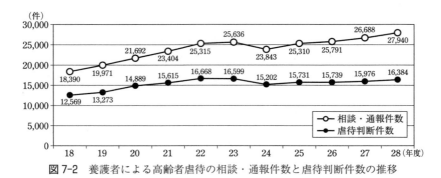

図 7-2 養護者による高齢者虐待の相談・通報件数と虐待判断件数の推移

第 1 節　高齢者虐待に対する法的取り組みとその問題点

護者（日常的に高齢者の世話をする者，主に家族や親族，同居人など）による虐待件数も，増加の一途をたどっている．

②通報されたうち高齢者虐待と判断された件数は，2016 年度で養護者による場合が約 1 万 6000 件（相談・通報件数は約 2 万 8000 件），一方で従事者による場合が約 450 件（相談・通報件数は約 1700 件）であり，養護者による虐待が圧倒的に多い．

2　高齢者虐待防止法の概要

わが国では 1990 年代前半から，高齢者虐待に対する実態調査や相談援助活動が行われてきた[3]．こうした調査等を踏まえ，2005 年に議員立法として「高齢者虐待の防止，高齢者の養護に対する支援等に関する法律（以下，高齢者虐待防止法）」が成立し，翌年 4 月 1 日から施行された[4]．以下では同法の内容を概観する．

(1) 目的と責務

高齢者虐待防止法はその名称からもわかるように，虐待の防止を目的とするものである．すでに発生した虐待を見つけ出し加害者に罰を科すというよりも，個別の事案だけでなく社会全体として虐待を予防することにより，高齢者の権利・利益を擁護することに主眼がある[5]．

こうした目的から同法は，国及び地方公共団体に 3 つの責務を課す[6]．1 つめは，関係機関の連携強化・体制整備（法 3-1），2 つめは専門的な人材の確保及び質の向上（法 3-2），そして 3 つめは同法に係る義務や制度に関する啓発活動である（法 3-3）．

---

[3]　日本弁護士連合会高齢者・障害者の権利に関する委員会編『高齢者虐待防止法　活用ハンドブック［第 2 版］』1-5 頁（民事法研究会，2014 年），高崎絹子「高齢者虐待防止法の成立の意義と取り組みの現状」保健の科学第 49 巻第 1 号（2007 年）4 頁，榎本健太郎「高齢者虐待防止法の経緯と狙い（構成）――改正介護保険法などとの関連をふまえて」同上 11 頁．

[4]　以下同法の条文に言及する場合，例えば第 2 条 2 項は（法 2-2）と記述する．

[5]　Bryan A. Liang & Fusako Seki, *Protecting the Elderly: Policy Lessons from an Analysis of the United States and Japan*, 横浜国際経済法学第 18 巻第 2 号（2009 年）1 頁参照．

(2) 定 義

高齢者虐待防止法は，同法の対象となる「高齢者」を65歳以上の者と定義した上で（法2-1）[7]，①身体的虐待，②介護等の放棄，③心理的虐待，④性的虐待，⑤経済的虐待，という5つの虐待につき，同法の下での「高齢者虐待」と定義する（法2-3, 4, 5）[8]．

①身体的虐待

身体的虐待は，「高齢者の身体に外傷を生じ，又は生じるおそれのある暴行を加えること（法2-4—一-イ，2-5—一-イ）」とされ，暴力的行為などで身体にあざや痛みを与える行為，外部との接触を意図的・継続的に遮断する行為がこれに当たる．

身体拘束もこれに含まれるとされており，具体的に禁止される行為については，厚生労働省が「身体拘束ゼロへの手引き」の中で11の行為をあげている[9]．

---

[6] 以下で述べる3つの責務以外にも，同法は国や地方公共団体に対し，不当取引による高齢者被害の防止・救済（法27），成年後見制度の普及（法28），（国に対して）高齢者虐待に関する調査研究を求めている（法26）．
　また同法は，高齢者福祉に関係ある施設・団体に従事する者や，医師，保健師，さらには弁護士といった専門職に対し，高齢者虐待の早期発見に努め（法5-1），そして国等による施策に協力するよう求めている（法5-2）．さらに広く国民に対しても，高齢者虐待に対する理解を深めるとともに，国や地方公共団体による施策に協力するよう求めている（法4）．

[7] ただし，65歳未満の者であっても，養介護施設に入所し，その他養介護施設を利用し又は養介護事業にかかるサービスの提供を受ける障害者については，高齢者とみなして従事者等による高齢者虐待に関する規定が適用される（法2-6）．

[8] 以下それぞれの虐待については，厚生労働省老健局「市町村・都道府県における高齢者虐待への対応と養護者支援について」（2006年）<https://www.mhlw.go.jp/topics/kaigo/boushi/ 060424> 4頁参照．

[9] 厚生労働省身体拘束ゼロ作戦推進会議「身体拘束ゼロへの手引き」（2001年）7頁が掲げる11の行為は以下の通りである．①徘徊しないよう，車いすやいす，ベッドに体幹や四肢をひも等で縛る，②転落しないようにベッドに体幹や四肢をひも等で縛る，③自分で降りられないようにベッドを柵（サイドレール）で囲む，④点滴・経管栄養等のチューブを抜かないように，四肢をひも等で縛る，⑤点滴・経管栄養等のチューブを抜かないように，または皮膚をかきむしらないように，手指の機能を制限するミトン型の手袋等をつける，⑥車いすやいすからずり落ちたり立ち上がったりしないように，Y字型拘束帯や腰ベルト，車いすテーブルをつける，⑦立ち上がる能力のある人の立ち上がりを妨げるようないすを使用する，⑧脱衣やおむつはずしを制限するために介護衣（つなぎ服）を着せる，⑨他人への迷惑行為を防ぐためにベッドなどに体幹や四肢をひも等で縛る，⑩行動を落ち着かせるために向精神薬を過剰に服用させる，⑪自分の意思で開けることのできない居室等に隔離する．

第 1 節　高齢者虐待に対する法的取り組みとその問題点

　なお，介護保険施設の入所者に対する身体拘束は，平成 12 年の介護保険制度の施行にともない原則禁止となっている．介護保険施設の運営基準では，入所者の「生命又は身体を保護するための緊急やむを得ない場合を除き」，身体的拘束を行ってはならないとされ，例外的に身体拘束が認められるにすぎない．

　「緊急やむを得ない」場合については，本人又は他の施設利用者等の生命または身体が危険にさらされる可能性が著しく高いという①切迫性，身体拘束その他の行動制限を行う以外に代替する介護方法がないという②非代替性，身体拘束その他の行動制限が一時的なものであるという③一時性の，3 つの要件すべてが満たされている必要がある[10]．

　最高裁も，病院での身体拘束が問題となった事例ではあるが，身体を抑制することは「その患者の受傷を防止するために必要やむを得ないと認められる事情がある場合にのみ許容されるべきもの」とし，切迫性・非代替性・一時性という 3 つの点を，必要やむを得ない事情として考慮する判決を下している[11]．

②介護等の放棄

　介護等放棄，これはいわゆるネグレクトに当たるものである．養護者による介護放棄は，「高齢者を衰弱させるような著しい減食又は長時間の放置，養護者以外の同居人による「他項に掲げる」行為と同様の行為の放置等養護を著しく怠ること（法 2-4-一-ロ）」とされ，また施設・事業従事者の場合には，「高齢者を養護すべき職務上の義務を著しく怠ること（法 2-5-一-ロ）」と定義される．意図的であるかを問わず，介護や生活の世話を行っている者が，その提供を放棄または放任し，高齢者の生活環境や高齢者自身の身体・精神的状態を悪化させることをいう．

　具体例としては，入浴をさせていなかったり食事を十分に与えていなかったりすることだけでなく，ゴミを放置するなど劣悪な住環境で生活させること，必要とする介護・医療サービスを理由なく制限したり使わせないこと，

10）　老健局・前掲（注 2）110-111 頁．
11）　平成 22 年 1 月 26 日最判民集 64 巻 1 号 219 頁．

さらには同居人による虐待行為を放置することも含まれる．

　③心理的虐待

　心理的虐待は，「高齢者に対する著しい暴言又は著しく拒絶的な対応その他の高齢者に著しい心理的外傷を与える言動を行うこと（法2-4-一-ハ，法2-5-一-ハ）」と定義される．威嚇的・侮辱的な発言，威圧的な態度はもちろんのこと，無視や，嫌がらせ等による精神的，情緒的苦痛を与えることも含む．

　具体的には，怒鳴ったり，悪口を言ったりすることはもちろん，排泄の失敗を嘲笑したりそれを人前で話すなど，恥をかかせることや，侮辱を込めて子どものように扱うこと，話しかけられても意図的に無視することなどが含まれる．

　④性的虐待

　性的虐待は，「高齢者にわいせつな行為をすること又は高齢者をしてわいせつな行為をさせること（法2-4-一-ニ，法2-5-一-ニ）」と定義される．性行為の強要・性的暴力はもちろんのこと，介護に係る性的羞恥心を喚起する行為の強要や，介護行為に関係しない性的な嫌がらせもこれに当たる．

　具体的な例としては，排泄の失敗に対して懲罰的に下半身を裸にして放置することなどがあげられる．

　⑤経済的虐待

　経済的虐待は，「高齢者の財産を不当に処分することその他当該高齢者から不当に財産上の利益を得ること（法2-4-二，法2-5-ホ）」と定義され，財産の着服・窃盗，不正使用などがこれに当たる．

　具体的には，年金や預貯金を取り上げたり意思に反して使ったりすることや，必要な費用の不払いや日常的な金銭を渡さなかったり使わせなかったりすること，不動産などを無断で売却することなどがあげられる．

(3) 通報義務とその後の措置

　上記のような目的及び定義を前提とした上で，高齢者虐待防止法は大きく2つの柱からなっている．1つは通報義務とその後の措置について，もう1

第1節　高齢者虐待に対する法的取り組みとその問題点

つは高齢者虐待の防止に向けた体制整備である．

　同法の大きな柱の1つめとしては，実際の虐待を早期に発見する仕組みを構築し，それに対処するための法的根拠を与えることが挙げられる．同法は高齢者虐待に関する通報義務とその後の措置について，養介護施設従事者等による虐待の場合と養護者によるそれの場合とを分けて，それぞれを別に規定している[12]．

　①養護者による虐待の場合

　養護者による虐待の通報に関しては，虐待の緊急性が重要となる．

　〈通報義務——義務と努力義務〉　高齢者虐待防止法は，基本的に，虐待を受けたと思われる高齢者を発見した人すべてに通報義務を課す[13]．しかし，その緊急性により義務の内容は異なる．当該高齢者の生命または身体に重大な危険が生じている場合には，その発見者は速やかに市町村に通報しなければならないとされ，通報義務が課されている（法7-1）．一方でそれ以外の場合，つまり生命または身体に重大な危険が生じてはいない場合には，発見者は通報するよう努めなければならないとされており，いわゆる努力義務を課すにとどまる（法7-2）．

　こうした通報に関しては秘密漏示罪や守秘義務に関する法律の適用が排除されている（法7-3）．通報を受けた市町村職員は職務上知り得た事項で通報者を特定させるような事柄を漏らしてはならず，一定の通報者保護も図られている（法8）．

　〈通報後の対応，関係機関の連携〉　高齢者虐待防止法は，老人介護支援センターや地域包括支援センターなどの関係機関，さらには民間団体等に対し，高齢者虐待に関する連携協力体制を整備するよう求めている．虐待事例に対処する場合，市町村だけでなく関係する協力諸団体とも連携して一丸となっ

---

[12]　養介護施設等従事者とは主に，老人福祉法や介護保険法に規定される養介護施設や養介護事業で業務に従事する者を指し（以下では従事者という），養護者とは高齢者を現に養護する従事者以外の者を指す．

[13]　もちろん，虐待を受けた高齢者自身がその旨届け出ることもできる（法9-1）．

て対応していく必要がある．そのため，通報を受けた市町村は，高齢者の安全及び虐待の事実を速やかに確認するとともに，関係団体と速やかに対応協議の場を持つことが求められているのである（法9-1）．

〈一時保護〉 虐待を受けている高齢者に危険が迫る場合，市町村またはその長には，その被虐待者を老人短期入所施設等に入所させて一時的な保護を行うなど，迅速・適切な対応が求められる[14]（法9-2）．一時保護がなされた場合，市町村長・当該措置にかかる養介護施設の長は，さらなる虐待の防止及び高齢者保護の観点から，虐待を行った養護者に対して当該高齢者との面会を制限することができ（法13），その他にも必要があれば，市町村（又はその長）は後見開始の審判など，老人福祉法32条による審判の請求を行うことになっている（法9-2）．

こうした措置・対応の前提となる緊急性の判断について裁判例は，それに関連する高齢者の虐待防止及び高齢者の保護に向けた対応・措置も含め，「これを担当する市町村の職員の合理的な裁量に委ねられており，その対応・措置が著しく不合理であって裁量の逸脱又は濫用と認められ」ない限り，違法にならないとしている[15]．

〈立入調査〉 以上の対応・措置を確実に実施していくため，同法は市町村長に立入調査をする権限を付与している（法11）．地域包括支援センターの職員やその他の高齢者福祉に関する事務に従事する職員を派遣し，当該高齢

---

[14] ただし次に述べる裁判例によれば，高齢者虐待防止法によるこうした事実確認や高齢者の一時保護に関する規定は，「市町村の職員に具体的にどのような義務があるのか」を規定するものではないという（後掲注15の裁判例を参照）．「高齢者の保護に向けた対応が，事柄の性質上，迅速かつ臨機応変に行われなければならず，また，その対応に当たっては，専門的知識を有する関係諸機関に属する者が多層的に連携する必要があることから……，個別具体的な義務を規定することは適当ではなく，当該事案の対応に当たる者のその事案に即した適切な措置に委ねることを相当とした趣旨」だとされ，現場の裁量に多くが委ねられている．

[15] この事例は高齢者虐待防止法に基づく一時保護措置等に関し，原告である養護者から被告大田区に対し，被告職員が緊急性の判断を誤るなど国家賠償法上の違法及び過失があったとして損害賠償請求がなされたものである．東京地裁は緊急性の判断などに関し，被告職員に国家賠償法上の違法及び過失は認められないとして原告の請求を棄却した．東京地判平成27年1月16日判例時報2271号28頁．同裁判例については，周作彩「地方公共団体が高齢者について高齢者虐待防止法に基づき一時保護措置を講じる等したことが違法ではないとされた事例——東京地裁平成27・1・16判決」『実践 成年後見』No. 64, 65頁（2016）参照．

第1節　高齢者虐待に対する法的取り組みとその問題点

者の住まいなどに立ち入り，必要な調査や質問をすることを認め，その際必要に応じて管轄の警察署長に援助を求めることもできる[16]（法12-1）．

さらにその実効性を確保するため，立入調査については，調査を拒否したり妨げたりした場合や，質問に答えなかったり虚偽の答えをしたりした場合の制裁も規定している（法30）．もちろん，この権限はあくまでも虐待を受けている高齢者の保護を目的とするものであるから，犯罪捜査に使うことは認められていない（法11-3）．

②従事者の場合

高齢者虐待防止法は，養介護施設の設置者又は養介護事業を行う者に対し，従事者への研修の実施を求めるとともに，虐待をいち早く察知するために，利用する高齢者及びその家族からの苦情の処理体制の整備その他の措置を講ずることを求める（法20）．

〈通報義務〉　その上で，従事者による虐待の場合についても，同法は通報義務を課している[17]．しかし，義務の内容はそれを発見した者によって異なる．従事者が同じ施設・事業の他の従事者によって虐待を受けたと思われる高齢者を発見した場合には，緊急性にかかわらず通報する義務があるとする（法21-1）．一方で，その他の者が従事者による虐待を受けたと思われる者を発見した場合には，養護者による虐待の場合と同様，緊急性に応じて通報義務と努力義務とに分けられている（法21-2，3）．

〈市町村と都道府県の連携による適正な運営の確保〉　従事者による虐待の通報があった場合，市町村は厚生労働省令で定めるところに従い，虐待に関する事項を施設・事業所が所在する都道府県に報告しなければならない（法22-1）[18]．そして，通報・報告を受けた都道府県知事は，施設・事業の適正な業務・運営を確保し，虐待の防止及び虐待された高齢者の保護を図るため，老人福祉法・介護保険法に基づく権限を適切に行使することが求められる

---

16)　また，高齢者の生命や身体の安全確保に万全を期すために，必要な場合には援助を求めることが法文上は義務となっている（法12-2）．
17)　もちろんこの場合にも，虐待を受けた高齢者自身がその旨届け出ることもできる（法21-4）．
18)　ただし，地方自治法による指定都市及び中核市については，厚生労働省令で定める場合を除き，都道府県への報告義務は課されていない（法22-2）．

(法24).

〈通報者の保護〉 従事者による虐待の場合についても，通報に関し職務上知り得た事項で通報者を特定させるような事柄を漏らすことは禁じられている（法23）．また，通報したことに対する秘密漏示罪や守秘義務に関する法律の適用も排除されている（法21-6）．

そして通報を行った従事者については，通報したことを理由とした解雇その他の不利益な取り扱いを受けないと規定されており，いわゆる公益通報者保護も図られている（法21-7）．けれども，虚偽及び過失による通報をした場合については秘密漏示罪・守秘義務に関する法律の適用排除は認められておらず[19]，公益通報者保護も認められていない（法21-6）．

(4) 体制整備

通報義務とともに，高齢者虐待防止法が定めるもう1つの大きな柱は，虐待を防止するための体制整備である．先に見たように，同法は国や地方公共団体に高齢者虐待を防止するための責務を課している．

しかし，同法の枠組みにおいて重要な役割を果たすのは，現場となる市町村である．都道府県は，市町村が行う措置の実施に関し，調整を行ったり情報提供を行ったり，必要な援助・助言をしたりといった，いわば後方支援にとどまる（法19）．

①通報の窓口及び対処の主体としての市町村

上述のように，同法上，通報とその後の措置に関して中心的な役割を担うのは市町村である．通報先は市町村であるし，その後の措置に関しても，事実の確認を行い関係団体と協議し，必要な時には立入調査をして，場合によっては被虐待者を一時的に保護したりすることも，法律上はすべて市町村（またはその長）の役目である．

②市町村の役割としての予防のための体制づくり

虐待を予防するための支援においても，市町村が中心的な役割を担う．市

---

[19] 虚偽・過失の場合に関して，養護者による虐待の通報の場合には，このような規定は存在しない．

町村は高齢者や養護者に対し，相談，指導，助言を行うこととされる（法6）．そして必要に応じ，養護者の負担軽減のための措置を講ずることとされており（法14-1），緊急性が認められるときに高齢者が短期養護を受けるため必要となる居室の確保も市町村が行う（法14-2）．

また体制整備に関しても，市町村が重要な役割を担う．市町村は，高齢者虐待に適切に対処するための事務に専門的に従事する職員を確保するよう努めるとともに（法15），老人介護支援センターや地域包括支援センターなど，関係機関やさらには民間団体等との連携協力体制も整備するよう求められている（法16）．そして，同法に規定される通報義務や，養護者の支援等に関する事務の窓口や対応協力者を周知することも，市町村に求められている（法18）．

③委　託

ただし，市町村は，高齢者虐待対応協力者として適当と認められる者に，高齢者や養護者に対する相談・支援・助言業務，通報義務による通報の受理，その後の安全確認及び事実確認のための措置，そして養護者の負担軽減のための措置に関する事務につき，委託することができる（法17-1）．もちろんその場合であっても，委託先は市町村と同様に，委託を受けた事務に関して知り得た秘密を漏らすことは許されない（法17-2, 3）．

3　現行法の問題と今後の課題

以上の高齢者虐待防止法の条文を見ると，その内容に関していくつかの問題点が浮かび上がる．

(1) 定義に関する問題点

定義に関しては，同法の対象となる高齢者が65歳以上とされていることについて，より柔軟な定義にすべきだとの意見がある[20]．また同法は，高齢者虐待の主体として，養護者の他に養介護施設・事業の従事者を特段規定

---

20)　西川浩之「高齢者虐待防止法改正提言」月報司法書士 No. 447（2009年）96頁参照．また平田厚「高齢者虐待防止法の論点と課題」ジュリスト No. 1411（2010年）117頁も参照．

しているが，そこには医療機関が含まれておらず，それについても特別に規定すべきだとの意見もある[21]．

そして虐待自体の定義に関し，いわゆるセルフ・ネグレクト（自己放任）も含めるべきだとの指摘がある．セルフ・ネグレクトとは，サービスを拒否したり，高齢者自身が生活や生きていくことを否定して健康を損ねたり安全を脅かすような怠慢または自虐的な振る舞いをすることをいい，鬱病や自殺願望が含まれる場合もあるとされる[22]．孤独死につながる場合もあることから，何らかの介入が必要であるが，まさに本人がそういったものを拒否しているため第三者による介入に対する法的な根拠付けが必要であると主張されているのである[23]．

もちろん鬱病の場合など治療を必要とする場合もある一方で，何をもって自己選択ではなくセルフ・ネグレクトというのかは判断が難しい場合もあるため，慎重な対応が求められる．

(2) 通報義務に関する問題点

虐待の通報について考える場合には，1つ確認しておく必要のある前提がある．それは，false positive（偽陽性）よりも false negative（偽陰性）の方がより深刻だということである[24]．もちろん意図的に嘘の通報をしたりするのは論外であるが，虐待かどうか判断が難しいケースなど（特に一般の人が判断するのはより難しいだろう）では，結果として誤った通報となってしまう場合も避けられない．False positive と false negative の間には，ある程度トレードオフの関係がある[25]．問題はその中でどちらを優先すべきなのかである．

高齢者虐待については，通報されている件数が，実際に虐待が行われてい

---

21) 同上，118 頁参照．
22) 遠藤英俊 = 三浦久幸「高齢者虐待防止における病院の役割」保健の科学第 49 巻第 1 号（2007 年）28 頁．
23) 2015 年 5 月 1 日毎日新聞東京夕刊 11 頁「セルフネグレクト——認知症などで『自己放任』高齢者の介護拒否に苦慮　自治体介入，法的根拠なく」，平田・前掲（注 20）118 頁参照．
24) False positive とは，実際は虐待がなされていないのに誤って虐待として通報されてしまう場合である．一方で false negative とは，実際は虐待が行われているにもかかわらず，誤って虐待ではないとして通報が行われない場合を指す．

第1節　高齢者虐待に対する法的取り組みとその問題点

る事例のほんの一部に過ぎないとも指摘される[26]．実際，養護者による虐待の通報件数に比べ施設従事者による虐待の通報件数が極端に少ない点は，施設への入所者の数も相当数に上ることを考えれば，施設従事者による虐待が通報されていない可能性を示唆するようにも思われる．

高齢者虐待の場合，虐待されている本人による通報が難しいという事情もある．仕返しを恐れて通報できないことはもちろん，虐待を訴え出る能力自体を失ってしまっていたり，高齢者本人が虐待を自覚していなかったりする場合もあるからである[27]．

また，施設従事者による虐待の場合，施設不足という事情から，本人だけでなく家族としても，虐待の事実に目をつぶるということも考えられる．従事者による虐待を指摘し，いわば施設を追い出されてしまったら，他の施設に預けることも難しく，家族としては自ら引き取るしかなくなる．それは困るとして，結局は虐待を見て見ぬふりすることもありうるだろう[28]．

そして養護者による虐待の場合，その多くが家族によるものであることから，身内の恥といった虐待が明らかとなることへの恥辱感も通報を妨げる要因となりうる[29]．さらには，高齢者が虐待者に生活を依存していることから[30]，虐待者を通報して引き離されてしまうと，自らの生活自体が成り立たなくなってしまうため通報できないということも考えられる．

高齢者虐待の場合，それを受けている高齢者には生命・身体への危機が迫

---

25) 通報を促進すれば false negative を減らすことはできるであろうが，一方で false positive は増加するだろう．逆に，通報を抑制すれば false positive は減少するが，false negative は増加する．そこで，どちらの誤った通報をより問題とするかを考える必要がある．
26) 樋口範雄『超高齢社会の法律，何が問題なのか』（朝日新聞出版，2015年）191-195頁参照．
27) 平成15年度の調査結果ではあるが，それによれば虐待されている「自覚がある」高齢者の割合は45.2％であった一方，「自覚はない」という高齢者も29.8％にのぼった．老健局・前掲（注2）9頁（「家庭内における高齢者虐待に関する調査」（財団法人医療経済研究機構）を引用）参照．
28) 小林篤子『高齢者虐待——実態と防止策』（中公新書，2004年）参照．
29) 虐待を受けていることに対する高齢者本人の意思表示についても，「隠そうとする」（12.1％）や「何の反応もない」（30.2％）といった場合があることが報告されている．老健局・前掲（注2）9頁参照．
30) 平成28年度の調査結果によれば，虐待を行った養護者と被虐待者は，その9割近くが同居していた．

っている場合もあり，それを見過ごせば取り返しのつかないことにもなりかねない．上記の事情を鑑みれば，false positive よりも false negative の方がより深刻な事態を招くと考えるべきであろう．そうであれば，高齢者虐待の通報に関しては通報しやすい環境の整備，特に第三者からの通報を少しでも増やすような制度設計を考えるべきである．通報に対する萎縮効果を可能な限り低減し，通報を促進するような対策が必要となるのである．

そのためには，緊急性にとらわれず，広く通報義務を定め，特に専門家についてはその責任を強化する必要性があるのではないだろうか．もちろんそれと同時に，虐待と判断し通報した者の保護及び免責を規定し，専門家の判断の尊重といったことも図っていくべきであろう[31]．

①通報義務の区分と制裁規定の欠如について

このように，false negative をより深刻な問題と捉えた場合，通報義務を緊急性の有無によって書き分ける現行法の枠組みには疑問を感じる．緊急性の判断は専門家であっても難しいと言われる．そのため現行法の枠組みは，目の前の事案が緊急かどうかわからない場合に，通報を躊躇させる要因にもなりかねない．虐待は徐々にエスカレートする場合もあるが，突如として緊急性を増すこともあるだろう．虐待を事前に防ぐという観点からは，虐待の兆候や初期段階でそれを察知し，日常的な支援などの対処をしていく必要もある．そうであれば，あえて緊急性で区別して義務の内容を変えるのではなく，緊急性が低くとも同様に通報義務を課すべきである．

けれども，同法はそもそも緊急性があろうとなかろうと，特段制裁を規定してはいない．これは一般の人に対してだけでなく，高齢者福祉に関係する専門職の人々についてもである．同法も指摘するように，こうした人々は高齢者虐待を発見しやすい立場にある上に専門的知識も有している．広く虐待を認知し早期の対応をしていくためには，少なくともこうした専門的な立場

---

31) 虐待されている高齢者は自らが虐待されているという事実を認めたがらないという点からも，専門家が第三者の目で虐待かどうかを判断する必要性があると言える．そして介入することへの萎縮効果を極力抑えるためにも，介入した場合にはその判断を尊重することもまた求められると言えるだろう．

第1節　高齢者虐待に対する法的取り組みとその問題点

にいる者に対しては，通報義務を怠った場合の，業務上のものも含めた何らかの制裁を規定する必要があるのではないだろうか[32]．

②通報者の保護に関して

しかし，通報者の責任を強化するのであれば，それと同時に通報者の保護も図る必要がある．専門職による通報の場合には，その判断の尊重が求められるであろう．

また，現在の高齢者虐待防止法の枠組みでは，一般の通報者にも高齢者虐待が疑われる事例を発見した者に通報義務（または努力義務）が課されている．けれども，一般の人の場合であっても，通報に関する免責規定は置かれていない．もちろん，通報を受けた側には守秘義務が課されているので，通報源が明らかとされることは通常考えられない．しかし，何らかの事情により通報源が明らかとなった場合についても対応しておく必要があるだろう[33]．

現状の枠組みでは，通報はしたものの後になって実際は虐待ではなかったことがわかった場合，通報者は虐待者として通報された者から名誉毀損等で訴えられるおそれもある．そのような「おそれ」があれば，関わり合いを持ちたくないとして通報を避けることは十分に考えられる．特に一般の人の場合には，専門的知識があるわけでもないので，虐待か判断しづらい場合も多いだろう．もちろん，意図的に嘘の通報をするなどの場合に免責の対象とすべきでないことは当然である．しかし，できる限り多くの虐待が疑われる事例の情報を集めるためには，結果として虐待ではなかった場合の免責も規定する必要がある．

さらに，従事者による虐待を通報する場合については，同法は守秘義務に関する免責を，過失による通報の場合にことさら排除している（法21-6）．

---

32) 実際，カリフォルニア州の高齢者虐待及び要保護者民事保護法（Elder Abuse and Dependent Adult Civil Protection Act）を見ると，広く専門家には通報義務が課されており，制裁も規定されている．Cal. Code, Welfare & Institutions Code, Div. 9, Chap. 11, §15630. それだけでなく，経済的虐待を発見しやすい金融機関の職員に対しても，虐待が疑われるケースについては通報義務を課し，制裁も規定している．Id. §15630.1.

33) ここで重要なのは，「おそれ」でも通報を避けることにつながるということである．先に述べたように，通報義務といっても制裁があるわけではないので，そもそも通報するインセンティヴは低い．

そして、従事者が通報する場合の公益通報者保護についても、過失による通報の場合に認められないことをことさら規定している（同上）。

もちろん、職場のもめ事の延長として通報義務が利用されたりすることは許されるものではない。しかし、それは別個対応すべき問題であって、false negative を避けるという観点からは、過失の場合であっても広く免責や保護を認めるべき必要があるように思われる。

③メルクマールとしての緊急性の問題点

高齢者虐待防止法が通報義務を緊急性の有無によって書き分けていることの問題点については、先に述べた通りである。いずれにしても制裁規定はないのであるから、このような区別は通報する側にとっては特段意味を持たない。

緊急性の認定が意味を持つとすれば、それはその後の措置の違いであろう。現行の高齢者虐待防止法の枠組みでは、市町村が虐待の可能性に関する通報を受け緊急性を認定した場合にのみ、一時保護や立入調査といった措置を採ることが可能となる。こうした枠組みは2つの点で、緊急性の認定を避けるインセンティヴを与えうる。

1つは、緊急性があると判断して当該高齢者を一時保護するなどの措置を採った場合、緊急性を巡って養護者や親族などから訴えられたりするリスクがあるためである。緊急性がないにもかかわらず高齢者を勝手に連れて行った、といった訴えが起こされる可能性が考えられるのである。訴えられ責任が認定される可能性が高まれば、市町村の側には緊急性の認定を回避するインセンティヴが生まれるだろう[34]。実際、現場の職員が、虐待かどうかそしてそれに緊急性があるのか、判断するのに困難を感じていることを示唆する調査結果も出ている[35]。現場で対応に当たる職員の専門性の向上や保健師等の専門職の配置を確保することはもちろんであるが、false negative を避

---

34) もちろん、緊急性という要件を排除しても、今度は「虐待」の認定について同様の問題が発生する。そのときも、虐待の認定に関する専門家の判断の尊重という同様の対処が必要であろう。
35) 中村京子他「A県市町村の高齢者虐待相談・対応体制の現状について——高齢者虐待に関わる市町村職員へのアンケート調査から」保健科学研究誌 No. 13（2016年）69頁参照。

第1節　高齢者虐待に対する法的取り組みとその問題点

ける観点からは，こうした専門チームの下した判断について尊重するという必要もあるだろう．

　一方で，同法の枠組みでは緊急性を認定しない限り，一時保護などの措置を採る必要はないとも言える．そして，そもそも虐待とは認定しなかったり，ひいては通報自体を受理したりしなければ，対応のための措置を採る必要性自体がなくなる[36]．このように認定にかかる裁量が大きくなれば，せっかく虐待が疑われるケースが通報されても，保護施設や対応する人員が不足する中で，困難な事例に関わりたくないとして緊急性を否定したり，そもそも虐待とは認知しないインセンティヴが働きうる[37]．そうなれば，緊急性はないとしてしばらく様子を見るという判断が下され，結局は虐待が放置されてしまうという事態にもなりかねない．

　もちろん虐待の認知を避けるインセンティヴの除去には体制整備も必要である．しかし，それと同時に，虐待の認定に裁量が働きやすい制度は再検討する必要があるように思われる．

(3) 体制づくりの問題点と今後の課題——防止の観点から

　高齢者虐待防止法は，高齢者虐待が発生すること自体を防止することが最大の目的である．そうした体制作りには，人員の整備が重要であることはもちろんのこと，現行の枠組みにおける市町村の役割をどのようにバックアップしていくかも課題である．

①人員の確保と質の向上

　予算が限られている中で，いかに介護や看護に関わる人員を確保しその質の向上を図っていくかが，今後の課題であることは論を俟たない．施設や事業での従事者による虐待は，従事者のスキルや経験不足が原因である場合も

---

[36] 養護者による虐待について，平成28年度調査結果では，通報の受理から事実確認の開始までの中央値が0日であり，虐待確認までの期間の中央値が1日となっているが，人材・資源不足が指摘される中でのこの数値ということは，受理の段階でセレクションバイアスがかかっている可能性が考えられるのではないだろうか．

[37] 実際，市町村は緊急性の判断の難しさとともに，保護施設の確保の難しさや人員・専門知識の不足などで困っている場合があると指摘される．中村他・前掲（注35）76-77頁．

指摘される[38]．

　また，定義の部分で見たように，高齢者虐待防止法では身体拘束も身体的虐待に含まれる．介護の簡便さのために安易に身体拘束が認められるべきでないことは当然であろう．しかし，限られた人員で多くの高齢者を介護・看護しなければならない状況の中では，当該高齢者自身やまわりの高齢者に危害が及びそれで訴えられるよりも，身体を拘束して訴えられた方がましだといった判断もなされかねない．

　現場がこうしたディレンマに陥らないためにも，人員体制の整備を是非とも行っていく必要があるだろう．介護人材の離職率の高さは以前から指摘される点である．経験を積んだ介護人材を多く配置するための待遇改善といった方策は，高齢者虐待対策を考える上でも重要だと思われる．

　②虐待防止の最前線となる市町村に対する支援

　高齢者虐待は，虐待者と被虐待者の日常的な関係性の中で起こることが多い[39]．高齢者は虐待されていても養護者に依存せざるを得ないという状況がある一方，虐待をしている養護者も，年金を受給している高齢者に経済的に依存している場合があるなど，相互の依存関係が高齢者虐待の背景にある場合も考えられる．そうした中で，虐待を未然に防ぎ，また虐待が発生してしまった場合にはそれに対処しその後平常の状態に戻してそれを維持していくためには，高齢者の看護・介護に対する継続的な支援はもちろんのこと，養護者に対する日常的な支援も欠かせない．

　同法の枠組みにおいて，こうした日常的で継続的な支援は，市町村が地域包括支援センターなど地域に密着した組織と連携して行うこととされている．けれども実際は，市町村が地域包括にいわば業務を丸投げしてしまっている場合もあるとの報告がある[40]．地域包括自体も予算や人員が限られている

---

[38]　平成28年度調査結果では，従事者等による虐待に関しその発生要因のトップは，虐待者の「教育・知識・介護技術等に関する問題」で，全体の66.9％と報告されている．

[39]　先にも指摘したように，養護者による虐待においては，虐待者と被虐待者が同居している場合が9割近くを占めている．平成28年度調査結果によれば，虐待者と被虐待者の続柄についても，息子が40.5％，夫が21.5％，娘が17.0％と，親族である場合が圧倒的に多くなっている．

中で，その中核業務である介護予防マネジメントに手一杯であり，高齢者虐待への対応など権利擁護事業には十分な手が回らないとも言われる[41]．市町村と地域包括の連携の強化とともに，地域包括自体の業務内容の見直しや体制整備が必要であろう．

また地域包括を直営または委託する市町村自体に関しても，特に地方などでは高齢化率が上がり限界集落が問題になるなど，コミュニティの存続自体が危ぶまれており，町や村そのものの機能が維持できるのかという問題も生じてきている[42]．今後ますますそういった状況が強まると予想される中で，市町村の機能強化もさることながら，市町村単位ではなくより広域で，そして民間の力も合わせた対策の強化も必要になってくるであろう．

(4) 法律家の役割

高齢者虐待防止法では，医療・介護そして保健・福祉の専門職に，重要な役割が期待されている．しかし法律家にもまた，重要な役割があるだろう．

①ホームロイヤー（かかりつけ弁護士）としての法律家の役割

虐待された高齢者の権利を守るために法律家が重要な役割を果たすことはもちろんであるが，虐待がなされる前に適切なサポートが受けられるよう，それぞれの高齢者・養護者・施設等に合った法的サービスを提供していくこともまた重要な役割である．特に高齢者やその家族に対しては，複雑な法的仕組みを適切にそしてわかりやすく紹介・説明していくことが求められるだろう．まさに，ホームドクターのような法律家が必要だといえる．

②制度設計とそれを支える人材としての法律家の役割

また，高齢者虐待防止法は成年後見制度の普及を後押ししている．もちろん，判断能力の衰えた高齢者の代わりに財産管理や意思決定を補助する後見人のような存在は必要であろう．しかし，成年後見人を付すためには家庭裁

---

40) 春名苗・寺本眞美「高齢者虐待対応に影響を与える地域包括支援センターと市区町村の関係性」花園大学社会福祉学部研究紀要第24号（2016年）19頁．
41) 平田・前掲（注20）120頁．
42) 2017年6月12日毎日新聞東京夕刊1頁「高知・大川村：議会廃止，検討表面　人口400人，『村民総会』を議論」

判所による審判が必要となる．これからますます高齢者が増加する中で，高齢者がみな後見制度を利用しようとすれば，家庭裁判所のキャパシティがそれに耐えられるのかは疑問である．

　成年後見制度を利用せずとも，高齢者がそうなる前の段階から，自ら財産管理や意思決定を補助する者を選定しておくような仕組みを構築し，裁判所を利用する後見制度の利用は最終手段という位置づけを採る必要もあるのではないだろうか．もちろんその場合にも，ホームドクターのような法律家が一層必要となる．

③法律による行政運営を支援する法律家の役割

　けれども，法律家に求められる役割は高齢者の援助だけではない．現場で対応する行政職員や専門職の機動的な活動を支えるためにもまた，法律家が必要であろう[43]．高齢者を一時保護した場合に養護者から訴えられたりするリスクを考えれば，現場の職員は対処をためらったりする可能性もある[44]．緊急を要する中での判断を迫られるときに活動を抑制する要因を取り除くためにも，それを法的な側面から支援する現場に即応した法律家の存在は欠かせない．そしてこれは同時に，ルールに則った適切な対処が行われることをも確保することにつながり，ひいては高齢者や養護者など関係者の権利利益の擁護にもつながるだろう．高齢者虐待問題では，現場に即応できる法律家の体制整備もまた問われている．

(5) 小　括

　高齢者虐待が社会的な問題となる中で，それに対する包括的な対策法である高齢者虐待防止法が制定されたことは，大きな成果であろう．けれども，以上で見てきたように，現行法にはまだまだ不十分な点も多いように思われる[45]．

---

43) 日本弁護士会連合会「超高齢社会と弁護士の役割」『弁護士白書　2013 年版』36 頁，55-56 頁参照．
44) 実際，虐待者からの不当な苦情及び申立て等への法的対応を求める現場の声があることが報告されている．中村他・前掲（注35）77 頁．

しかし，当初から完璧な制度などない．わが国の高齢者虐待対策は，まだまだ始まったばかりである．他でも言われていることではあるが，高齢者が人生の最後を虐待されて過ごすというのはあまりにも悲しい．また，養護者である家族が介護負担の大きさなどから，追い詰められて果ては自分の親を虐待してしまうというのもやるせない．そういった悲劇が繰り返されぬよう，現行の高齢者虐待防止法での経験を生かし，不断に制度を改善していくことが求められる．予算等の資源が限られているという事情はもちろんあるであろう．しかし，高齢社会のフロントランナーとして日本が今後世界の手本となるような高齢者虐待対策を構築できるよう，政策担当者や保健・福祉・介護・医療関係者だけでなく，法律家も一丸となって知恵を出し合っていく必要がある．

第2節　高齢者と犯罪

次に「高齢者と犯罪」について，高齢者が犯罪被害者となる場合及び高齢者自身が犯罪を行う場合の両面について，現状と今後の課題を検討する．

わが国の「高齢者と犯罪」に関する問題としては，高齢化率を上回る割合でその増加が見られるというデータがある．高齢者による犯罪や高齢者の消費者トラブルに関する相談件数など，加害者・被害者の両面において，高齢者の割合が顕著に増加しているのである．一体その原因はどこにあり，それに対してどのように対策を採るべきなのか，それが今後の課題である．

1　高齢者の犯罪被害

まずは，高齢者が犯罪の被害者となる場合について見ていこう．

---

45)　高齢者虐待防止法の附則では，同法施行後3年を目途に見直しを行う旨の規定があるが，これまでのところ内容に関する大きな改正はなされていない．

第 7 章　高齢者と虐待・犯罪

(1) 高齢者の刑法犯罪被害

①全体像

刑法犯罪の被害者に占める 65 歳以上の高齢者の割合は増加傾向にある[46]．高齢者が被害者であった刑法犯罪の認知件数は，平成 28 年で約 11 万件にのぼった．平成 14 年をピークにそれ以降は刑法犯認知件数そのものが減少傾向にあるため高齢者の被害件数自体は減少しているものの，認知件数に占める高齢者の被害件数の割合は増加をたどっており，平成 28 年は 14.1％で平成 13 年の 8.4％から倍増する勢いを見せている．

②高齢者が被害者となりやすい犯罪類型

高齢者が被害者となりやすい犯罪は何か．少し古いデータとなってしまうが[47]，刑法犯認知件数における高齢者が被害者となった割合は，どの犯罪種別においても，全体として増加してきた．その中でも知能犯[48]に関する被害割合が顕著に増加しており，平成 24 年には 20％を超え，20 年前の約 3 倍となった．また粗暴犯[49]についても，高齢者の被害割合は平成 24 年に 6.9％に達しており，これは平成 5 年の 3 倍以上の数字となっている．

具体的な手口で見ると，ひったくりの被害が多く，その被害割合の約 30％が高齢者であった．一般的にひったくりの被害は 20 時から 24 時の時間帯に最も多いが，高齢者については 16 時から 20 時までの被害割合が最も高くなっており，8 時から 16 時の昼間の被害割合も高い．またスリに関しても，その認知件数の約 15％が高齢者であった．

殺人や暴行等の被害についても，高齢者の被害が多くなっている．平成 28 年の殺人被害全体の約 14％は高齢者であった[50]．平成 24 年のデータでは，殺人における高齢者の被害は横ばいとなっているものの，暴行・傷害に関しては増加傾向にあった．その犯行場所としては，住宅における発生の割合が

---

[46]　内閣府『平成 30 年版高齢社会白書』42 頁．
[47]　ここでは，高齢者の犯罪被害対策が特集されていた警視庁『平成 25 年警察白書』46-51 頁を参照した．
[48]　ここで知能犯とは，詐欺，横領（占有離脱物横領を除く），偽造，汚職，背任などを指す．
[49]　ここで粗暴犯とは，暴行，傷害，脅迫，恐喝，凶器準備集合を指す．
[50]　法務省『平成 29 年版犯罪白書』第 6 編第 1 章第 1 節．

第 2 節　高齢者と犯罪

一般の場合に比べ顕著に高くなっており，身近な生活空間で被害が発生していると言える．

　そして詐欺の被害も高齢者に多く，平成 28 年は 1 万 3236 件と，全体の 45％近くを占めている[51]．一般的に考えられているように，振り込め詐欺についてはその主な被害者は高齢者であり，60 歳以上が約 8 割である[52]．特に高齢者が被害者である割合が高いのはオレオレ詐欺と還付金詐欺である．オレオレ詐欺については 60 歳以上がほとんどであり，特に 70 歳以上の女性が被害者の 77.6％を占めている．また，還付金詐欺の被害者についても 60 歳以上がほとんどであり，特に 70 歳以上の女性がその約半分を占めている．

(2) 高齢者の消費者被害
①全体像

　特殊詐欺にも関連するが，消費者被害についても高齢者が被害者となる場合が多く見られる．65 歳以上の高齢者に関する消費生活相談件数は，2013 年以降高水準で推移しており，2017 年は 26.6 万件で前年を上回る数字となった[53]．2017 年の相談件数は全体で 91.1 万件だったとされるので，高齢者の相談件数はその 3 割近くを占めていることになる．

②高齢者が狙われる理由

　高齢者は悪質商法などのターゲットになりやすく，その被害が拡大しやすいといわれる．その原因としては，貯蓄，世帯状況，ライフスタイルが指摘されている．わが国では高齢世帯に比較的貯蓄が多くなっており，そのお金が狙われるのである[54]．

　また，わが国の高齢者は単身世帯であることが多く，子どもなどとの接触

---

51)　法務省『平成 29 年版犯罪白書の概要』3 頁．
52)　以下のデータは，『平成 30 年版高齢社会白書』・前掲（注 46）46 頁による．
53)　消費者庁『平成 30 年版消費者白書』32 頁．
54)　そのため，ひとたび被害が出れば被害金額も大きくなる．2017 年に全国の消費生活センター等に寄せられた相談 1 件あたりの平均金額を見ると，請求されたまたは契約した金額である「契約購入金額」も，実際に支払った金額である「既支払額」も，ともに 65 歳以上のデータが全体のデータよりも高い数字（「既支払額」に至っては，65 歳未満の 2 倍以上）となっている．『平成 30 年版消費者白書』・前掲（注 53）27 頁．

の機会も少ないとされる．そして高齢者は定年を迎えるなどし，さらに身体的にも衰えてきていることから，日中在宅であることが多い．そのため，その時間を狙って訪問販売員や電話での勧誘が行われるのである[55]．

こうした高齢者の置かれた状況は，被害が明らかとなるのも妨げる．単身世帯で周囲との接触も少ないことから，たとえ被害を受けていても周りの人が気づきにくいためである．

③高齢者がつけ込まれやすい理由

高齢者がつけ込まれやすい理由としては，身体機能や認知機能の低下が挙げられる．身体機能の低下によって忍耐力が低下し，長時間の勧誘などにいわば根負けしてしまうのである．また，認知機能の低下によって判断力が低下することにより，複雑な契約内容やインターネットなどの新たな事柄の理解が不十分となりやすく，そのままに契約を結んでしまったり騙されてしまったりするのである[56]．

そして，高齢者が抱える「健康」・「お金」・「孤独」という3つの不安が，高齢者がつけ込まれやすい状況を作り出しているとの指摘もある[57]．心身の衰えを日々感じる高齢者は，健康に関して不安を感じている．そのため，健康食品などの消費者被害へとつながりやすい．また，高齢者は収入源が乏しく，貯蓄があってもそれが徐々に減っていくことから，お金に関する不安を抱えている．年金などの社会保障への不安もそれに拍車をかけている．そのため，利殖詐欺などの被害に遭いやすい[58]．そして，単身世帯で孤独を感じていることから，話し相手となってくれる訪問販売員などを信用してしまい，悪質な契約を結んでしまったりするのである．

---

55) 販売購入形態別にみた相談状況について，65歳以上の高齢者の場合，「訪問販売」・「電話勧誘販売」の割合が大きいことが特徴として挙げられている．『平成30年版消費者白書』・前掲（注53）38頁．

56) 高齢者に関しても，販売購入形態別にみた相談状況において「インターネット通販」の割合が増えているという．また消費生活相談件数の多い商品・サービスの上位にも，デジタルコンテンツがある．『平成30年版消費者白書』・前掲（注53）32-33，38頁．

57) 独立行政法人国民生活センターホームページ <http://www.kokusen.go.jp/soudan_now/koureisya.html>（2018年10月5日アクセス）参照．

58) 2017年には「仮想通貨」に関する投資勧誘トラブルの相談が，高齢者からも多く寄せられたという．『平成30年版消費者白書』・前掲（注53）32頁．

第 2 節　高齢者と犯罪

(3) これまでの対策

　ひったくりやオレオレ詐欺などへの対策は，これまでもいろいろと行われてきた．金融機関などとも連携して，そうした犯罪に高齢者が巻き込まれないようにする対策が行われるとともに，高齢者自身がそうした被害から身を守れるよう，啓発活動も行われてきた．

　また消費者被害に関しては，これまでも法的な対策が採られてきた．その対策の主な方向性としては，取引規制と高齢者の行為能力に着目した対策であった[59]．

　取引規制については，必ずしも高齢者に着目したものではないが，一般的に特定商取引法などにより，消費者被害が発生しやすい取引類型への規制が行われている．また，同法や消費者契約法などにより，クーリングオフなど事後的に契約を取り消すことを可能とする対策も強化されてきた．

　一方で，高齢者の行為能力に着目した対策もとられてきた．成年後見制度がその例である．行為能力が低下した高齢者に後見人や補佐人を付けておくことにより，高齢者本人が単独で行った契約を後で取り消すことが可能になるというものである．

(4) 今後の課題

　上記のような対策はもちろん一定の効果はあると思われるが，それでも限界があるだろう．成年後見制度では後見人を付すためには家庭裁判所の審判が必要であったり，誰が後見人となるのかといった問題もあるなどして，なかなかその普及は進んでいない．それに，後見人を付すまでには至らない高齢者の保護には，この制度は必ずしも有効ではない．

　また，成年後見制度もそうであるが，取引規制についてはあくまでも事後的に契約を取り消すことができるに過ぎない．一旦お金を支払ってしまえば，後になって契約を取り消すことができたとしても，そのお金が返ってくる保証はない．

---

59)　大村敦志「第 3 章　高齢化社会と消費者問題・成年後見——リフォーム商法を素材に悪質商法への対応策を考える」『高齢化社会と法』（有斐閣，2008 年）.

第7章　高齢者と虐待・犯罪

　こうした点を踏まえると，今後の課題としては，高齢者被害を予防するためのハード及びソフト両面での対策をさらに強化していくことが挙げられる．

①ハードな対策の強化

　こうした対策の1つとしては，被害者としての高齢者にだけ着目するのではなく，加害者の側に着目して加害行為を抑止するための対策を採ることが考えられる．取引規制を行ったとしても結果として利益が加害者の手元に残るような制裁のみであれば，抑止効果はないであろう．そのため，高齢者などの弱者をターゲットとした場合の加害者への制裁を，刑事・民事の両面で強化することも考える必要がある．これはいわばハードな対策の強化である．

　もちろん，高齢者が一括りに弱いとは言えない．しかし，高齢者の脆弱性につけ込んでそれをターゲットとする場合や，意図的にしかも多数の高齢者を食い物にするような場合（繰り返し同様の行為を行う場合も含まれる）には，その者に対してより強力な加重的制裁を科すこともまた必要ではないだろうか[60]．

②ソフトな対策の推進

　消費者問題等については，事後的な対応も必要であるが，何よりもそういったことが起きないように予防することが重要であろう（制裁は事後的な対応ではあるが，抑止効果という意味では予防的効果を持つものでもある）．

　そこで高齢者が被害に遭わないようにするための対策強化もまた必要だと言える．その中でもソフトな対策としては，高齢者の居場所作りが考えられる．先に述べたように高齢者の消費者被害については，単身世帯で孤独を感じる高齢者がそれにつけ込まれ被害を受ける場合もあると指摘されている．こうしたことを防ぐために，特に日中，単身の高齢者などが近所に集まり，話をしたりする機会を作ることも，こうした被害を防ぐためには効果的なのではないだろうか．

　集まってする事柄は何でもよいと言うのはおかしいが，それがボランティ

---

[60]　アメリカ法からの示唆として業者側への制裁の強化を主張するものとして，濱田智子「高齢消費者詐欺に対する制裁の強化（1）～（5・完）」『NBL』No. 701：55頁，No. 703：53頁，No. 705：58頁，No. 709：57頁，No. 711：61頁（2000-01年）．

第 2 節　高齢者と犯罪

ア活動などでもよいし，単にみんなで集まってお茶を飲むだけでも効果があるかもしれない．話をするだけでも，悪徳業者がつけ込もうとする孤独を解消することができるであろうし，さらにそこでのちょっとした会話から，トラブルの芽を早い段階で見つけ出すこともできるであろう．そうした居場所を作り，さらにそこに高齢者が気軽に来ることができるようにする環境整備もまた，一見遠回りのようではあるが高齢者の消費者被害対策にもなるのではないだろうか．

2　高齢者犯罪

これまでは高齢者が被害者となる場合について見てきた．ここからは高齢者が加害者，つまり高齢者による犯罪について見る．

高齢者による犯罪もまた増加しているとのデータがある[61]．高齢者の刑法犯検挙人員は，平成 20 年までは著しい増加を見せていた．それ以降は概ね横ばいとなっているが，それでも他の年齢層と比べると高止まりしている．平成 28 年の検挙人員は 4 万 6977 人で，これは検挙人員全体の約 2 割を占めている．この検挙人員数は他の年齢層と比較しても最も多くなっており，平成 9 年の高齢者検挙人員の約 3.7 倍である．

(1) 高齢者による犯罪状況

①全体像──特異な状況としての高齢者の犯罪者率の増加

上記数字だけでは，単に社会の高齢化が進展しているためということもできるが，その他にも気になる数字が指摘されている[62]．高齢者の人口 10 万人あたりの高齢検挙者の割合である犯罪者率が，特に平成 10 年から平成 19 年あたりにかけて急激に上昇したというのである．しかもその上昇率は，他のどの年齢層の上昇率よりも著しいものであった．ここ数年は低下傾向にあるとされるが[63]，以前と比べると高い状態が続いており，高齢者が罪を犯

---

[61]　ここでのデータは，『平成 29 年版犯罪白書』・前掲（注 50）第 4 編第 8 章第 1 節による．
[62]　この点については，太田達也「高齢犯罪者の実態と対策」『警察政策』第 11 巻（2009 年）126-130 頁参照．

第7章　高齢者と虐待・犯罪

しやすくなっている現状があるという[64]．

こうしたわが国における高齢者による犯罪率の急激な増加という傾向は，高齢化の著しいスウェーデンやドイツ，アメリカ，韓国などの諸外国と比べても特異な状況だとの分析もなされている[65]．統計の取り方の違いやわが国と比べてそもそも犯罪率が高いなどの違いはあるものの，検挙人員における高齢者率も高齢者犯罪率も，こうした国々と比べて日本ははるかにその伸び率が高いとされる．

②高齢者犯罪が増加している罪種

こうした高齢者犯罪の増加は，多くの罪種において見られる傾向である[66]．罪種別に見た場合，特に高齢者の検挙割合が増加しているのは，窃盗，傷害・暴行，強盗である．

窃盗は高齢者の刑法犯検挙人員の約7割を占めている．これは全年齢と比べても高い値である．ここ数年は概ね横ばいとなっているが，平成24年までは著しく増加していた．平成28年の検挙人員は3万3979人で，平成9年の約3.6倍となっている．こうした窃盗のうちその多くは万引きが占めている[67]．

また，傷害及び暴行の検挙人員も著しく増加しており，平成28年は両罪を合わせて5823人が検挙されていて，これは平成9年の約17.4倍である．その他にも強盗も増加傾向を見せている．

③犯罪歴

古いデータとなってしまうが，高齢者犯罪の動向について調査した結果によれば，高齢者犯罪の特徴として，高齢になって初めて罪を犯す者の割合が

---

63) 『平成30年版高齢社会白書』・前掲（注46）43頁．
64) 検挙人員を人口比で見た場合，平成28年における高齢者の検挙人員は，他の年齢層よりは相対的に低いが，平成9年の約2.1倍となっている．『平成29年版犯罪白書』・前掲（注50）第4編第8章第1節．
65) 太田達也「高齢者犯罪の動向と刑事政策的対応——研究序章」『罪と罰』（「高齢犯罪者の処遇」）第43巻第4号（2006年）5-7頁参照．
66) ここでのデータは『平成29年版犯罪白書』・前掲（注50）第4編第8章第1節による．
67) 女性高齢者の検挙人員の約9割が窃盗で，万引きが約8割を占めるとされる．『平成29年版犯罪白書の概要』・前掲（注51）3頁．

多いとされる[68]．65 歳以上の高齢刑法犯検挙人員のうち 3 分の 2 は，高齢者になって初めて検挙された初犯者である．強盗や詐欺などについては高齢者になる前から犯罪歴のある者の割合が高い一方で，殺人や窃盗についてはその半数が，高齢者になって初めて検挙された者となっている．

④高齢受刑者と再犯

受刑者の高齢化もまた進んでいる[69]．平成 28 年の 65 歳以上の入所受刑者は 2498 人となった．この数はこの 20 年間で大幅に増加しており，平成 9 年と比べると約 4.2 倍となっている．また高齢者率も上昇傾向にあり，平成 28 年は 12.2％と 1 割を超えている．特に女性の高齢者率は上昇傾向が顕著である．

そして高齢者の場合，再入者の割合も高い．平成 28 年の再入者率は 70.2％となっており，全年齢層の 59.5％を上回る数字となっている．特に出所後 2 年以内に再入所する率は，高齢者は 23.2％と他の年齢層と比べて一貫して高くなっており，出所してから短期間で再犯する者が多いという現状が見てとれる．

(2) 高齢者犯罪の要因

高齢者犯罪増加の要因として一体何があるのかについては，確定的なことはまだわかっていないようである．ただ，高齢犯罪者の急激な増加は，高齢者の「孤立」が原因となっているのではないかとの分析がある[70]．高齢犯罪者は一般的な高齢者世帯よりもひとり暮らしの割合が高く，強盗や詐欺に関してはその割合が著しく高い．日本は相対的に子どもとの接触頻度が低いとも言われており，高齢者が家族から孤立した状況があるとされる．同様に，近隣との関係も希薄となっているため，それが高齢者の孤立を招き，そうし

---

68) 太田達也「高齢者犯罪の対策と予防——高齢犯罪者の特性と警察での対応を中心として」警察學論集（「特集・高齢者犯罪対策」）第 67 巻第 6 号（2014 年）3-5 頁（警察政策研究センターと当該論文著者が平成 17 年から 19 年にかけて共同で行った調査結果とされる）．
69) ここでのデータは『平成 29 年版犯罪白書』・前掲（注 50）第 4 編第 8 章第 2 節 2 による．
70) 太田・前掲（注 68）8-10 頁は，高齢者犯罪の促進要素として，①家族からの孤立，②近隣からの孤立，③行政からの孤立，という 3 つの社会的孤立を指摘している．

た高齢者が閉塞を感じて，また見守りのない状況も相まって，罪を犯しやすくなっているのではないかというのである[71]．

それだけでなく，行政的な支援からも孤立することで，経済的な困窮に陥るとともに，福祉的な支援も得られず介護疲れなどの精神的・肉体的な疲労へとつながってしまい，介護殺人や虐待などの身体犯罪へとつながるのではないかとの指摘もある[72]．

(3) 高齢犯罪者の処遇とその問題

高齢犯罪者に対する処分について，実態としては刑事処分はあまり行われていないとされる．他の年齢層と比べてみても，高齢者に対しては微罪処分が多用されており[73]，前歴のある者に関しても4割程度が微罪処分となっている[74]．また起訴猶予なども多くなっており[75]，実際に矯正的な措置が執られている例は少ないようである[76]．

もちろん，高齢者による犯罪の多くが万引きであるため[77]，刑事処分に向かないということもあるであろう．しかし，もう高齢だからという理由だけで刑事処分は適当でないと一概に判断することには問題もあろう．

その一方で，たとえそうした判断が適切であったとしても，指導やサポー

---

[71] 警視庁による万引きの被疑者に対する犯行の態様や動機などに関する調査によれば，友人や知人がいないといった交友関係がない高齢者が4割ほどもおり，社会からの孤立が万引きの要因の1つとなっているのではないかと指摘されている．山口寛峰「高齢者犯罪の現状」警察學論集・前掲（注68）47頁．

[72] 例えば，佐々木真郎「高齢者犯罪の実態」警察學論集・前掲（注68）38頁．

[73] 微罪処分とは，刑事訴訟法246条但書に基づき，検察官が予め指定した犯状の特に軽微な窃盗，詐欺，横領等の成人による事件について，司法警察員が検察官に送致しない手続きを執ることをいう．『平成29年版犯罪白書』・前掲（注50）第2編第1章1．

[74] 太田達也「高齢者犯罪の実態と対策——処遇と予防の観点から」ジュリスト No. 1359 (2008年) 121頁．

[75] 起訴猶予については，わが国の制度としては単純起訴猶予しかなく，本人の申し出による更正緊急保護以外，特段の措置が執られるわけではないという．太田・前掲（注68）12頁．

[76] 起訴猶予率は刑法犯全体で65歳未満の年齢層よりも高く，特に窃盗においてその差が大きくなっている．『平成29年版犯罪白書』・前掲（注50）第4編第8章第2節1．

[77] しかも高齢者による万引きの被害品は圧倒的に食料品が多く8割弱を占めており，少年や成人に多い家電製品やゲーム機器類などと比べ，被害額が小さいという事情もある．山口・前掲（注71）46頁．

第 2 節　高齢者と犯罪

トなどせずに単に放置するだけでは，繰り返し罪を犯すことにもつながりかねない[78]．そのため，捜査段階などの早い段階から福祉的な支援を行っていく，いわゆる「入口支援」の必要性が指摘されている．

その中で長崎司法福祉支援センターは，微罪処分や不起訴処分・執行猶予などになった高齢者に対する福祉的支援を，こうした刑事手続の早期の段階から行っていく取り組みを始めているという[79]．今後も，こうした高齢者が再び罪を犯さないよう地域全体で処遇していく方法を検討・拡大していくことが必要であろう．

また，高齢出所者の再犯率の高さからも，出所後再犯を防ぐための支援も重要である．高齢受刑者の場合，家族などの引受先がなく，刑務所から出所後に帰る場所がなかったり，また福祉を含めた地域社会とのつながりを得られなかったりするために，再び犯罪へと走るケースもあるという．そのため出所後の高齢者が自立できるよう，いわゆる「出口支援」の必要性もまた指摘されている[80]．現在各都道府県に1カ所ずつある地域生活支援センターが，出所後に帰る場所がない高齢受刑者に対し，受刑中から福祉施設を探したりするなど，矯正施設から福祉への橋渡しをする業務を担っている[81]．

(4) 今後の課題

ここまでも現状の問題点を指摘するとともに今後の課題についても言及してきたが，ここでは高齢者犯罪に関する今後の課題について，若干の点ではあるが付け加えたい．総合すれば，高齢者犯罪増加の原因を突き止めそれへの対策を採るとともに，事件を起こした高齢者や高齢受刑者に対して，それ

---

78) ただし高齢になると，個性が先鋭化し習慣も固定化しているため，教育的な対応が難しい面もあるという．古川隆司「社会福祉・老年学からみた高齢者犯罪」警察學論集・前掲（注 68）25 頁．
79) 太田・前掲（注 68）13 頁参照．
80) 古川・前掲（注 78）22-26 頁参照．
81) 平成 21 年度から「地域生活定着支援事業（現在は地域生活定着促進事業）」として開始されたものである．厚生労働省ホームページ <https://www.mhlw.go.jp/stf/seisakunitsuite/bunya/hukushi_kaigo/seikatsuhogo/kyouseishisetsu/index.html>（2018 年 10 月 5 日アクセス）．また長崎県の実践については，伊豆丸剛史「刑務所から出るのが怖かった……──長崎定着の実践から見えてきたもの」警察學論集・前掲（注 68）52 頁以下参照．

ぞれに適切な対応を採るための仕組み作りが求められていると言えるだろう．

①高齢者犯罪増加の背景及び原因の探求

まず，なぜ日本では高齢者犯罪が突出して増加しているのか，その背景や原因を詳細に分析することが，今後の対策を採るための第一歩となるだろう．それなくしては適切な対策は採り得ない．実証的な研究をさらに行っていく必要がある．

②認識のない加害行為への対応

また，認知機能の問題による加害行為に対して，どのように対処するのかという問題がある[82]．記憶力が低下し，支払いをしたつもりが実際には支払いをしていなかったといった万引きのケースや，見当識という時や場所・人などに関する状況を認識する能力が低下することによって自分の家と誤って他人の家に侵入してしまったり，運転操作ミスや方向を間違えたりしたケースへの対処についてである．こうした場合に刑事的に対処することは適切ではないであろう．そうした高齢者をいかに早期に発見して適切な福祉的対応へとつなげていくのかという点が，今後の課題と言えよう[83]．

③高齢受刑者の問題

そして高齢受刑者の増加は，刑事施設における処遇の問題も引き起こしている．高齢者となれば当然疾患などが多くなり，医療上の対処が必要となる場合もあれば，介護が必要となる場合もある．また，高齢受刑者が刑務所で終末を迎えることもあり，終末期への対処も必要となっている[84]．こうした状況は職員の負担となり，限られた予算しかない施設を圧迫することにもなっているという．社会全体の高齢化とともに高齢犯罪者も増加していること，また厳罰化により刑期が延びていくことも考えられることから，今後高齢受刑者の数はますます増えていくであろう．高齢受刑者の処遇自体の問題

---

82) この問題は刑事的な問題に限られない．例えば，認知症高齢者が引き起こした事故の損害に関しても言えることである．「JR東海認知症事故事件判決」最判平成28年3月1日民集第70巻3号681頁．
　　神戸市は認知症と診断された高齢者らが起こした事故などについて，上限付きの給付金を支給する救済制度の創設を検討しているという．毎日新聞2017年10月31日大阪夕刊1頁．
83) 古川・前掲（注78）27-28頁参照．
84) 佐藤誠「高齢受刑者の処遇，特に医療上の諸問題」『罪と罰』・前掲（注65）26頁以下参照．

も含め，対応が必要である．

(5) 小　括

「高齢者と犯罪」については，高齢者が犯罪の被害に遭う場合も，そして高齢者自身が犯罪を引き起こす場合も，ともに増加しているというデータがある．その原因はまだはっきりとはわかっていない部分もあり，解明していかなければならないことも多い．

しかしその背景の1つに，高齢者が置かれた状況＝「孤独」というものが共通してあるようにも思われる．高齢者が詐欺や消費者被害に遭うのも，一方で高齢者が万引きしたりまた社会復帰が阻まれ犯罪を繰り返したりするのも，高齢者が置かれた「孤独」というものがその背景の1つとしてあるのではないか．

そうであれば，高齢者の孤独を解消し居場所作りをすることが，高齢者が被害者になることもそして加害者になることも防ぐ1つの方策となるかもしれない．もちろんそれですべてが解決するわけではないだろう．しかし，福祉的支援も含め地域で高齢者が孤立しないようつながりを持てる地域社会の再構築を行うことが，ひいては高齢者による犯罪及び犯罪被害という両面の問題に対して，1つの有効な手立てとなるのではないだろうか．

第8章
超高齢社会・高齢者と裁判

西上 治

第1節　裁判制度の機能

　これまでの章に見たように，高齢者は，財産管理，成年後見，相続，離婚，犯罪，消費者被害，不動産取引，債務整理，医療や介護をめぐるトラブル，年金受給や公的扶助受給に関する相談，住宅問題，高齢者の虐待や年齢差別，尊厳に関わる問題など，実にさまざまな法的問題に直面することがある．一般に，法的な問題に直面した人には，裁判を受ける権利が憲法上保障されている（憲法32条）．この裁判制度が十分に機能するためには，それが利用しやすいものでなければならない．また，紛争当事者自身に法的知識が十分にない場合には，専門家たる弁護士の役割が重要となる．それでは，現在の裁判制度は高齢者にとって利用しやすいものなのか？　弁護士実務が高齢者によりよく対応するためには何に留意するべきなのか？

　もっとも，裁判制度の機能は当事者の法的問題の解決に尽きるものではない．一般に，ある社会において，その構成員の多数が有する性質が急激に変容する場合には，あるべき法制度も変容を迫られる．しかし，立法・行政が適時にそのような必要性に法制度を適合させるとは限らない．その場合，現実と法制度の間には齟齬が生ずる．この齟齬を解消するために，判決ないし訴訟手続が第三者・社会一般に対して間接的効果を与えるという形で[1]，裁判制度がいわば政策形成機能を果たすことがある[2]．わが国における急激な

高齢化も,その構成員の多数が有する性質が激変する例として,これを捉えることができる.それでは,高齢化に直面したわが国において,裁判制度は如何なる政策形成機能を果たし得ているのか?

本章は,以上の問題関心に基づき,まず,裁判制度が実際に果たし得ている政策形成機能についていくつかの事例を取り上げつつ概観し(第2節),続いて,裁判制度を高齢者にとってより利用しやすいものとするために検討すべき点を挙げる(第3節).

第2節　超高齢社会における政策形成

1　検討の視角

高齢化に伴って生じ得る現実と法制度の齟齬は,その原因に応じて,便宜上次の2つに分けることができる.第一に,高齢者が傾向的に有する特徴の1つとして,身体的・精神的能力の低下・喪失を挙げることができる.そうすると,高齢化とは,少なくとも一面において,「身体的・精神的能力の低下・喪失を被った構成員の占める割合の増加」であると言い得る.このこと自体が新しい問題を生起させ得る.第二に,他方で,高齢者であっても身体的・精神的能力の低下・喪失が見られない者も存在する.特に,近年,いくつかの統計によって,高齢者の身体的能力が向上してきていることが示されている[3].そうすると,形式的には同じ年齢であっても,過去と現在とでは,当該年齢の高齢者が有する平均的な身体的・精神的能力には相違が生じていることになる.しかし,いくつかの法制度は,それが生まれた当時の高齢者の身体的・精神的能力を前提として設計されている.こうした法制度の前提

---

1) 田中成明『現代裁判を考える――民事裁判のヴィジョンを索めて』(有斐閣,2014年)17-20頁参照.
2) 滝井繁男『最高裁判所は変わったか――一裁判官の自己検証』(岩波書店,2009年)80-81頁は,「立法時に想定していなかった社会事象が明らかになって,法規上の形式的に適用することが堪え難い不合理な結果をもたらしているにもかかわらず,立法がそれに的確に対応せず怠慢でありつづけているとき,ある文言を空文化するような解釈さえ許されることもあり得る」という.

と現実との齟齬が問題を生むこともある．以下では，これら2つに便宜上分けて検討を進める[4]．

2　身体的・精神的能力の低下・喪失に起因する問題

(1) 不法行為制度の射程

　認知症の高齢者が事故を起こした場合，その被害者が当該高齢者の家族に対して損害賠償請求訴訟を提起することがある．そのような事件のうち特に耳目を集めたのは，2007年の名古屋において起きた，認知症（要介護4）の91歳の男性Aが徘徊のすえ線路に入り込んで電車にはねられ死亡した事件であろう．JR東海がそれによって生じた列車の遅延等による損害720万円を民法714条に基づいて遺族（85歳の配偶者，53歳の長男）に対して請求したところ，一審（名古屋地判平成25年8月9日判時2202号68頁）が配偶者・長男の連帯債務としてこれを全部認容し，二審（名古屋高判平成26年4月24日判時2223号25頁）も配偶者に関してこれを一部認容したのである．

　裁判所の事実認定によれば，配偶者自身も高齢で要介護1の認定を受けており，いわゆる老々介護の状況にあった．しかも，配偶者はAを漫然と放置していたのではなく，Aは配偶者がまどろんで目を閉じていた僅かな隙に外出してしまったのである．それにもかかわらず配偶者の責任を肯定するとすれば，家族が責任を免れるためには，認知症患者を常時監視し続けたり，拘束したりしなければならないことになってしまう．また，長男は遠方の横浜に住んでおり，事故の直前は1ヵ月に3回程度週末にA宅を訪ねていた．二審は，長男がどれだけ介護に関与していたかを事細かく分析し，その程度

---

3) 鈴木隆雄ほか「日本人高齢者における身体機能の縦断的・横断的変化に関する研究」厚生の指標53巻4号（2006年）1頁（1-10頁）によれば，体力を表す1つの指標である「通常歩行速度」を1992年と2002年に測って比較したところ，男女ともに11歳も若返っていたということである．

4) なお，本節は高齢者の特徴として身体的・精神的能力の低下を第一に挙げたが，むろんこれはあくまで傾向的なものに過ぎない．高齢者であっても身体的・精神的能力が低下しない者もいるし，高齢者でなくとも身体的・精神的能力の低下・喪失を経験する者もいる．また，新たに生起し得る問題は，身体的・精神的能力の低下を被っている当人のみならず，その周囲の者，さらには社会全体に関係し得る．「高齢者法」という言葉を使うとしても，以上の留意点が見落とされてはならない．

が低かったことをもって長男の責任を否定した．これに対しては，「家族の中で，親の介護に一番一生懸命になった人が，一生懸命やった分だけ，監督責任ありとされて一人だけ賠償責任を負うことになる」，「リスクの高い人を引き受けなくなるか，いったん引き受けても拘束しておくか，いずれにせよ高齢社会を悪くするだけである」[5]等の批判がなされた．

　一審・二審に対し，最高裁（最判平成 28 年 3 月 1 日民集 70 巻 3 号 681 頁）は配偶者・長男の責任をともに否定した．それによれば，精神障害者と同居する配偶者であるからといって民法 714 条 1 項所定の法定の監督義務者に該当するとは言えないが，法定の監督義務者に該当しない者であっても，責任無能力者との身分関係や日常生活における接触状況に照らし，「第三者に対する加害行為の防止に向けてその者が当該責任無能力者の監督を現に行いその態様が単なる事実上の監督を超えているなどその監督義務を引き受けたとみるべき特段の事情が認められる場合」には，「法定の監督義務者に準ずべき者として，同条が類推適用される」．しかし，本件においては両者ともに「法定の監督義務者に準ずべき者」には当たらないというのである．

　事案の解決としては概ね支持されているように見受けられるものの，最高裁に対する批判の中には，被害者救済が損なわれることを挙げるものが多い[6]．確かに，損害塡補を主たる機能の 1 つとする不法行為の枠組みで論じる限り，本件においても加害者と被害者が想定されざるを得ない．しかし，本件における遺族は加害者なのだろうか．見方によっては列車事故によって死亡した A もその遺族も被害者である．しかも，遺族を加害者であるとして責任を負わせたところで，不法行為制度の他の主たる機能である制裁機能・予防機能がよい方向に作用するとは思われず，むしろ上述のように事態を悪化させかねない．もちろん JR 東海の被った損害は塡補されるのが望ましい．しかし，そのための手段としては，不法行為制度は相応しくないのではないか．

---

[5]　樋口範雄『超高齢社会の法律，何が問題なのか』（朝日新聞出版，2015 年）16, 20 頁.
[6]　窪田充見「最判平成 28 年 3 月 1 日──JR 東海事件上告審判決が投げかけるわが国の制度の問題」論究ジュリ 20 号（2016 年）62 頁（67 頁）は「法の欠缺」とも表現する．

第2節　超高齢社会における政策形成

　事案の特殊性に加えて，一審・二審が遺族の責任を肯定したこともあって，本件は学界・メディアの注目を集めた．社会の高齢化が進行し認知症患者が増加し続けている現況を踏まえれば，本件は誰にとっても他人事ではない．そうであるからこそ，本件は，訴訟手続の段階においても各審級の判決においても注目を集め，既存の法制度の限界を知らしめた．仮に他によりよい制度が現時点において存在しないのであれば，加害者・被害者という枠組みから離れ，むしろ不可避的に生じてしまう損害の適切な分散という観点から，新しい制度設計を模索しなければならない[7]．

　同様の問題は，老人ホーム等における事故に関しても指摘できよう．近年，高齢者介護サービス提供に際して生じる事故の法的責任を損害賠償請求訴訟という形で事業者に問う事案がよく見られる[8]．高齢者の身体能力・判断能力は多様であり，かつ変化するため，万全の態勢を整備しても施設内の事故を完全になくすことは難しい．確かに，安心・安全に介護サービスを利用できるためには施設の運営者に一定程度以上の義務を課す必要がある．しかし，あまりに高度の義務を課すことは社会にとって必要なはずの施設の運営・存続を危うくしかねない．一定程度以上の義務を果たしても回避できなかった

---

[7]　樋口範雄「『被害者救済と賠償責任追及』という病——認知症患者徘徊事件をめぐる最高裁判決について」法曹時報68巻11号（2016年）1頁も同趣旨を述べる．同稿は，被害者救済のために加害者を見出して賠償責任を追及しなければならないとするわが国における伝統的な発想を批判し，アメリカ法からの示唆を基に，自らの生命・身体・財産のためにかける第一当事者保険の有効活用を提唱する．

[8]　たとえば，大阪地判平成27年9月17日判時2293号95頁（高齢者の誤嚥による死亡に関し介護事業者の損害賠償責任が否定された事例），広島地判平成27年5月27日判時2271号48頁（特別老人ホームに入所していた老人が肺血栓塞栓症により死亡した場合において，同ホームの配置医に過失があったとして医師の不法行為が認められた事例），福岡高判平成27年5月29日判時2270号39頁（グループホームに入所中の高齢者が誤嚥により窒息死した事件につき，グループホーム経営者の損害賠償責任が否定された事例），大阪地堺支判平成26年5月8日判時2231号68頁（指定障害者支援施設内で利用者が他の利用者から暴行を受けた事故について，施設運営者の安全配慮義務違反が認められなかった事例），東京地判平成26年2月3日判時2222号69頁（有料老人ホームにおいて入居者に褥瘡が生じた場合につき，ホームの運営者の注意義務違反が否定された事例），東京地判平成25年5月20日判時2208号67頁（高齢者が通所介護契約に基づき介護サービスを受けている間，送迎車両から降車しようとし，席を立った際，転倒し，翌日大腿骨頸部骨折が判明した事故につき，介護施設の運営者の安全配慮義務違反が否定されたが，速やかに医師の診察を受けさせる義務違反が肯定された事例）がある．

事故については，やはり不可避的に生じる損害の適切な分散という観点から，保険等をより活用することによって対応していくべきであろう．

(2) 因果関係の証明負担

人は，日常の暮らしの中で年を重ねることで自然に体力が衰えるのみならず（生理的老化），病的な状態が重なることがある（病的老化）[9]．高齢者には1人で多くの病気や障害が重なっている人が多く，これには，心筋梗塞と閉塞性動脈硬化症のように関連する疾患を持つ場合と，脳卒中と前立腺肥大というように同時多発的なものがあるという[10]．いずれの場合にせよ，他の場合と比べて，過去におけるある事件と現在における疾患・死亡との因果関係の認定が困難になることが推測される．

たとえば，第一に，被爆者援護法に基づく医療の給付を受けるためには，①被爆者が現に医療を要する状態にあること（要医療性），②医療を要する傷害または疾病が原子爆弾の放射線に起因するものであるか，あるいは傷害または疾病が原子爆弾の傷害作用のうち放射線以外に起因するものであり，その者の治癒能力が原子爆弾の放射線の影響を受けているため右状態にあること（放射線起因性）が必要である（同法10条1項）．この放射線起因性を争う事案がある[11]．特に高齢者の場合，その認定が困難になることが多い．第二に，災害弔慰金の支給等に関する法律3条1項を受けた各市町村の条例においては，死亡と災害との間に因果関係が認められることが災害弔慰金支給の要件とされている．この因果関係が争われた事件が一定数存在する[12]．

---

9) 東京大学高齢社会総合研究機構編著『東大がつくった高齢社会の教科書——長寿時代の人生設計と社会創造』（東京大学出版会，2017年）154-155頁．
10) 東京大学高齢社会総合研究機構・前掲（注9）161頁．
11) たとえば，原子爆弾被爆者に対する援護に関する法律11条1項に基づく原爆症認定申請に対する却下処分につき，申請に係る疾病の放射線起因性および要医療性が認められるとして一部が取り消された事例（広島地判平成27年5月20日判時2294号34頁）がある．
12) たとえば，当時85歳の女性がいわゆる東日本大震災発生から5ヵ月後に播種性血管内凝固症候群により死亡したことと同震災の発生との間に相当因果関係があるとして災害弔慰金不支給決定が取り消された事例（仙台地判平成26年12月9日判時2260号31頁），阪神・淡路大震災と死亡との間の因果関係が認められるとして災害弔慰金不支給決定を取り消した事例（大阪高判平成10年4月28日判タ1004号123頁）がある．

第 2 節　超高齢社会における政策形成

災害後に疾患が発生・重篤化した場合にも，それが災害によるものなのか老化によるものなのかの判断が難しい場合があろう．

　第一の放射線起因性の認定に関し，証明負担を軽減した注目すべき裁判例がある．福岡高判平成 9 年 11 月 7 日判タ 984 号 103 頁は，「原子爆弾による被害の甚大性，原爆後障害症の特殊性，法の目的，性格等を考慮すると，認定要件のうち放射線起因性の証明の程度については，物理的，医学的観点から『高度の蓋然性』の程度にまで証明されなくても，被爆者の被爆時の状況，その後の病歴，現症状等を参酌し，被爆者の負傷又は疾病が原子爆弾の傷害作用に起因することについての『相当程度の蓋然性』の証明があれば足りると解すべきである」としたのである（もっとも，上告審である最判平成 12 年 7 月 18 日集民 198 号 529 頁はこれを否定している）．本判決は，明示的には病的老化を理由としてはいないものの，原告は高齢者であって複数の疾患を有しており，それによる因果関係の証明の困難を考慮に入れた可能性がある．

　民事訴訟法学・行政法学においては，一方当事者による証明が証拠の偏在等により困難である場合，当該当事者の証明負担が軽減されることがある．原子炉設置処分の取消訴訟において，処分の違法性を基礎づける具体的事実の主張・立証責任を負うのは本来原告であるにもかかわらず，関連資料の偏在を理由として，被告行政庁にまず不合理な点のないことを主張・立証する義務を課した例がある（最判平成 4 年 10 月 29 日民集 46 巻 7 号 1174 頁）．病的老化の場合の因果関係についても，上記判決に示唆されたように，何らかの方法で証明負担を軽減することは検討に値する．

　もっとも，たとえば災害弔慰金の認定のようなケースでは，特に大規模の災害の場合には，同時期に多数の申請がなされることが多く，また迅速な判断が要されるので，支給決定に関する市町村の判断の段階においては時間・資料が不十分であることも多い．それにもかかわらず申請者による因果関係の証明負担が過度に軽減されると，支給決定に際して処分行政庁が慎重を期そうとするあまり逆に適時の救済がなされない可能性もある．因果関係に関する証明負担の軽減の是非については，それが持ち得る波及効果も視野に入れなければならず，慎重な検討を要する．

(3) 激変緩和措置

以上とは異なり，法制度を変更する際に，高齢者の身体的・精神的能力の低下・喪失に対する配慮が要請されることがある．それに係る事案に関するのが，生活保護法による保護の基準（昭和8年厚生省告示第158号）の改定の適法性が争われた最判平成24年2月28日民集66巻3号1240頁および最判平成24年4月2日民集66巻6号2367頁である．保護の基準は，生活保護法8条1項の委任を受けて厚生労働大臣が定める．昭和35年に生活扶助の1つとして老齢加算が創設され，これに基づいて被保護者のうち70歳以上の者ならびに68歳および69歳の病弱者について一定額が基準生活費に加算されて支給されていた（本件原告らについて言えば，基準生活費の月額は単身世帯で7万5920円または7万2740円，2人世帯で10万8360円であり，老齢加算の月額は1万7930円であった）．しかし，70歳以上の高齢者について現行の老齢加算に相当するだけの特別の需要が認められないとして，老齢加算は廃止されることになったのである．

最高裁は，専門技術的かつ政策的な見地から老齢加算の要否に関する裁量権を厚生労働大臣に認めた上で，その判断過程を審査して老齢加算の廃止そのものについてはこれを適法としている．もっとも，一般に，高齢者については，加齢とともに生活スタイルを急激に変更することが難しくなりやすいため，法制度の変化への対応にも困難を抱える場合が想定される．とりわけ，たとえば生活費を社会保障給付に大きく依存している場合，制度変更に伴って当該社会保障給付がなされなくなるような事態は死活問題たり得るし，それが急になされる場合には一層深刻な問題を生じさせかねない．本件についても，最高裁のいうように老齢加算の廃止そのものが適法であるとしても，生活の糧たる生活保護費が大幅に減額されるというのであるから，それによって余儀なくされる生活スタイルの急激な変更に高齢者が対応できるのか否かが考慮されなければならない．

本件では激変緩和措置が採られ，老齢加算は2004年から3年間かけて廃止された．最高裁は，「被保護者の期待的利益や生活への影響等」および「老齢加算は，一定の年齢に達すれば自動的に受給資格が生じ，老齢のため

第2節　超高齢社会における政策形成

他に生計の資が得られない高齢者への生活扶助の一部として相当期間にわたり支給される性格のものであること」（ただし4月判決のみ）を指摘しつつも，本件の激変緩和措置によって「その生活に看過し難い影響を及ぼしたものとまで評価することはできない」としてこれを適法とした．逆に言えば，激変緩和措置が全くとられなかったり不十分であったりしたために高齢者の生活に看過し難い影響を及ぼした場合に当該制度変更が違法になり得ることは，最高裁も認めていると思われる．

　他方で，「期待的利益」を根拠としてなぜ激変緩和措置が求められ得るのか，その理論的な説明には議論がある．確かに，憲法25条およびそれを受けた生活保護法3条が保障するのは「健康で文化的な最低限度の生活」に留まる．それを超えた部分の保障はこれら規定からは導かれない．老齢加算の廃止そのものが適法である以上，老齢加算なくしても「健康で文化的な最低限度の生活」が可能であることは前提として認められているはずである．しかし，平常時では老齢加算を除いた額で「健康で文化的な最低限度の生活」にとって十分であるとしても，老齢加算を前提として生活してきており，今後も支給されるものとして生活設計をしていた場合，急に老齢加算が廃止されると対応困難のゆえに適切な金銭配分ができず，その結果「健康で文化的な最低限度の生活」に本当に必要なものに対して十分な支出ができない事態に陥りかねない．そのような事態は「健康で文化的な最低限度の生活」の保障に反すると言えよう．激変緩和措置の必要性を以上のようにして理論的に正当化する場合には，それが必要とされる場面・程度はかなりの程度限定されることになろう．

3　既存の法制度の前提との不一致に起因する問題

　代表例は定年退職制度である．定年年齢は当初55歳が一般的であったが，男性の平均寿命（出生時（0歳時）における平均余命）が70歳を超えるに至った1970年代初頭から，高年齢者の雇用確保を図る施策として定年延長が重要な政策課題となった[13]．平均寿命の高齢化に伴い定年後の期間が長くなればなるほど，その間の生活保障が問題になる．また，高齢者の身体的・精

神的能力の向上を踏まえれば，従前と同様の能力を有しているにもかかわらず退職させることの合理性がいっそう問われる[14]．2004年の高年齢者雇用安定法改正では，2004年から2013年にかけての公的年金（定額部分）の支給開始年齢の段階的引上げに併せて，65歳までの高年齢者の雇用確保のため，65歳未満の定年を定めている事業主には一定の高年齢者雇用確保措置が義務付けられた．

この高年齢者雇用確保措置に関し，近時注目を集めたものの1つが，最判平成30年6月1日民集72巻2号202頁（いわゆる長澤運輸事件）である．原告は，運送業を営む被告会社の乗務員として期間の定めなく雇用されていたところ，定年に達し，嘱託職員として有期労働契約を締結して再雇用された．しかし，業務の内容および業務に伴う責任の程度に違いがないにもかかわらず，定年前後で賃金に2割以上の格差等があった．無期労働者である正社員とのこうした労働条件の相違が労働契約法20条（期間の定めがあることによる不合理な労働条件の禁止）に違反するかどうかが争われた．原審（東京高判平成28年11月2日労判1144号16頁）は，①継続雇用の際の賃金引下げは通例であること，②定年後の継続雇用制度は政策上要請された措置であり，それに合わせた社会保険制度からのサポートがあること，③原告らの賃金の水準は年収ベースで約2割減に留まること，④組合と協議を行い，一定の労働条件の改善を行ったこと等の事情を挙げ[15]，上記相違は不合理ではなく，同条には違反しないとした．これに対し，最高裁は，精勤手当・超勤手当以外の賃金項目に係る労働条件の相違については同条にいう不合理と認められるものに当たらないが，精勤手当・超勤手当に係る労働条件の相違は不合理と認められるものに当たるとした．

定年制は，定年時に本人の能力に関係なく年齢という一事によって雇用関

---

13) 荒木尚志『労働法［第3版］』（有斐閣，2016年）319頁．
14) 定年退職者の再任用先行審査における不合格決定は違法であるとして国家賠償請求が認められた事例として，福岡高判平成25年9月27日判時2207号39頁がある．
15) 緒方桂子「定年後再雇用制度下における有期契約労働者の賃金と労働契約法20条違反の成否——長澤運輸事件」平成28年度重判解（ジュリ1505号）（2017年）239頁（241頁）の整理に拠った．

係を終了させる制度であるため，その合理性・適法性は再考に値する．本件で問題となった高年者雇用確保措置についても，年齢という一事によって賃金の格差を正当化しようとするのであれば，同様の問題が生じる．現に，アメリカの年齢差別禁止法や EU 一般雇用均等指令（雇用および職業における平等取扱いの一般的枠組み指令〔2000/78/EC〕）は，年齢差別を禁止される差別類型の１つとして位置づけている[16]．平均寿命の高齢化および高齢者の身体的・精神的能力の向上は，この問題をいっそう先鋭化させている．他方で，単純な雇用の延長には，企業にとっては，人事コスト・処遇の問題，既存の雇用ルールとの関係，高齢者を活かす環境の未整備等の問題が伴う[17]．本判決の当否を含め，定年制についてはその功罪を踏まえた更なる検討が不可欠である．

第 3 節　高齢者と裁判における配慮

1　限られた時間

　人口の年齢構成に変化がないと仮定した場合の年齢調整死亡率は低下傾向にある[18]とは言え，他の年齢層に比して高齢者層の平均余命（ある年齢からの平均生存年数）が短いことは確かである[19]．2015 年段階の平均余命は，65 歳男性は 19.41，75 歳男性は 12.03 年，90 歳男性は 4.27 年，65 歳女性は 24.24 年，75 歳女性は 15.64 年，90 歳女性は 5.56 年であるという．このことは，弁護士が高齢者から依頼を受けた場合，その解決のために残された時間が他の場合と比べて傾向的に短いことを意味している．依頼者が死亡に至らない場合でも，健康・収入・社会保障等に関する環境の変化により，採り得る選択肢の幅が急激に狭まることもあり得る[20]．

---

16)　荒木・前掲（注 13）321-322 頁．
17)　東京大学高齢社会総合研究機構・前掲（注 9）78 頁．
18)　内閣府『平成 30 年版高齢社会白書（全体版）』（2018 年）11-12 頁．
19)　平均余命の年次推移については，厚生労働省「第 22 回生命表（完全生命表）の概況」（2017 年）12 頁参照．

訴訟にまで紛争が発展した場合には，より一層深刻な問題が生じ得る．わが国においては裁判に相当の時間がかかることが長らく問題視されてきた．そこで，2003年に「裁判の迅速化に関する法律」（平成15年法律第107号）が公布・施行された．もっとも，たとえば民事第一審訴訟事件について言えば，争点整理期間は若干長くなり，平均審理期間も2016年を除き緩やかな長期化傾向にある．係属期間が2年を超える事件数についても増加傾向が続いている[21]．具体的には，民事第一審訴訟の平均審理期間は8.6ヵ月であり，1年を超えるものの割合は22.6％に上る[22]．民事事件の第一審受理から控訴審終局までの平均期間は25.8ヵ月であり，2年を超えるものの割合は43.9％に上る[23]．また，第一審受理から上告審終局までの平均期間は，上告事件は35.6ヵ月，上告受理事件は36.2ヵ月であり，3年を超えるものの割合は，上告事件は38.1％，上告受理事件は39.4％に上る[24]．

依頼者たる高齢者の権利・利益を裁判において十分に保護・救済するためには，より迅速な紛争の解決が必須である．

2 弁護士実務における対応

依頼者が高齢者である場合，その身体的能力の低下・喪失を理由として，弁護士には一定の配慮が要求される．

第一に，些細なことから言えば，たとえば，書類のフォントを大きくしたり，ゆっくり大きな声で話したりすることが挙げられる．電話やメールよりも面と向かった打ち合わせが望ましい場合や，不慣れな事務所に赴くことによるストレスを避けるために依頼者の自宅での打ち合わせが望ましい場合も

---

20) *See* LAWRENCE A. FROLIK & ALISON McCHRYSTAL BARNES, ELDER LAW: CASES AND MATERIALS (5th ed., 2011), 12.
21) 最高裁判所「裁判の迅速化に係る検証に関する報告書」（2017年）15頁以下．
22) 最高裁判所・前掲（注21）20頁によれば，1年超2年以内が16.8％，2年超3年以内が4.2％，3年超5年以内が1.4％，5年を超えるものが0.2％であるという．
23) 最高裁判所・前掲（注21）133頁によれば，2年超3年以内が28.4％，3年超5年以内が13.0％，5年を超えるものが2.5％であるという．
24) 最高裁判所・前掲（注21）147頁によれば，上告事件は，3年超5年以内が31.1％，5年を超えるものが7.0％，上告受理事件は，3年超5年以内が32.3％，5年を超えるものが7.1％であるという．

第3節　高齢者と裁判における配慮

想定される．また，弁護士事務所において打ち合わせを行う際にも，間接照明を用いたり，依頼者の聴力によっては打ち合わせ場所の雑音・音楽は小さくしておいたりした方が望ましい．さらに，依頼者が薬剤を摂取している場合には，その影響にも注意を払うべきである[25]．

第二に，精神的能力が低下・喪失している（またはその可能性がある）場合，依頼者は，自らの利益を適切に判断できない可能性がある．その際，弁護士には，大きく分けると2つの選択肢がある．一方は，社会通念上は当人の利益にはならないものであるとしても，依頼者によって表明された希望をあくまで尊重する肢であり，他方は，表明された依頼者の希望と異なるものであっても，弁護士が当人の「利益」になると考えるものを優先する肢である．前者は，古典的な本人・代理人モデルを維持するものであり，後者はそれを放棄するものである[26]．ここでは，弁護士職務基本規程21条にいう「依頼者の権利および正当な利益」と同22条にいう「依頼者の意思」との潜在的な衝突ないしその調整が問題となっている．この問題に関して，ABA法律家職務模範規則[27]は，依頼者の行為能力が限定されている場合であっても，「合理的にみて可能な限り，依頼者との間の通常の依頼者・法律家関係を維持しなければならない」（同規則1.14（a）項）としてあくまで前者の肢を原則としつつ，一定の場合には「合理的に必要な保護の措置を講ずることができる」（同規則1.14（b）項）としており，参考になる．

第三に，依頼者の精神的能力が低下・喪失している場合，依頼者の希望・利益を適切に判断するためには，その家族等に相談することが有用であり得るし，望ましくもある[28]．実際，高齢者が弁護士事務所に相談に訪れる場合，単独で来るよりも家族等が同伴することが多かろう．他方で，このことはいくつかの付随的な問題をもたらす．まず，弁護士は，誰が依頼者なのか（高齢者なのか，その家族なのか，あるいはその双方なのか）を明確にしなければな

---

25)　*See* FROLIK & BARNES, *supra* note 20, at 47.
26)　*See* FROLIK & BARNES, *supra* note 20, at 61.
27)　ABA法律家職務模範規則（Model Rules of Professional Conduct）は，アメリカ法曹協会（ABA）が1983年に採択したアメリカにおける法曹倫理の典範である．以下，邦訳は藤倉晧一郎監修『[完全対訳]ABA法律家職務模範規則』（第一法規，2006年）に拠った．

らない.高齢者とその家族等との間の利益相反があり得る以上,このことは深刻な問題たり得る[29].また,依頼者たる高齢者についてその家族等に相談する場合には,秘密保護の問題が生じる[30].弁護士職務基本規程23条の「正当な理由」の有無の問題であるとも言える.この点に関し,ABA法律家職務模範規則1.6 (a) 項は「代理を遂行するために開示が黙示的に認められる場合」に情報の開示を認め,同規則1.14 (c) 項は同 (b) 項に従って保護的措置を講じるときは「その依頼者の利益を保護するために合理的な範囲」で開示権限が黙示的に付与されるとしており,参考になる.

第四に,以上のように身体的・精神的能力の低下・喪失に対してはきめ細やかな判断・対応が望まれるところであるが,弁護士は法の専門家であっても身体的・精神的能力に関する専門的知識を必ずしも有しているわけではない.この点が紛争の原因になることもあるため[31],依頼者の状況を適切に把握するためには,隣接職種(司法書士,税理士,弁理士,行政書士,社会保険労務士等)のみならず,そのような専門的知識を有する他の専門職種(たとえば,医師[32],社会福祉士,介護福祉士,精神保健福祉士,介護支援専門員等)との協働がより必要とされよう[33].弁護士の「法律事務独占」(弁護士法3条1項,72条,77条)については,従来は上述の隣接職種およびパラリーガル(弁護士補助職)[34]との関係で論じられることが多かったが[35],医療・介護分野等の他の専門職種との関係においても柔軟かつ円滑な連携を進めていくために

---

28) ABA法律家職務模範規則1.14注釈 [6] は,「依頼者の能力低下の程度を判断するに当たっては,法律家は,依頼者が決定に至る論理的思考力を表現する能力,心理状態の変動可能性,決定の結果を正しく認識する能力,決定の実質的な公平さ,依頼者の長期にわたる言動および価値観と決定との一貫性等の事項に配慮し,衡量すべきである」としているが,これらの事項(特に依頼者の長期にわたる言動および価値観と決定との一貫性)に配慮するためには,依頼者と長く時間をともにしてきた家族等の助言が不可欠である.

29) 樋口・前掲(注5) 40-42頁.

30) See FROLIK & BARNES, supra note 20, at 66-69.

31) たとえば,認知症の高齢者を養親とする養子縁組について,縁組当時,同人の意思能力または縁組意思がなかったと認めることは困難であるなどとして,養子縁組無効確認請求を認容した原判決が取り消され,請求が棄却された事例として,広島高判平成25年5月9日判時2250号19頁がある.

32) ABA法律家職務模範規則1.14注釈 [6] も,「しかるべき情況下においては,法律家は,適切な診断医の指導を求めることができる」とする.

33) See FROLIK & BARNES, supra note 20, at 37-42.

第3節　高齢者と裁判における配慮

は，弁護士の「法律事務独占」に関し新たな視点から再考する必要があるかもしれない．

　本章は，関連する問題のうちごくわずかに触れたに過ぎず，本格的な理論的検討に踏み込むものでもない．その意味で，情報の提供と問題の整理を超えるものではない．もっとも，これまでの記述からしても，社会の高齢化に伴い既存の法制度に不備が生じていること，それが裁判を通して明らかになることがあること，高齢者にとって裁判制度が利用しやすいものであるとは必ずしも言えないこと，高齢者については弁護士実務においても特別の配慮が要請されること等は確かであろう．裁判を通して明らかになった超高齢社会における諸問題に対応するとともに，裁判制度を高齢者にとってより利用しやすいものにすることが，今後の重要な課題である．

---

34) いわゆるパラリーガルについても，2009年以降，日弁連が「事務職員能力認定試験」を実施するようになり，その制度上の位置づけの検討が進んでいる．

35) 弁護士の「法律事務独占」については，差し当たり，宮川光治「弁護士とその業務のあり方」ジュリ1170号（2000年）96頁（98頁以下），最大判昭和46年7月14日刑集25巻5号690頁参照．

おわりに

　誰もが迎えうる高齢期のなかでも，人生の晩年，とりわけ終盤の数年は尊厳をもって生活したいものではないかと想像している．高齢者になったときに侘しい思いをせずにすむ人生は，より若い世代にとっても希望のある人生となろう．とはいえ，超高齢社会には多くの課題があり，高齢期をどのようにすごせるのか，不安は大きい．そこで，超高齢社会をめぐる法的課題に，どう向き合っていくのかを模索する法分野である「高齢者法」が必要なのである．本書がこの新しい法分野の入り口を示すものとなればと思う．

　「高齢者よりも子どもへの保障を充実した方がいいのではないか」といった声を時より聞くが，高齢者法は，高齢者を若・中年者よりも優先すべきと主張する法分野ではない．子ども法，障害法といったそれぞれの法分野で，それぞれの主体に適した法制度を考え，それぞれの法主体特有の必要とされる保障の内容・程度・方法をよりきめ細やかに検討し，そのうえで限られた資源を配分することが重要なのである．

　高齢者をめぐる法制度を検討する際に考慮すべき重要な課題の一つに，人生の最終段階のあり方がある．高齢者法の存在意義は，人生の最終段階をめぐる問いなどから見えてくる．人生の最終段階が近づくと，日々の過ごし方，受けたい医療や介護の内容，財産の行方，これらを事前にどう計画するのかといった点を考える必要性が高まっていく．人生のなかで余命をより身近に感じる高齢者を支える法制度のあり方の検討が求められている．そして，高齢者とその他の世代の人たちとでは，それぞれの人生の最終段階の受け止め方，過ごし方は異なりうる．これからの未来を夢見ている若年期または子育てや仕事など様々なことを実現している中年期に突然の病気で余命を宣告された場合と，それまでの人生の蓄積の延長線上にあり，色々なことを経験してきた80代90代などの高齢者が人生の終盤を迎えた場合とでは，直面する

おわりに

状況は異なってこよう．それぞれの世代の人たちに適した法制度，そして，高齢者に適した法制度の検討が必要となるのである．

　本書の執筆は，樋口範雄先生が，楽しそうに，ご自身の論文などを紹介されながら，あらゆる年齢層からなるメンバーを励ますかたちで進められた．先輩が後輩などに研究の場を与え，頑張ろうと思う雰囲気を創ってくださった．様々な世代のかかわり方の一つのモデルを示すような執筆者グループだった．そして，東京大学出版会の小暮明氏が，執筆内容に悩む執筆者を温かく見守りサポートしてくださった．新しい法分野だからこそ直面する悩みに寄り添い，本書をかたちにしてくださった小暮氏のご尽力に執筆者一同を代表して心より感謝したい．そんな本書が，希望に満ちた優しい超高齢社会への一歩となればと願う．

　2019 年 7 月

関　ふ佐子

事項索引

あ 行

空き家 …………………… 96, 97, 109
アダルトサイト ………………………… 13
医学研究 ………………… →臨床試験
遺産分割 …… 170-178, 181-183, 195-198
遺産分割協議 …… 156, 170, 171, 176, 183, 196
意思決定支援 ………………… 22, 23
意思能力 ……………………… 22, 23
遺族年金 ……………… 100, 103, 104
遺留分 ……………… 153, 157, 167-170, 181
医療代理人 ………………… 48, 50, 52
インフォームド・コンセント（Informed Consent, IC）…………………… 42, 43
エイジズム（ageism）…………… 19, 20

か 行

介護医療院 ………………………… 81
介護事故 ……………… 61-63, 241
介護保険制度 ……………… 27, 35-36, 75
確定給付 ……………………… 104, 105
確定拠出 ……………………… 104-107
家族信託 ……………………… 149-154
カレン事件（クインラン事件）……… 52
がんの告知 ……………………… 45, 47
企業年金 ……………………… 104-106
基礎年金 ……………………… 100-104
グループホーム ………………… 38, 78
ケアハウス ………………………… 84
ケアプラン ……………… 37, 60, 61
ケアマネジャー …… 37, 39, 40, 58, 60, 61
経済的虐待 ……………………… 208, 217
高額療養費制度 ………………… 33, 34
後期高齢者医療制度 ……………… 27-30

後見 ……………………………… 131
後見制度支援信託 ………………… 136
厚生年金 ……………… 100-105, 201
公的年金 …… 99-103, 119, 123, 124, 246
合理的配慮 ……………………… 16
高齢者虐待 …………… 40, 203-223
高齢者による犯罪 ……………… 229-233
高齢者の自動車運転 ……………… 63-65
国民年金 ……………………… 100-103
個人年金 ……………………… 106-107
子どもの最善の利益 ………………… 16

さ 行

サービス付き高齢者向け住宅（サ高住）
……………… 40, 75, 78, 83, 92-96
再婚 ……………………………… 201
財産分与 ……………………… 200-201
詐欺 ……………………………… 225-227
JR 東海事件 ……………………… 9, 64
自己決定 …… 22, 24, 42, 53-55, 127-148
自己決定権 …… 44, 45, 48, 54, 55, 149
事前指示（advance directive）……… 53
持続的代理権法 …………………… 52
社会的入院 ……………… 29, 30, 35
終末期医療 ……………………… 51
守秘義務 …………… 24, 209, 212, 217
消費者被害 ……………………… 225-229
ショートステイ ………………… 35, 57
植物状態 ……………………… 51, 52
人工呼吸器 ……………………… 51, 52
人生の最終段階における医療の決定プロセスに関するガイドライン …… 48, 51
身体拘束 ……………… 206, 207, 220
身体的虐待 ……………………… 206
信託 …… 111, 128, 136, 141, 149-154, 160

生活保護………71-73, 75, 94-96, 117, 119, 122, 124, 140, 244
性的虐待………………………………208
成年後見制度………8, 11, 48, 65, 129-149, 221, 222, 227
成年後見人…10, 24, 48, 50, 130, 133-142, 146-148, 153
説明義務……………………………43-46
セルフ・ネグレクト…………90, 91, 214
相続………108, 109, 151, 152, 154, 156-201
相続税………………………………182-194
贈与……………………………………178
贈与税……………………………149, 191

た 行

代諾……………………………42, 47-50
地域医療構想…………………………28
地域包括ケアシステム…………41, 75, 76
地域包括支援センター…………36, 39, 89
通報義務……………………………208
積立 NISA……………………………108
デイサービス………………35, 39, 57, 83
定年制……………………………7, 19, 246
転倒事故………………………………62
同意能力……………………………47, 49, 50
特別養護老人ホーム……35, 57, 78, 79, 93

な 行

日本版 CCRC……………………85-87
任意後見……………………………142-146
任意後見契約………………128, 142-145
認知症……9, 10, 22, 23, 38, 39, 42, 47-50, 64, 65, 69, 72, 78, 127-130, 137, 149, 150, 234, 239, 251
ネグレクト…………………………207
年齢差別…………6, 19, 20, 118, 125, 247

は 行

配偶者居住権………………91, 115, 181

バリアフリー………………76, 88-89, 94
人を対象とする医学系研究に関する倫理指針…………………………………49
法定後見……………………131, 140-145
法定相続………156-159, 166-168, 196-198
ホームヘルパー………………………35
保佐………………131-136, 139-141, 146, 147
補助…………………………131-136, 139-141

ま 行

マクロ経済スライド………………103
メディケア……………………………55

や 行

遺言………23, 149, 151-153, 156-167, 197
遺言能力………………………23, 153, 163
有料老人ホーム……38, 40, 81-83, 93-95, 203
要介護認定……………36, 37, 58-61, 65, 78

ら 行

利益相反………………………24, 171, 250
リコース・ローン……………………114
離婚……………………………199-201
リバース・モーゲージ………77, 108-115
リビング・ウィル…………………52, 53
臨床試験……………………42, 48-50

アルファベット

advance care planning（事前の医療ケア・介護ケアに関するプランニング）……51
CCRC……………………………………85
iDeCo（イデコ）……………………107
NISA……………………………………108
POLST（Physician Orders for Life-Sustaining Treatment）……………………………55
QOL（quality of life）…………………54

判例索引

大審院・最高裁判所

大判明 38・4・26 民録 11 輯 611 頁 ……………………………………………170
大判昭 13・2・26 民集 17 巻 275 頁 ………………………………………170
最大決昭 41・3・2 民集 20 巻 3 号 360 頁 ………………………………176
最判昭 46・4・20 家月 24 巻 2 号 196 頁 …………………………………171
最判昭 47・5・25 民集 26 巻 4 号 805 頁 …………………………………180
最判昭 57・4・30 民集 36 巻 4 号 763 頁 …………………………………180
最判昭 57・11・12 民集 36 巻 11 号 2193 頁 ……………………………170
最判平 3・4・19 民集 45 巻 4 号 477 頁 …………………………………166
最判平 4・10・29 民集 46 巻 7 号 1174 頁 ………………………………243
最判平 7・4・25 民集 49 巻 4 号 163 頁 ……………………………………45
最判平 12・7・18 民集 198 号 529 頁 ……………………………………243
最判平 14・9・24 判時 1803 号 28 頁 ………………………………………46
最判平 21・12・7 刑集 63 巻 11 号 1899 頁, 判時 2066 号 159 頁（川崎協同病院事件）
 …………………………………………………………………………51, 56
最 3 小判平 24・2・28 判時 2145 号 3-9 頁（生活保護老齢加算廃止訴訟・東京）……124
最判平 24・2・28 民集 66 巻 3 号 1240 頁 ………………………………244
最 2 小判平 24・4・2 判時 2151 号 3 頁（生活保護老齢加算廃止訴訟）……124
最判平 24・4・2 民集 66 巻 6 号 2367 頁 …………………………………244
最 2 小決平 24・10・9 刑集 66 巻 10 号 981 頁 …………………………135
最 1 小判平 26・10・6 賃社 1622 号 40 頁（生活保護老齢加算廃止訴訟・京都）……124
最 2 小判平 26・10・6 D1-Law 判例 ID: 28224267（生活保護老齢加算廃止訴訟・北九州, 差戻し後上告審）……………………………………………………124
最 3 小判平 28・3・1 判時 2299 号 32 頁（JR 東海事件）…………………9
最判平 28・3・1 裁時 1647 号 1 頁 …………………………………………137
最判平 28・3・1 民集 70 巻 3 号 681 頁（JR 東海認知症事故事件）………234, 240
最 2 小判平 30・6・1 民集 72 巻 2 号 202 頁等（長澤運輸事件）……………7
最 2 小判平 30・6・1 民集 72 巻 2 号 88 頁（ハマキョウレックス事件）……120
最判平 30・6・1 民集 72 巻 2 号 202 頁 ……………………………………246

高等裁判所

高松高決昭 45・9・25 家月 23 巻 5 号 74 頁 ……………………………173
大阪高判平 5・10・5 判自 124 号 50 頁 ……………………………………61
福岡高判平 9・11・7 判タ 984 号 103 頁 …………………………………243

257

判例索引

大阪高判平 10・4・28 判タ 1004 号 123 頁 ……………………………242
大阪高決平 14・6・5 家月 54 巻 11 号 54 頁 …………………………146
大阪高決平 14・6・5 家月 54 巻 11 号 60 頁 …………………………173
大阪高判平 20・7・9 判時 2025 号 27 頁 ………………………………94
名古屋高判平 22・4・5 裁判所ウェブサイト …………………………145
大阪高判平 22・9・14 労判 1144 号 74 頁（愛知ミタカ運輸事件）……7
広島高判平 24・2・20 判時 1385 号 141 頁，金商 1392 号 49 頁 ……141
広島高判平 25・5・9 判時 2250 号 19 頁 ………………………………251
東京高決平 25・6・25 判タ 1392 号 218 頁 ……………………………132
福岡高判平 25・9・27 判時 2207 号 39 頁 ……………………………246
名古屋高判平 26・4・24 判時 2223 号 25 頁（JR 東海認知症事故事件・二審）……239
福岡高判平 27・5・29 判時 2270 号 39 頁 ……………………………241
東京高判平 28・11・2 労判 1144 号 16 頁 ……………………………246
福岡高判平 28・11・24 判例集未登載（LEX/DB25544934）………………94

地方裁判所・家庭裁判所

盛岡家審昭 42・4・12 家月 19 巻 11 号 101 頁 ………………………173
横浜地判平 7・3・28 判時 1530 号 28 頁（東海大学安楽死事件）………51, 56
東京家審平 15・9・4 家月 56 巻 4 号 145 頁 …………………………132
東京地判平 25・5・20 判時 2208 号 67 頁 ……………………………241
名古屋地判平 25・8・9 判時 2202 号 68 頁（JR 東海認知症事故事件・一審）……239
東京地判平 26・2・3 判時 2222 号 69 頁 ……………………………241
大阪地判平 26・3・14 判自 394 号 81 頁 ………………………………89
大阪地判堺支判平 26・5・8 判時 2231 号 68 頁 ………………………241
仙台地判平 26・12・9 判時 2260 号 31 頁 ……………………………242
東京地判平 27・1・16 『実践 成年後見』No. 64，65 頁 ………………210
広島地判平 27・5・20 判時 2294 号 34 頁 ……………………………242
広島地判平 27・5・27 判時 2271 号 48 頁 ……………………………241
大阪地判平 27・9・17 判時 2293 号 95 頁 ……………………………94, 241

編著者紹介

樋口範雄（ひぐち のりお）
武蔵野大学法学部特任教授，東大名誉教授．専門は英米法，医事法，信託法．著書に『超高齢社会の法律，何が問題なのか』（朝日新聞出版，2015 年），『アメリカ代理法 第 2 版』（弘文堂，2017 年）など．［執筆担当　第 2 章第 2 節］

関ふ佐子（せき ふさこ）
横浜国立大学大学院国際社会科学研究院教授．専門は高齢者法，社会保障法．著書に「「高齢」保障と高齢者の功績」『社会法の再構築』（共著，旬報社，2011 年），『家族と高齢社会の法』（共著，放送大学教育振興会，2017 年）など．［執筆担当　第 1 章，第 4 章第 3 節］

小野太一（おの たいち）
政策研究大学院大学教授．専門は社会保障論，医療・介護政策論．著書・論文に『社会保障，その政策過程と理念』（社会保険研究所，2014 年），「日本における社会保障概念の確立と近藤文二」（『社会政策』Vol. 11, No. 1，2019 年），「大河内理論の晩年の転回と社会保障制度審議会」（同，Vol. 9, No. 2，2017 年）（ともに査読有）など．［執筆担当　第 2 章第 1 節］

川久保寛（かわくぼ ひろし）
神奈川県立保健福祉大学保健福祉学部准教授．専門は社会保障法．論文に「行政による身寄りがない高齢者の終末期支援」（『週刊社会保障』3022 号，2019 年），「ドイツにおける高齢者の意思決定支援」（『比較法研究』80 号，2019 年）など．［執筆担当　第 2 章第 3 節］

松井孝太（まつい こうた）
杏林大学総合政策学部講師．専門は社会保障・労働政策，アメリカ政治，政治学．論文に「米国における継続的ケア付高齢者コミュニティの現状と課題」（『平成 26 年度杏林 CCRC 研究所紀要』2015 年），「アメリカ公共部門労働者の組織化をめぐる政党間対立——団体交渉権付与・剥奪の計量分析を中心に」（『杏林社会科学研究』33 巻 4 号，2018 年）など．［執筆担当　第 3 章第 1 節］

原田啓一郎（はらだ けいいちろう）
駒澤大学法学部教授．専門は社会保障法．著書に『家族と社会保障法の交錯』（共著，信山社，2014 年），『家族と高齢社会の法』（共著，放送大学教育振興会，2017 年）など．［執筆担当　第 3 章第 2 節］

編著者紹介

中嶋邦夫（なかしま　くにお）
ニッセイ基礎研究所主任研究員．専門は年金制度，資産形成．著書・論文に『図解入門よくわかる最新年金の傾向と対策』（共著，秀和システム，2018 年），「2014 年年金財政検証と改革の選択肢」（共著，『日本年金学会誌』第 34 号，2015 年）など．［執筆担当　第 4 章第 1 節］

中田裕子（なかた　ゆうこ）
明海大学不動産学部専任講師．専門は英米法，不動産法，信託法．論文に「イギリスにおけるマーシャリング法理についての一考察（上）（下）」（『南山法学』41 巻 2 号，2017 年・3-4 号，2018 年），「アメリカのホーム・エクイティ・コンバージョン・モーゲージと日本のリバース・モーゲージへの示唆」（『南山法学』42 巻 2 号，2019 年）など．［執筆担当　第 4 章第 2 節，第 5 章第 3 節］

西森利樹（にしもり　としき）
熊本県立大学総合管理学部准教授．専門は，高齢者法，社会保障法，社会老年学．著書に『入門テキスト社会保障の基礎』（共著，東洋経済新報社，2016 年），『改正相続法徹底ガイド』（共著，ぎょうせい，2018 年）など．［執筆担当　第 5 章第 1 節，第 2 節］

牛嶋　勉（うしじま　つとむ）
弁護士・税理士（牛嶋・和田・藤津法律事務所）．専門は労働法，租税法．著書に『出向・転籍・退職・解雇』（編著，第一法規，2018 年追補），『民法・税法からみる相続・贈与実務ハンドブック』（共著，東林出版社，2000 年）など．［執筆担当　第 6 章（第 9 節を除く）］

宮本誠子（みやもと　さきこ）
金沢大学人間社会研究域法学系准教授．専門は民法．論文に「フランス法における遺産の管理（一）（二・完）」（『阪大法学』56 巻 4 号，2006 年・56 巻 5 号，2007 年），「フランス法における可分債務の相続と清算」（『金沢法学』55 巻 2 号，2013 年）など．［執筆担当　第 6 章第 9 節］

髙橋脩一（たかはし　しゅういち）
専修大学法学部准教授．専門は英米法，民事司法制度．論文に「『実体』法の実現における『手続』の役割──アメリカ連邦裁判所の民事手続制定過程を巡る議論から（1〜8・完）」（『法学協会雑誌』132 巻 3 号〜10 号，2015 年）など．［執筆担当　第 7 章］

西上　治（にしがみ　おさむ）
神戸大学准教授．専門は行政法．著書・論文に『機関争訟の「法律上の争訟」性』（有斐閣，2017 年），「「法律上の利益」と公権論（1）〜（2・完）」（『民商法雑誌』154 巻 6 号，2019 年・155 巻 2 号，2019 年）など．［執筆担当　第 8 章］

シリーズ 超高齢社会のデザイン
高齢者法　長寿社会の法の基礎

2019 年 8 月 23 日　初　版

［検印廃止］

編　者　樋口範雄　関ふ佐子

発行所　一般財団法人　東京大学出版会
　　　　代表者　吉見俊哉
　　　　153-0041　東京都目黒区駒場 4-5-29
　　　　http://www.utp.or.jp/
　　　　電話 03-6407-1069　Fax 03-6407-1991
　　　　振替 00160-6-59964

印刷所　株式会社平文社
製本所　誠製本株式会社

©2019 HIGUCHI Norio, SEKI Fusako et al.
ISBN 978-4-13-034311-4　Printed in Japan

JCOPY〈出版者著作権管理機構　委託出版物〉
本書の無断複写は著作権法上での例外を除き禁じられています．複写される場合は，そのつど事前に，出版者著作権管理機構（電話 03-5244-5088，FAX03-5244-5089, e-mail: info@jcopy.or.jp）の許諾を得てください．

シリーズ 超高齢社会のデザイン

東京大学高齢社会総合研究機構（IOG）が中核になって
推進する大学院教育プログラム（GLAFS）のエッセンス

樋口範雄・関ふ佐子 編
高齢者法―― A5 4900円
長寿社会の法の基礎
医療・介護・福祉，住まい，経済的基盤，財産管理，家族・相続，虐待・犯罪，裁判――高齢者をめぐる法的課題を広範囲にわたって整理し，その解決方法に重要な視点を提供する．高齢者の抱える問題に対処するための法的プランニングにも役立つ．高齢者法の全体像を示す一冊．

東京大学高齢社会総合研究機構 編著
東大がつくった高齢社会の教科書―― B5 1800円
長寿時代の人生設計と社会創造

東京大学高齢社会総合研究機構 編
地域包括ケアのすすめ―― A5 3500円
在宅医療推進のための多職種連携の試み

辻哲夫 監修／田城孝雄・内田要 編
まちづくりとしての地域包括ケアシステム―― A5 3500円
持続可能な地域共生社会をめざして

JST社会技術研究開発センター・秋山弘子 編著
高齢社会のアクションリサーチ―― B5 2800円
新たなコミュニティ創りをめざして

大内尉義・秋山弘子 編集代表／折茂肇 編集顧問
新老年学［第3版］―― B5 40000円

ここに表示された価格は本体価格です．御購入の
際には消費税が加算されますので御了承ください．